평화를 알아야 평화롭다

평화를 알아야 평화롭다

국제이해교육학회 너나울교사모임은…

2004년 유네스코 아시아 · 태평양 국제이해교육원에서 주최하는 교사 연수에 참여한 것을 계기로
현재까지 10여 년 간 전국의 초 · 중 · 고 교사와 대학 교수 등 15명이 국제이해, 다문화,
지속가능한 발전, 평화 교육에 관심을 갖고 매월 1회 소모임과 학회 활동을 하고 있습니다.
'너나울' 은 '너와 나, 그리고 우리' 라는 뜻의 이름입니다.
오랜 시간을 함께 해 온 터라 회원 뿐 아니라 가족끼리 몇 차례 해외여행을
같이 다닐 정도로 식구처럼 친하게, 즐겁게 지내고 있습니다.

평화를 알아야 평화롭다

국제이해교육학회 너나울교사모임
초판 · 1쇄 발행 2013년 11월 8일

펴낸이 · 이성모
펴낸곳 · 도서출판 동인
등록번호 · 제1–1599호
주소 · 서울시 종로구 명륜동 2가 237 아남주상복합Ⓐ 118호
전화 · (02) 765-7145 / 팩스 · (02) 765-7165
이메일 · dongin60@chollian.net / 홈페이지 · donginbook.co.kr

ISBN 978-89-5506-547-3   43300
정가 15,000원

평화를 알아야 평화롭다

국제이해교육학회 너나울교사모임

도서출판 동인

Oh what to do, what to doo

추천사

드디어 교사들이 평화를 말하고 실천하는 책이 출간되었다. 이 책은 한마디로 교사들이 학교 현장에서 시도해 본 다양한 평화교육적 노력의 총화이다. 학교는 죽었다는 비판을 넘어서 살림의 학교 문화 창조의 주체인 교사들이 평화, 인권, 다문화, 세계 시민성, 국제 이해, 종교적 영성 등을 국제 교류나 국가 간 공동 수업을 통하여, EBS영상을 탐구하며, 문학이나 음악을 활용하여, 학교 안 갈등 해결 활동 속에서 평화 교육을 구체화하는 실례를 재미있게 보여주고 있다.

글로벌 추세인 극단주의 문화에 대항하고 폭력적 학교 문화를 평화 문화로 변혁시키는 중심에 이러한 평화 교육 교사들의 자발성과 헌신성이 자리잡는다면 우리의 미래는 결코 어둡지 않다.

강순원

차례

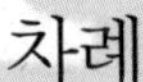

평화를 찾아서

평화를 찾아서

평화란 무엇일까요?

여러분, 평화라는 말을 들어본 적이 있나요? 평화라는 말 속에는 어떤 뜻이 들어 있을까요? 사람이라면 누구나 평화로운 세상을 원하고 스스로가 평화롭기를 바라지만 평화라는 단어는 각 시대에 따라서, 사회에 따라서 혹은 개인이 처한 상황에 따라서 모두 다르게 이해되기 때문에 평화의 뜻을 한마디로 이야기하기는 매우 어렵습니다.

그래도 평화의 뜻을 알기 위해 먼저 각 나라의 단어들이 가지고 있는 언어적 의미를 알아보겠습니다. 그리스어로는 에이레네 eirene 라고 하는데 휴전, 잠시 전쟁 상태 중 일시적인 평온기간을 뜻합니다. 라틴어의 팍스 pax 는 정치적이고 군사적인 힘에 의해 유지되는 평정을 의미하는데 영어 단어 'peace'의 어원이기도 합니다. 히브리어로 평화는 샬롬 shalom 입니다. 샬롬을 평화의 의미로 사용할 때는 손상되지 않은 완전한 상태를 뜻합니다. 주변 환경과 조화를 잘 이루고, 스스로에게 만족하며 평안하게 사는 사람의 마음 상태를 표현하는 것입니다. 인도어로 평화는 산티 santi 인데, 이는 정신적 만족이나 인간 내면세계의 심오한 통합을 의미합니다. 중국어로 평화는 화평和平입니다. 화평은 좁은 의미로는 '전쟁이 없는 상태'를 의미하지만, 넓은 의미로는 사람들이 서로 화목하게 지내는 것, 나아가 개인과 사회, 자연의 모든 사물, 사건들이 평형과 조화를 이루는 것을 뜻합니다.[1]

우리나라의 국어사전에서 평화를 찾아보면 '평온하고 화목함', '전쟁, 분쟁 또는 일체의 갈등이 없이 평온함. 또는 그런 상태'라고 정의하고 있습니다.[2]

세계의 평화라는 단어[3]

- 피스(영어)
- 화평(중국어)
- 파즈(스페인어)
- 헤이와(일본어)
- 쉬드(티베트어)
- 프리덴(독일어)
- 샬롬(히브리어)
- 베케(헝가리어)
- 포코즈(폴란드어)
- 바리스(터키어)
- 살람(아랍어)
- 프레드(덴마크어)
- 파스(이탈리아어)
- 미르(러시아어)

이번에는 평화의 반대말을 통해 평화의 의미를 좀 더 생각해 볼까요? 평화에 대한 일반적인 반대말은 전쟁일 것입니다. 이 경우 평화란 전쟁이 없는 상태를 말합니다. 이는 주로 나라와 나라 사이에 발생하는 것으로 국

제적인 문제입니다. 평화의 반대말로 폭력, 분쟁, 투쟁, 갈등, 대결 등을 말한다면 대화, 타협, 협상, 공존, 비폭력 등이 평화로 연결되는 말입니다. 이는 개인 간에 일어나는 갈등, 집단 사이에 일어나는 갈등과 폭력을 다루는 것입니다. 마지막으로 번민, 고뇌, 불안, 공포를 평화의 반대말로 제시한다면 평안, 고요, 평정 등이 평화와 연결되는데 이는 마음의 평화 내지 정신적 평화를 말하는 것입니다.[4]

전쟁과 평화

평화의 반대말로 우리는 전쟁이라는 단어를 많이 떠올립니다. 세계적으로 일어나는 전쟁의 횟수는 예전에 비해 많이 줄었습니다. 하지만, 전쟁과 직접적으로 관련이 있는 무기, 전쟁과 관련되어 있는 사람, 전쟁이 일어나는 지역은 점점 늘어나고 있습니다. 또 전쟁이 일어났다가 화해를 한 지역에서도 계속적인 분쟁은 끊이지 않고 있습니다. 우리는 무기를 들고 한 나라가 다른 나라를 쳐서 제거하고자 하는 것만을 전쟁이라고 하지만 무기가 사용되지 않는 전쟁도 있습니다.

여러분이 하는 게임을 한번 생각해볼까요? 좋아하는 게임 중에 전쟁처럼 무기를 들고 상대방을 죽이고 제거하는 게임을 해 본적이 있나요? 게임에서 다른 사람을 죽였을 때 어떤 기분이 드나요? 그냥 게임일 뿐인데 라고 생각하나요? 그 게임을 만든 사람은 누구일까, 왜 이런 게임을 만들었을까 생각해 본적은 없나요? 여러분이 좋아하는 전쟁 게임과 전쟁 장난감들이 만약 실제 전쟁에서 사용되는 것과 거의 비슷하게 만들어 진다면 단순히 게임과 장난감이라고 할 수 있을까요?

여러분이 하는 게임의 장면이 날마다 눈앞에서 펼쳐지는 모습을 보고 있는 친구들이 지구 건너편 나라에 있습니다. 또 그 총을 들고 분쟁지역에서 병사가 되어 정말로 전쟁터에 나가고 있는 소년병 어린이 병사 들도 있답니다. 총을 비롯한 여러 가지 무기는 분쟁 지역에서 사용되면서 지금도 사람들의 목숨을 앗아가고 있습니다. 총을 줄이려고 많은 나라들이 노력하고 있지만 무기를 만들어 팔아 많은 돈을 벌어 온 나라에서는 지금도 계속해서 몰래 무기를 팔고 있답니다.

우리가 역사 속에서 배우는 전쟁은 전쟁이 일어났던 때, 전쟁이 일어난 이유, 가장 치열했던 전투, 그리고 그 속에서 영웅이 되었던 사람들의 이야기 등입니다. 하지만, 그 전쟁 속에 감추어진 이야기를 들어본 적이 있나요? 전쟁 때문에 가족을 잃어버린 사람들, 살고 있는 집과 일터를 잃어버린 사람들, 그 이후에 전쟁 후유증으로 고생하고 있는 사람들의 이야기를 들어본 적은 거의 없을 겁니다. 그들은 분명 전쟁을 원하지 않았습니다. 그저 사랑하는 가족들과 행복하게 살기를 원했을 겁니다. 하지만, 전쟁으로 인해 그들의 인생은 자신이 원하지 않는 방향으로 바뀌게 되었지요.

전쟁이 일어나면 더 이상 예전처럼 살 수 없습니다. 사람들은 싸우러 나갑니다. 심지어 어린이들까지도 전쟁에 나갑니다. 집, 학교, 공장, 병원 할 것 없이 모든 것이 파괴됩니다. 약도 없고 치료도 받지 못하고 먹을 것도 모자라게 됩니다. 많은 사람들이 집을 잃고 헤맵니다. 피난을 가야 합니다. 전쟁이 끝나도 그 상처는 오래 남습니다. 사람들은 가족과 친구들을 잃고 슬퍼합니다. 남북으로 갈라진 우리나라에서도 남북으로 헤어져 사는 이산가족들의 아픔이 무척 큽니다. 파괴된 것을 다시 지으려면 많은 돈이 필요한데 전쟁을 한 나라에는 돈이 없습니다. 싸우고 있을 때에만 전쟁이 폭력적인 것은 아닙니다. 싸움이 끝나도 전쟁의 아픔은 계속되는 것입니다.[5]

전쟁만 없다면 평화롭다고 할 수 있을까요? 무기를 들고 싸우는 전쟁이 없다고 하더라도 날마다 많은 사람이 굶어 죽고 있다면 평화라고 할 수 없겠지요. 무기를 사용한 폭력에 맞서 싸우는 것은 물론이고, 다른 폭력에도 맞서야 합니다. 물이나 석유 같은 천연 자원의 불균형에도, 자연 파괴나 인권을 무시하는 것에도 맞서야 하고, 인종과 여성 차별, 폭력과 빈곤, 기아에도 맞서야 합니다. 오늘날 지구에는 다섯 명 중 한 명은 1달러도 안 되는 돈으로 하루를 살고 1억 명이 넘는 아이들이 학교에 다니지 못합니다. 가난은 전쟁을 낳고 전쟁은 가난을 낳아요. 전쟁은 경작지를 파괴시키고 가족을 먹여 살릴 사람을 죽거나 다치게 함으로써 발전의 모든 희망을 사라지게 합니다.[6]

폭력이란 무엇일까요?

이번에는 폭력에 대해서 생각해 볼까요? 여러분이 아는 폭력이란 신체적으로 다른 사람을 다치게 하거나 힘을 사용하는 것, 다른 사람을 정신적으로 계속적으로 괴롭히는 것쯤으로 알고 있나요? 폭력이라 함은 이보다 훨씬 더 많은 것을 포함하고 있답니다.

요즘 전기 사용량이 많아지면서 에너지 문제가 많은 이슈가 되고 있습니다. 우리나라에서도 전기 발전을 위해 원자력 발전소가 지어지고 있고 핵에너지가 사용되고 있습니다. 원자력 발전은 정말 안전할까요? 발전소를 만드는 사람들은 원자력 발전이 안전하다고 말하지만 원자력 발전소 사고로 방사선에 노출되어 고통 받는 사람들도 있어요. 많은 양의 방사선에 노출되면 피부가 헐고 머리카락이 빠지기도 해요. 골수나 혈액에 질병을 일으키기도 하지요. 우리는 편안한 생활을 위해 전기를 사용하고 있지만 원자력 발전 그 뒤에는 무시무시한 핵폐기물도 생기고 있지요. 핵폐기물들은 우리의 환경에 큰 영향을 미치고 다른 생물체들의 삶도 위협하고 있답니다. 우리는 아무렇지 않게 전기를 사용하고 있지만 원자력으로 인해 고통 받는 사람들이 생기고 사람뿐만 아니라 다른 생물들에게도 폭력을 사용하며 피해를 주고 있는 것이지요. 이렇게 사회적인 구조가 폭력을 만들어 내는 것을 구조적 폭력이라고 합니다. 이러한 구조적 폭력은 사회적 관습의 문제, 문화적 구조에 의해서 일어나며 실제로는 직접적 폭력보다 훨씬 많답니다.

'갈퉁' 이라는 학자는 폭력을 직접적 폭력, 간접적 폭력, 문화적 폭력으로 나누어 설명합니다. 폭력의 결과를 의도한 행위자 또는 가해자가 존재한다면 그것은 직접적 폭력인 반면, 그렇지 않다면 간접적 폭력 또는 구조적 폭력이라고 할 수 있지요. 간접적 폭력은 사회구조에서 발생하는데 구조적 폭력의 가장 주요한 형태는 정치와 경제에서 발생하는 억압과 착취입니다. 즉, 구조적 폭력은 착취, 빈곤, 기아, 환경오염, 여성평등, 종교갈등, 인종분규 등으로 말할 수 있어요. 갈퉁은 직접적 폭력과 간접적 폭력과 함께 문화적 폭력을 이야기했어요. 문화적 폭력은 종교와 사상, 언어와 예술, 과학과 법, 대중매체와 교육의 내부에 존재하는 것으로 직접적 폭력과 구조적 폭력을 정당화시키지요. 갈퉁의 폭력유형과 정의 및 사례를 표로 정리하면 다음과 같아요.[7]

폭력의 유형	정의	사례
직접적 · 신체적 · 개인적 차원의 폭력	타인에게 신체적으로 가해하는 경우 언어적이고 정신적인 폭력도 해당	강간 · 살인 · 강도 등
구조적 · 간접적 폭력	사회구조에 의해 발생하는 근원적 폭력 남북 관계, 계급 관계 등	빈곤 · 착취 · 기아 등
문화적 폭력	종교, 이데올로기, 언어, 예술, 과학 등이 직접적 혹은 구조적 폭력을 정당화시키는 차원의 폭력 가부장 제도로 인한 성차별 등	인종 차별주의 인종 청소 인종 분규 종교 갈등 종교적 차별 등

평화는 폭력이 없는 상태로 폭력은 직접적 폭력, 구조적 폭력, 문화적 폭력이 있으며 직접적 폭력이나 물리적 폭력이 없는 상태를 소극적 평화라고 하는 반면, 구조적 폭력과 문화적 폭력이 없는 상태를 적극적 평화라고 한답니다.

여러분은 누군가에게 폭력을 당한다면, 어떻게 하나요? 친구가 했던 방법과 똑같이 맞서야 한다고 생각하나요? 친구와 똑같이 화를 내거나 신체적인 폭력을 가했을 때 여러분의 마음은 어떠했나요? 폭력을 폭력으로 되돌려 준다면 결코 폭력은 없을 수 없답니다. 우리가 누군가에게 부당한 대우를 받거나 위협을 받을 때 우리는 기분이 나빠지고 화가 납니다. 때로는 더 이상 참을 수 없는 상태가 되기도 합니다. 그런 상태가 되었다면 참고 있어서는 안 됩니다. 폭력을 당하거나 부당한 대우를 받고서도 계속 참고만 있다면 폭력과 부당한 행위는 끊이지 않을 것입니다. 그렇다고 다시 폭력으로 맞서서도 안 됩니다. 폭력을 사용하지 않고 자신의 생각을 충분히 표현할 수 있는 방법도 알아야 합니다. 친구들과 화가 나는 이유에 대하여 이야기를 하거나 본인이 해결하기 어렵다고 생각되면 믿을 만한 어른이나 주변 사람들에게 도움을 요청해야 합니다. 참을 수 없는 일에는 용기 있게 '안돼요', '싫어요' 라고 말할 수 있어야 합니다. 너무도 화가 치밀어 오른다고 주먹질을 하거나 욕을 한다면 그 역시 폭력이 될 수 있습니다. 정당화 될 수 있는 폭력이란 없습니다.

일상에서의 평화 [8]

일상생활에서 다른 사람들을 받아들이지 못한다면 평화를 지키기는 매우 어렵습니다. 전쟁과 분쟁은 어떤 국가나 사람들이 다른 국가나 공동체의 종교와 정치적 사상, 피부색, 삶의 방식 등을 받아들이지 않는 태도에서부터 생겨납니다. 그러므로 일상생활에서 다른 사람들과 함께 살면서 차이점을 받아들이기를 배우는 것은 매우 중요합니다. 우리는 다른 사람을 제대로 알지 못하기 때문에 그들을 받아들이지 못하는 것입니다. 받아들이지 못하는 태도는 대개 무지와 두려움 때문입니다.

대화 없이 평화롭게 산다는 것 역시 어려운 일입니다. 다른 의견을 참을 수 없는 사람들, 더 나아가 토론을 거부하는 사람들은 다른 사람의 생각을 이해하기를 거부하고, 받아들이기를 거부합니다. 물론 우리와 다른 의견을 가진 사람들과 토론을 한다는 것은 쉽지 않은 일입니다. 하지만 대화를 멈추는 것은 대화 없는 관계를 만든다는 뜻이고, 그런 관계는 긴장을 만들어 냅니다. 결과적으로 갈등과 분쟁까지 나아갈 수 있습니다.

또한 우리 사회 안에 불평등이 자리 잡도록 해서도 안 됩니다. 어떤 사람들이 출신 배경과 종교 혹은 성별을 이유로 다른 사람들에게 똑같은 권리를 인정하지 않을 때가 있습니다. 인종 차별과 빈곤, 가정 폭력, 아동 학대, 교내 폭력 등의 문제를 해결하는 것 또한 평화를 지키는 일입니다.

평화교육이란 무엇일까요?

왜 평화교육이 필요할까요? 전쟁이 일어나고 있으니까? 폭력과 총기사고가 많이 일어나고 있으니까? 범죄율이 높아지고 있으니까? 이와 같이 보이는 위험상황에 대처하기 위해서 뿐만 아니라 인간의 존엄성과 자유가 보장되는 사회를 만들어 가기 위한 기초로 평화교육은 가장 기본적인 내용이라고 할 수 있습니다.[9]

평화처럼 평화교육의 의미도 시간에 따라서 많은 변화과정이 있었답니다. 평화는 선생의 반대 개념으로 전쟁이 없는 상태라는 소극적인 개념에서 일상에서의 갈등도 평화롭게 해결하고 더불어 조화롭게 살아가는 상황, 더 나아가서 개인 내면의 기쁨과 평화를 유지하는 상태의 보다 적극적인 개념으로 발전해 왔습니다. 이에 따라 평화교육의 내용도 사회정치적 논쟁과 분쟁해결에 대한 정보와 이해를 넘어서서 갈등해결 능력 기르기, 다른 사람을 존중하고 자신을 통제할 수 있는 능력, 사회와 환경에 대한 보다 적극적인 관심과 참여 능력을 길러 주기 위한 내용으로 그 범위가 넓어졌습니다.[10]

전통적인 평화교육은 교육적 노력으로 전쟁 방지, 국가·지역·인종·종교 간의 분쟁을 줄이기 위한 국제이해교육 중심이었습니다. 교육에서도 사회영역을 중심으로 기본적인 자기표현과 사회적 관계의 능력, 여러 나라의 문화와 생활에 대한 이해 등을 가르쳐 주었습니다. 그러나 평화는 앞으로 우리가 추구하고 선택해야 할 중요한 덕목입니다. 평화를 배우는 여러분에게 가장 중요한 것은 평화란 무엇인가를 아는 것보다는 내 속에 평화 물들이기 입니다. 평화는 개인에 따라 다를 수 있는 문제가 아니라 우리가 살아가면서 모두가 지켜야 할 가치이기 때문입니다. 평화교육은 여러분이 평화를 사랑하는 어린이, 평화를 실천하는 어린이, 이웃과 사회와 세계의 평화를 위해 노력하는 어린이로 자랄 수 있도록 도와줄 것입니다.[11]

평화교육은 왜 배워야 할까요?

평화교육은 전쟁이 벌어지고 있는 곳에서만 필요할까요? 폭력사건의 피해자들을 위한 것일까요? 사회적인 가치에서 부족하고 성취가 낮으며 자신감과 능력이 부족한 사람들에게만 필요할까요? 그렇다면 전쟁이 없는 곳에 사는 사람들이나 성취와 능력이 뛰어난 사람들은 항상 평화로울까요? 그들은 갈등을 평화로운 방법으로 해결하고 있을까요? 아마 아닐 겁니다. 그들도 폭력적인 언어와 행동으로 다른 사람들에게 상처를 주고, 좋은 조건을 유지하기 위해 전전긍긍하며, 마음속으로는 지옥을 경험하고 있을지도 모릅니다. 이렇게 볼 때 평화나 평화를 느끼는 상태는 단지 어떤 조건으로부터 오는 것이 아니며 평화교육은 누구에게나 필요한 기초교육이라고 할 수 있습니다.[12]

그럼 평화교육이 이루어지는 곳은 어디일까요? 평화교육의 기초가 다져지는 첫 번째 장소는 우리집입니다. 공동체적 삶의 기초를 배우고 다른 사람과의 갈등을 평화적으로 해결하는 능력을 자연스럽게 배울 수 있는 곳이지요. 두 번째는 학교입니다. 평화교육을 체계적 효율적으로 배울 수 있습니다. 세 번째는 사회단체(정당, 종교단체, 시민운동단체, 신문 방송 등의 대중매체)로 교육적 기능과 그 영향력이 매우 큽니다. 우리가 일상생활에서 경험하고 있는 구조적 갈등과 폭력에 대한 무관심과 무감각, 그리고 무력감을 극복하는 길은 교육을 통해 가능할 것이며, 이러한 인간의 가치관과 태도에 관한 문제는 어린 시기부터 배워야 할 것입니다. 따라서 평화교육을 통해 삶의 조건을 개선해 나갈 때 우리는 인간의 존엄성을 존중하고 인간의 자유와 평등을 보장하며, 정의가 실현되는 사회를 이루어 니갈 수 있을 것입니다.[13]

우리가 살고 있는 한국에서도 평화교육은 매우 필요합니다. 6·25 전쟁 이후 남북으로 나누어진 분단 상황과 남북한의 대결이 가져온 수많은 문제들을 비롯하여 거의 매일 신문이나 TV에서 볼 수 있는 잔혹한 살인사건과 강력 범죄, 대중매체에서 아무렇지도 않게 다루어지는 폭력 영상물, 양성평등 사회라는 구호에도 여전히 발견되는 성차별, 여러분들을 육체적·정신적으로 괴롭히는 학교폭력, 이주노동자에 대한 인권 유린과 차별 등 몇 가지 사례만 보더라도 우리 사회가 점점 평화와는 거리가 멀고 오히려 폭력을 조장하는 폭력 친화적인 것은 아닌가 라는 생각을 하게 됩니다. 심각한 폭력 문제를 해결하고 폭력을 조장하는 사회적 분위기를 바꾸기 위해서는 많은 노력이 필요하며 우리가 평화교육을 해야 하는 이유입니다. 폭력 친화적으로 보이는 한국 사회의 여러 모습들이 평화 친화적으로 바뀌는데 있어 평화교육은 매우 중요한 역할을 할 수 있습니다.[14]

평화교육에서는 무엇을 배우나요?

평화교육을 통해 무엇을 배울 수 있는가를 생각하기 전에 먼저 중요한 것은 여러분을 둘러싸고 있는 환경이 평화적인가 생각해 보는 거예요. 여러분이 많이 생활하는 학교와 교실을 떠올려 보세요. 교실 속에서도 우리는 폭력을 조장하는 측면을 발견할 수 있답니다. 교사만이 진실을 알고 있다는 태도, 경쟁 가열, 학생들을 수동적으로 가르치기, 학생 훈육에서 사용되는 신체적 체벌 등이 폭력을 조장하는 원인이 됩니다.

이러한 교실과 학교에서의 폭력 문화를 해소하기 위해서는 교실 내 평화적 분위기가 형성되어야 합니다. 먼저 학생들의 인권이 보장되어야 합니다. 인간 존엄성의 존중은 평화교육을 위한 기본적 전제입니다. 학생들의 기본적 인권과 '어린이 · 청소년 권리조약'에 명기된 청소년의 기본권들이 보장되어야 하고 특히 학생들에 대한 체벌행위나 가혹행위는 엄격하게 금지되어야 합니다. 교실 속에서 교사는 동반자, 조력자로서의 역할을 해야 합니다. 평화를 위해 교사는 통제자가 아닌 조장자, 지시자가 아닌 조력자 · 고무자이며 촉매자이어야 합니다. 교사는 절대적인 권위자의 위치에서 벗어나 학생과 함께 평등하게 대화하며 스스로 가르치며 동시에 배우는 입장에 서야 합니다. 또한 교사가 개입해서 모든 문제를 해결하려는 독재적인 태도를 버리고 학생과 인간적인 관계를 맺어야 합니다. 또한 자유롭고 유연한 교육 형태가 필요합니다. 평화로운 교육방식이란 주입식 교육방법을 극복하여 학생들이 옳은 대답을 아는 것보다 해야 할 옳은 질문들을 알도록 해야 하며 이를 위해 토론, 모둠활동, 주제별 팀티칭 team teaching, 통합교과교육 등의 교육방법을 적극적으로 활용하고 그 외에도 어떻게 하면 더 활기차고 재미있는 수업이 될 수 있을지 생각해 보아야 합니다. 교육이 이루어지는 시간과 공간(교실)의 구성 또한 평화로워야 합니다.[15]

어떠한 경우에도 교실에서 신체적 폭력은 용납할 수 없으며 민주적인 의사 결정 과정을 통해 교실 내의 규칙과 규범을 학생들 스스로 만들어 낼 수 있어야 합니다. 우리를 둘러싼 환경이 평화적일 때 평화교육은 더욱 효과적일 수 있답니다.

평화에 대한 가치와 태도는 어려서부터 길러지는 것으로 어린 시절 이루어지는 여러분의 생각이 세계를 이해하는데 결정적인 역할을 하기 때문에 평화 지향적 사고는 어렸을 때부터 기를 수 있어야 합니다. 이는 성인으로까지 평생을 거쳐 지속되어야 하며 어른이 되어서도 계속되어야 합니다. 평상시에도 바람직한 평화 행동이 습관화 될 수 있도록 노력해야 합니다. 일상 생활 속에서 긍정적인 자아인식에서 시작하여 나와 다른 사람들을 어떻게 이해할 것인지, 가족과 학교에서 나의 위치와 모습을 살펴보면서 더불어 살아가기 위해 필요한 태도를 연습하고, 시선을 넓혀 이웃과 사회의 비평화적인 요소들을 살펴보면서 평화의 민감성을 키우도록 해야 합니다.

다음은 해리스와 모리슨이라는 학자가 설명한 평화교육의 여러 유형들입니다.[16]

1 국제이해교육

국제이해교육은 전쟁을 유발하는 국제관계와 체제에 대해 가르쳐 줍니다. 전 세계의 안보체제 이해와 문화적 인식을 돕습니다. 여러분들이 평화를 위해 노력하는 국제시민으로서 어떻게 살아가야 하는지 스스로를 생각하도록 합니다. 안보체제 이해를 통해서 법과 국제기구들이 어떻게 구성되는지 알 수 있습니다. 또한 세계를 둘러싼 문제들에 대해서 알 수 있도록 돕습니다.

❷ 환경교육

적절한 기술개발과 환경을 보존하면서 이루어지는 개발에 대해 배웁니다. 환경자원을 보호하기 위한 국제 협약도 매우 중요합니다. 학교에서 생태학적 인식과 배려를 가르침으로써 파괴되어가는 자연과 이에 따른 사회적·생태학적 문제를 인식하고 그에 대처할 수 있는 책임감을 갖도록 합니다.

❸ 폭력예방교육

폭력예방교육 프로그램은 학생들이 학교에서 보이는 폭력적 행동과 학교수업의 학습을 어렵게 만드는 적대적인 행동에 초점이 있습니다. 또, 안전한 학교 환경을 만들고자 합니다. 폭력예방을 위해서 싸움, 거리 범죄, 학교에서의 비행 청소년, 성폭력 등에 관심을 두고 어린이들에게 편견과 고정관념이 어떻게 적의 이미지를 만드는지 알게 합니다. 화를 조절하는 기술은 학생들이 싸움을 피할 수 있도록 도와줍니다. 학생들의 권리, 책임감, 훈육 등을 강조하는 종합적인 폭력예방 프로그램도 있습니다.

❹ 갈등해결교육

갈등해결 교육은 여러분들이 대인관계의 갈등을 건설적으로 해결해 가도록 돕습니다. 요즘 또래 관계에 관련된 기술의 발달은 평화교육의 매우 중요한 영역입니다. 학교에서 대인관계의 폭력을 지적하고 협상, 삼성이입, 대안적 토론 등의 해결방법과 평화유지 기술을 가르치기 위해 갈등해결 프로그램이 필요합니다.

5 개발교육

위계적인 사회조직, 지배와 억압에 초점을 맞추면서 학생들이 구조적 폭력의 여러 측면에 대해 생각할 수 있도록 합니다. 개발교육에서는 가난의 어려움에 대해, 가난의 문제를 보는 다른 관점과 전략을 배웁니다. 세계의 자원을 공평하게 나누어 쓰는데 관심을 두면서 적극적인 민주 시민층을 형성함으로써 평화적인 지역사회를 만들고자 합니다.

6 반편견교육

어린이들에게 차이에 대한 정확한 지식과 자료를 제공하고, 편견이나 고정관념에 대해 비판적 사고를 할 수 있도록 도와줍니다. 또한 사회의 편견이나 고정관념 때문에 부정적인 자아개념이 생길 수 있는 어린이를 보호하고, 긍정적인 자아 개념을 형성할 수 있도록 도와야 합니다.

7 다문화교육

다문화교육이란 문화적 다양성을 가치 있는 자원으로 생각하여 지원하고 확장하려는 교육으로 다양한 문화, 민족, 성 그리고 사회적 계층의 배경을 가진 어린이들이 교육적 기회를 공평하게 누릴 수 있도록 하는 총체적인 노력이며 다양한 인간행동에 대한 이해라고 할 수 있습니다.

8 비폭력교육

비폭력교육은 어린이의 마음에 평화의 이미지를 심어주는 교육입니다. 평

화의 이미지에 따라 갈등에 임했을 때 비폭력적으로 행동할 수 있도록 함
으로써 평화로운 사회를 만들어 갈 수 있습니다. 비폭력교육은 대중 매체,
정치, 국가정책, 학교, 지역사회, 가정 등을 통해 반영된 폭력문화를 깨달
을 수 있도록 도와줍니다.

9 인권교육

인권교육은 모든 사람들의 기본적인 권리를 존중하는 것을 기본으로 합니
다. 인권교육에서는 정치적인 억압으로 일어나는 부정의와 인간의 고통,
비참함, 사회의 분쟁, 편견 등에 대해 알려줍니다. 사회적·경제적·정치
적 정의를 이루기 위해 세계인권선언문을 매우 중요하게 생각합니다.

주

1) 이원복, 「평화능력 신장을 위한 평화교육 프로그램 개발에 관한 연구」, 성공회대학교 대학원 석사학위 연구보고서(2007), p.5-6 재인용.

2) NAVER 국어사전

3) 클로드 파베르, 『나는 평화가 좋아요』, 대교출판(2007), p.77.

4) 이언 M. 해리스 · 메리 L. 모리슨, 『평화교육: 미래를 위한 교육, 세계를 위한 비전』, 오름(2011), p.6.

5) 로라 자페 · 로르 생마크, 『폭력: 평화는 힘이 세다』, 푸른숲주니어(2002), p.48.

6) 이자벨 부르니에 · 마르크 포티에, 『우리는 평화를 배운다』, 아이세움(2009), p.4, p.130.

7) 송승아, 「평화교육의 발전과정과 개선방안에 관한 연구」, 부산대학교 대학원 석사학위논문(2009), p.13-14 재인용.

8) 클로드 파베르, 『나는 평화가 좋아요』, 대교출판(2007), p.68-69.

9) 홍순정, 『평화교육탐구』, 방송통신대학교출판부(2007), p.4.

10) 앞의 책, p.5.

11) 앞의 책, p.6.

12) 앞의 책, p.5.

13) 앞의 책, p.18.

14) 이언 M. 해리스 · 메리 L. 모리슨 지음, 『평화교육: 미래를 위한 교육, 세계를 위한 비전』, 오름(2011), p.8-9.

15) 박보영, 「평화교육에 관한 연구: 한국에서의 평화교육 실천을 위한 이론적 기초」, 연세대학교 교육대학원 석사학위논문(1998), p.81-84.

16) 홍순정, 『평화교육탐구』, 방송통신대학교출판부(2007), p.28-37 재인용.

세계인과 친구되기로 시작하는
평화만들기

세계 공영어 영어

우리는 왜 영어를 배우나?

여러분 우리는 매일 학교에서 학원에서 왜 영어를 배우고 공부하는 걸까요? 단순히 학교 시험을 잘 보기 위해서? 좋은 대학에 가기 위해서? 나중에 좋은 직장에 취직하기 위해서? 부모님이 무조건 배우라고 하시니까? 우리는 매일 영어를 공부하며 스트레스를 받고 있지만 정작 왜 이 지겨운 영어 공부를 해야 하는지? 도대체 영어를 배워서 어디다 써 먹을지 좀 생각을 해 보아야 하지 않을까 싶어요. 저는 직업이 고등학교 영어 교사입니다. 사람들은 저에게 어떻게 그 재미없는 영어를 매일 공부하고 학생들을 가르치냐고 합니다. 하지만 선생님은 영어가 재미있습니다. 왜냐구요? 영어를 하면 여러 가지 많은 즐거운 일들이 생깁니다. 그 중에서도 가장 재미있는 건 바로 영어를 통해서 세계 친구들을 사귈 수 있다는 겁니다.

영어는 미국말? 영어는 Worldish!

영어공부가 싫은 몇몇 친구들은 이렇게 묻기도 합니다. "선생님, 영어 왜 배워야 해요? 우리가 미국의 식민지도 아닌데?" 하지만 이렇게 묻는 친구들도 국제 공용어로서의 영어의 역할은 두말할 필요가 없다는 것은 잘 아실겁니다. 더군다나 요즘처럼 인터넷을 통하여 실생활의 대부분의 지식을 얻는 시대에 살아가면서 영어의 사용은 꼭 필요하다고 생각됩니다. 어떤 사람들은 인터넷 지식의 80% 이상이 영어로 되어있다고도 하니까요.

세계에는 영국 · 미국 · 캐나다 · 호주처럼 영어를 모국어 mother tongue 로 쓰는 국가와 필리핀 · 인도 · 말레이시아 · 싱가폴 등과 같이 제2국어, ESL English as a Second Language 로 쓰는 국가 그리고 한국 · 일본 · 중국처럼 외국어, EFL English as a Foreign Language 로 쓰는 국가들이 있습니다. 그리고 우리가 보통 영어를 배운다고 하면 크게 영국식 영어 British English 와 미국식 영어 American English — 우리나라에선 미국식 영어가 대세인 것 같습니다 — 를 의미하며 이 이외에는 바른 영어 사용이 아닌 것처럼 생각하는 이들이 많습니다. 하지만 과연 그럴까요? 세상에는 중국식 영어 칭그리쉬, 말레이시아식 영어 망글리쉬, 한국식 영어 콩글리쉬, 스페인식 영어 스펭글리쉬 등등 수많은 영어가 있고, 프랑스인 장 폴 네리에르라는 사람은 1,500개 정도의 단어만 쓰는 글로비쉬 Globish 를 제안하기도 했습니다. 여러분 영어는 이제 전 세계의 '링구아 프랑카' — 링구아 프랑카 lingua franca 란 모국어가 다른 사람들이 서로 의사소통을 하기 위하여 쓰는 제3의 언어를 말합니다. — 이며 꼭 정확한 미국식, 영국식 영어가 아니더라도 여러분이 적극적으로 용기를 내어 사용한다면 전 세계의 친구들과 서로 온라인 게임도 하고, 이메일도 주고 받고 더 나아가 화상으로 서로 만나 서로의 고민을 나누는 좋은 의사소통 도구입니다. 그래서 저는 영어는 이제 English가 아니라 전 세계인이 쓰는 Worldish라고 말하고 싶습니다.

영어를 잘하는 비결

여러분 영어를 잘하고 싶으세요? 가장 좋은 비법 하나 알려드릴까요? 바로 나와 다른 언어, 다른 문화를 가진 세계의 외국인 친구들을 사귀는 겁니다. 세상에는 여러분들을 만나고 싶어 하는 여러분의 친구들이 아주 많습니다. 그들과 편지를 주고받고, 메신저도 하고, SNS 활동도 하고, 화상으로 서로 만나 가수 싸이의 '강남스타일' 춤을 같이 따라서 연습도 해 보고, 작은 선물도 주고받고 한다면…… 그러다 나중에 진짜 서로 만나 서로의 집에서 홈스테이도 하며 전통 음식을 같이 먹으며 즐거운 시간을 보낼 수 있다면 정말 즐겁지 않을까요? 그렇다면 많은 학생들은 질문할 겁니다. "영어를 잘해야 외국 친구를 사귈 수 있잖아요?" 여러분 과연 그럴까요? 선생님은 생각이 좀 다릅니다. 영어는 전 세계의 수 많은 다른 언어를 쓰는 이들이 그냥 공통적으로 많이 쓰는 언어의 한 종류일 뿐입니다. 전 세계의 많은 친구들은 한국어를 배우고 싶어 하기도 하고, 또 영어를 여러분들 보다 잘하지 못하는 친구들도 더 많습니다. 하지만 이들도 외국 문화를 배우고 외국 친구들을 사귀고 싶어 합니다. 영어를 잘해야 외국친구들을 사귈 수 있는 게 아니라 외국친구들을 사귀다 보면 자연스럽게 영어 실력도 늘게 되고 또 다른 외국어 능력도 조금씩 발전하게 될 겁니다. 영어공부는 목적이 아니라 수단입니다. 마치 뜨거운 여름, 바다로 여행을 떠나기 위해 우리가 운전을 배워 차를 몰고 나가는 것이지, 자동차의 구조에 대해 연구하려고 운전하는 법을 배우는 건 아니니까요. 자, 그러면 어떻게 외국 친구들을 사귈 수 있을까요? 부모님을 졸라 배낭을 매고 해외로 떠나야 하나요?

　　선생님이 여러분 나이이던 시절에는 소년 잡지책에 있는 해외 펜팔 penpal 광고를 통해 손으로 직접 쓴 항공 우편을 보내면 답장이 오는데 근 1달이 걸리곤 했습니다. 말 그대로 snail mail 달팽이 편지 이었죠. 하지만 지금은 어떤가요? 여러분들이 더욱 더 잘 아시다시피 지금은 전 세계가 유 무선으로 묶여있는 네트워크 시대입니다. 여러분들이 매일 들고 다니는 스마트 폰과 PC 한 대만 있으면 여러분은 언제 어디서든 내가 관심 있는 나라나 문화의 외국인을 만나 서로 얼굴을 보고 이야기 하고 실시간으로 메시지를 주고 받을 수 있는 시대에 살고 있습니다. 그것도 무료로 말입니다. 선생님이 이 글을 쓰는 이유는 여러분들이 세계 여러 나라의 친구들을 사귀어서 세상을 보는 시야를 좁은 대한민국을 넘어 전 세계로 넓히고 좀 더 즐겁고

재미있게 그리고 전 세계 친구들이 다 같이 평화롭게 어울려 지구마을에서 잘 살아가는 법을 배우기를 바라는 마음 때문입니다.

자, 그러면 지금부터 선생님이 먼저 경험한 '세계인과 친구 되는 법'을 가능한 한 쉽고 간단하게 알려 드릴께요. 아마 여러분의 영어 실력 향상은 덤으로 자연스럽게 따라올 겁니다.

나와 다른 문화 알고 이해하기

니가 앉아? Nigger 앉아!

자 그럼 본격적으로 외국 친구들을 사귀러 떠나 볼까요? 아 그런데 그전에 우리가 하나 알아두고 가야 할 것이 있습니다. 저는 얼마 전에 신문에서 안타까운 기사내용을 하나 읽은 것을 여러분께 말씀 드릴께요. 경기도 모처의 한 만원 버스에서 60대 한국인 노인에게 욕설을 하고 폭행을 한 혐의로 한 미국인 흑인 영어강사가 구속 되었답니다. 일부 주위 사람들의 이야기를 들어보니 이 흑인이 버스 내에서 시끄럽게 떠들자 이 할아버지가 조용히 하라고 시비조로 말하여 언쟁이 났고 할아버지가 "니가 앉아"라고 하자 이 흑인이 할아버지에게 달려들어 욕설과 폭행을 가했다는 겁니다.

왜 이런 말도 안 되는 일이 벌어졌던 걸까요. 제가 미루어 짐작 하건데 이 흑인은 만원 버스에서는 조용히 해야 하는 한국의 공중 문화를 잘 몰랐고, 할아버지는 좀 조용히 하란 말을 이 미국인이 듣기엔 아주 무례하게

"shut up 닥쳐"라고 말했고(할아버지가 언뜻 생각난 단어가 아니었는지 추측해봅니다), 이 흑인 남성은 할아버지의 "니가 여기 앉아"라는 말에서 '니가'를 영어에서 흑인을 아주 낮추어 부르는 'Nigger'로 알아들었던 겁니다. 하지만 이것이 단순히 그 순간의 언어적 오해가 원인이었을까요? 혹시 우리 사회 저변에 흑인을 무시하는 문화가 존재한다는 것을 이 흑인 남성은 한국에 살면서 체험하며 오랫동안 화가나 있었던 것은 아니었을까요?

그런데 이 밖에도 우리가 다른 나라 사람들의 문화를 이해하지 못해 생기는 오해와 마찰은 무수히 많습니다. 우리가 다른 나라로 여행을 가거나 아니면 우리나라에 온 외국인들을 만날 때, 또 온라인상으로 채팅을 하고, 메일을 주고받고, 또 온라인 네트워크 게임을 할 때도 우리는 서로 불필요한 오해를 피하고 잘 소통하기 위하여 서로의 문화에 대해 알아보고 이해하는 작업이 선행되어져야 할 것입니다.

자, 그럼 이제 우리가 외국인과 만나 대할 때는 어찌하면 좋을지, 또 서로 간 재미있는 문화적 차이는 어떤 게 있는지 잠시 알아볼까요?

서양인들과의 문화차이

1 서양인들에게 sorry 라고 할 때는 좀 조심해야 할 부분이 있는 듯합니다. 우리가 흔히 오해 하는 것 중에 하나가 '서양인들은 sorry 를 항상 입에 붙이고 사는걸 보니 참 상대방에 대한 배려가 많구나' 라고 느낄지 모릅니다. 제가 경험한 바로 하다못해 맥도널드에서 햄버거를 사려고 줄 서 있다가도 몸이 닿지도 않았는데 상대방과 너무 가까이 붙었다 싶어도(이것을 사적 공간 personal space 이라고 합니다.) sorry 를 연발합니다. 하지만 이들은 정작 공적인 관계 즉, 이해득실이 연관된 일에서는 절대 sorry 를 말하지 않습니다.

만약에 교통사고가 나면 우리는 어쨌든 정서적·도의적 책임에서 일단 미안하다고 말하지만, 이들은 일단 그 자리에서 잘못을 인정하기보다 전문가에게 일을 넘긴다는 거죠. 말하자면 실질적 사과문화는 우리 생각보다 많이 인색하다는 거죠.

제가 들은 안타까운 얘기 중 하나는 미국으로 이민간 지 얼마 안 된 어떤 한국인 엄마가 어린 아이를 집에 혼자 두고 잠시 일하러 갔다 온 사이 아이가 TV에 깔려 죽어 있더랍니다. 그런데 집에 돌아와 이를 발견한 엄마는 오열을 하며 현장에 출동한 경찰이 있는 곳에서 우리 정서로 한국말로 "내가 죽였어, 내가 죽였어" 하며 울부짖었고 주변인에게 이를 영어로 전해들은 경찰은 이 엄마를 현장에서 체포했다고 합니다. 사실인지는 모르겠으나 충분히 있을 수 있는 상황이라고 생각합니다.

2 '우리' 라는 말의 차이입니다.

우리나라 사람들만큼 '우리' 라는 말을 많이 쓰는 나라 사람들도 없을 겁니다. 우리 가족, 우리 집, 우리 학교, 우리 엄마, 우리 아빠, 우리 아내, 우리 남편 등. 그런데 이걸 영어로 '우리 아내' 즉 'our wife'라고 하면 얘기가 좀 달라집니다. 서양인들은 이 말을 들으면 '당신과 나의 아내' 라고 이해합니다. our school은 '너와 나의 학교', our mother은 '너와 나의 엄마' 가 되는 거죠.

3 '선물 문화' 의 차이입니다.

이들이 생각하는 선물 개념은 내가 주었으니까, 너도 다음에 나에게 준다는 생각이 없습니다. 그리고 선물의 수준도 굉장히 소박합니다. 10불, 즉 우리 돈으로 약 만원 내외의 직접 만든 음식, 와인 한 병, 학용품, 꽃, 초콜렛 등의 선물과 마음을 담은 카드 한 장으로도 이들은 굉장히 기뻐하고 고마워한답니다. 우리는 처음 보는 이에게도 잘 부탁한다는 뜻으로 좀 비싼 선물을 하는 경향도 있고 또 내가 생일 선물을 주면 다음 내 생일에도 그만한 값어치의 선물을 기대하는 경향이 있지요? 마치 어른들이 결혼식이나 초상 같은 경조사에 부조라고 해서 내가 얼마의 현금을 받으면 다음번에 기억했다가 그 만큼의 돈을 내듯이 말입니다. 이 또한 우리 고유의 '두레' 라고 하는 서로 십시일반 돕는 좋은 우리의 문화에서 비롯된 것이라 하겠습니다.

4 서양인들은 항상 이유(why)를 묻습니다.

우리나라에선 여러분들이 학교에서 선생님이 무언가를 물어 보시면 아마 가장 많이 대답하는 게 '그냥요' 일겁니다. 우리는 매사에 이유를 따져 묻는 거에 익숙하지 않습니다. 하지만 서양인들과 이야기를 하다 보면 이들은 항상 모든 일에 이유를 묻습니다. 물론 '그냥' 이라는 표현(just asking, just because, no reason 등)은 영어에도 있긴 하지만요.

5 길거리에서 화장 고치기

한번은 영어 원어민 선생님과 대학로에서 길을 걷는데 길거리에서 앉아 교복을 입고 화장을 고치는 여학생들의 모습을 이 선생님이 사진을 찍는 겁니다. 왜 찍느냐고 물어봤더니 신기하답니다. 서양 문화권에선 길거리에서 화장하면 "나는 술집 여자입니다." 라는 뜻일 수도 있다고 합니다.

6 이 밖에도 서양인들과 우리의 문화 차이를 좀 더 살펴보면,

• 화장실에서 노크하는 것 . 우리는 안에 누가 있는지 확인하려고 하는 것이고, 서양인들은 빨리 나오라고 재촉하는 거라는군요.

• 외국인들이 한국에서 제일 행복한 것 중 하나가 어느 식당이든 마실 물을 공짜로 준다는 것이라네요. 반면에 낯선 것은 식당 테이블 위에 화장실용 두루

마리 화장지가 있는 것, 가위로 면이나 고기를 자르는 것이라는 군요.

- 우리나라에서 동성끼리(특히 여성들끼리) 손을 잡고 가는 것을 보면 동성연 애자로 오인하기 쉽습니다.

- 말을 걸 때 상대방을 터치하거나, 옷을 잡아 끄는 건 서양인들이 중요시하는 사적 공간을 침범하는 무례한 행동으로 보일 수 있습니다.

- 악수문화, 우리가 연장자나 상사와 악수할 때 허리 숙여 두 손으로 잡는 것 은 서양인들에게 낯선 풍경입니다, 반면에 상하 문화가 발달하지 않은 서양 에서는 바지에 한손을 넣고 악수를 하기도 합니다.

- 우리는 타부 taboo시 하지만 외국인들은 빨간색으로 사람의 이름을 쓰기도 합니다. 특히 교사나 강사들은 주의를 환기시키기 위해 빨간색을 잘 쓰는 것 같습니다.

- 서양인들은 식사 중에도 코를 마구 풀어댑니다. 우리가 보기엔 매우 지저분 하고 무례한 행동으로 보입니다.

- 서양에서는 연장자나 상사의 이름을 마구 부르기도 합니다. 한손으로 물건 을 전달하기도 하지요. 우리가 보기엔 무례한 행동들입니다.

- 지하철이나 버스에서 백발의 서양 할아버지가 젊은 아가씨에게 자리를 양 보하기도 합니다. (lady first)

- 공공장소에서 사연스럽게 키스하는 서양인들의 문화는 아직은 유교적 전통 이 지배적인 우리나라에서 그리 자연스럽지 않습니다.

한국과 일본의 문화 차이

우리는 흔히 일본을 가깝고도 먼 나라라고 얘기합니다. 비슷한 것 같으면서도 또 다른 일본과의 문화 차이를 알아보겠습니다.

1 식사예절

만약 식사초대를 받아서 간 경우 신발은 가지런히 모아 두고 음식을 먹을 경우 상대방이 만들어준 음식 맛은 함부로 평가하지 않는 것이 예의라고 합니다. 가급적 맛이 없어도 맛있다고 하며, 또 일본인들은 단호하게 'No'라는 말을 잘 하지 않는다고 합니다. 될수록 완곡하게 거절의사를 표현하며 중립적으로 우회해서 애매하게 표현하기 때문에 속마음을 잘 헤아릴 필요가 있답니다. 그리고 우리와 달리 그릇을 들고 식사를 하며 습한 기후의 영향으로 각자의 식기에 음식을 따로 덜어 먹는 습관이 있다고 합니다. 식당에서 식사를 할 때는 가급적 자기가 먹은 것은 자기가 내는 습관이 있다고 합니다.

2 선물 교환 방식

우리나라 정서와 비슷하게 선물을 받으면 꼭 가까운 시일 내에 보답하는 경향이 있으며 쓰는 방법을 알려주는 것이 예의라고 생각한다고 하네요. 흰색 꽃이나 옷, 포장은 죽음을 상징하는 의미가 있어 가급적 피하고 (행운이 따르는) 짝수로 주는 걸 좋아한다고 합니다.

❸ 맞장구와 칭찬 잘하는 일본인들

일본인들은 상대방과 이야기할 때 맞장구를 잘 치며 조금만 일본어를 해도 일본어를 잘한다고 칭찬한답니다. 대화중 맞장구치는 것은 상대방 말을 경청해 듣고 있다는 표시라네요. 우리는 대화중 중간에 끼지 않고 상대방 말을 끝까지 잘 듣는 게 예의라고 생각하죠?

❹ 명함 문화

일본인들은 명함을 아주 중요시 생각합니다. 서로 초면에 만나면 맨 처음 명함을 주고받으며 상대방 명함을 받으면 보는 앞에서 소중히 보관하는 걸 보여주는 것이 좋습니다.

이슬람 문화권의 주요 예절

다음으로 우리에겐 좀 생소하다고 생각될 수도 있는 이슬람 문화에 대해 잠시 알아봅시다. 현재 전 세계의 16억 명이 이슬람 문화권에서 산다고 합니다.

❶ 왼손을 조심하세요.

이슬람 문화권에서 왼손은 부정한 의미를 지닌다고 합니다. 화장실 용변 후나 코를 풀 때니 사용한다는군요. 악수할 때, 물건을 주고받을 때 등등 가급적 오른손을 사용하고 왼손은 절대 사용하지 않는 게 좋습니다.

2 절대로 엄지손가락을 치켜들면 안 됩니다.

최고다, 잘한다는 뜻으로 엄지손가락을 치켜들면 이것은 마치 서양인들에게 가운데 손가락을 치켜드는 것과 같은 몹쓸 욕과 같다는 군요.

3 손님으로 초대받았으면 음식을 남기지 마세요.

아랍속담에 '손님이 있는 곳에 천사가 있다' 는 말이 있듯이 이슬람 문화권에서는 손님을 접대하는 걸 아주 좋아한답니다. 손님을 초대하면 마을 주민들과 일가친척들을 다 같이 부르며 음식을 먹을 때는 가급적 음식을 남기지 않아야 한답니다. 음식을 남기는 건 호의를 거절한다는 의미라네요.

4 언제 어디서든 하루 5번의 기도 문화

아무리 바쁜 일이 있어도 무슬림들은 하루 5번 메카를 향해 기도를 합니다. 어떤 중요한 일이 있어도 이것은 이들이 꼭 지키는 의무 중 하나이므로 참고 기다려 주어야 합니다.

5 기타

이밖에도 무슬림들은 이웃과 친구 관계를 매우 중요시 해 마치 혈연관계처럼 어려운 일이 있을 때면 서로 돕고 보살핍니다. 또한 어른들에 대한 존경심도 매우 강하다고 합니다.

그 밖의 세계 여러 나라의 예절

1 아시아권

- 중국: 시계, 우산, 꽃다발은 선물하지 않는 것이 좋으며 옷을 추스르는 모양새는 피하는 것이 좋고 차나 술을 항상 가득 따르는 습관이 있다고 합니다. 아직까지는 공산권 국가이므로 공산당을 폄하하는 정치적 발언은 삼가 하는 것이 좋습니다.
- 몽골: 검지를 사용하여 상대방을 가리키는 것은 상대방을 죽이겠다는 뜻이랍니다. 무언가를 가리킬 때는 손바닥을 펴서 가리켜야 한다는군요.
- 베트남: 우리와 같이 유교적 전통이 있어 노인을 공경하는 문화가 강합니다. 잦은 전쟁의 결과로 남성보다 여성들의 숫자가 많고 또한 이들의 사회적 지위가 높으므로 여성을 비하하는 발언을 함부로 하면 안 되며 처음 본 사람들에게도 나이를 물어보는 경향이 있는데 이것은 일종의 친밀감의 표시라네요.
- 인도: 소를 신성시하므로 소고기를 먹지 않고 집에 초대 받을 때는 부엌에 함부로 들어가서는 안 되며 사람들은 처음 만날 때도 가족에 대해 상세히 물어보는 경향이 많은데 이는 상대방 가족에 대한 친밀감의 표시라고 합니다.
- 태국: 왕실에 대한 존경과 신뢰가 대단하여 함부로 왕실 사진이나 그림에 손가락질 하면 안 됩니다. 또한 승려에게는 최대한의 예를 갖추고 이들은 머리를 신성시하므로 특히 함부로 귀엽다고 어린아이의 머리를 만져서는 절대 안 됩니다.

일반적으로 성격과 시간관념이 느슨하고 외향적 긍정적이고 낯선 이에게도 친근한 성향을 가지고 있습니다.

- 브라질: 영어의 OK 사인이 아주 외설적인 욕의 의미랍니다. 거리에서 술주정을 하면 체포되고 집에 들어갈 땐 신발을 신고 들어간답니다.
- 아르헨티나: 영국과의 사이가 아직도 좋지 않아 가급적 영국을 두둔하는 말은 피하는 것이 좋고 한국식으로 술 한 잔 하자고 말하면 이성에겐 작업 건다는 의미이고 동성에겐 동성연애자로 오해 받을 수 있다네요.
- 멕시코: 멕시코 사람들은 멕시코 음식에 대한 자부심이 굉장히 강하다고 합니다. 사진을 찍을 때는 반드시 가부를 물어 보고 찍는 것이 좋고 파티를 떠날 때는 반드시 모든 사람에게 인사를 해야 한답니다.

외계인? 외국인!

이렇듯 전 세계에는 우리와 많은 부분이 다른 수많은 외국인들이 있습니다. 하지만 이들은 '외국인이지 외계인이 아닙니다'. 외국인들도 피부, 눈동자, 머리색과 언어만 다를 뿐 우리와 똑같은 사람들입니다. 외국인이라고 지나치게 친절을 베푼다거나 자신의 돈과 시간을 희생해 가며 도와줄 필요는 없습니다. 그저 기본적으로 인간을 존중하는 겸손한 마음과 부드러운 표정, 공손한 말씨를 사용해서 역지사지 易地思之 의 마음으로, 대등하게 예의를 지킨다면 언어의 벽뿐만 아니라 수많은 문화의 벽이 있더라도 모두가 서로 이해하며 평화를 이루어 나갈 것입니다.

온라인을 통해 세계 친구 사귀는 방법

지금부터 본격적으로 인터넷을 통하여 외국 친구들을 사귀는 법을 알아보도록 하겠습니다. 아래 소개하는 사이트들은 모두 무료 사이트들입니다.

학생 개인의 직접 교류 방법

▶ Email 교환을 통한 외국 친구 사귀기

프랑스에 본부를 둔 비영리 단체입니다. 학생 중심의 교류를 추구하며 전세계 학생들이 자신의 나이와 흥미에 맞는 나라와 친구를 선택하여 상대국의 문화를 이해하는 것을 목표로 합니다. 현재 약 230개 국가에서 약 1백만

명 이상의 penpals와 12,000개 이상의 블러그들, 각종 교육용 게임들, 취미별, 나이별 등으로 분류된 7,000개 이상의 클럽들이 있습니다. 학교 간 연결도 가능하며 손 편지 snail mail 를 위한 메뉴도 따로 있습니다.

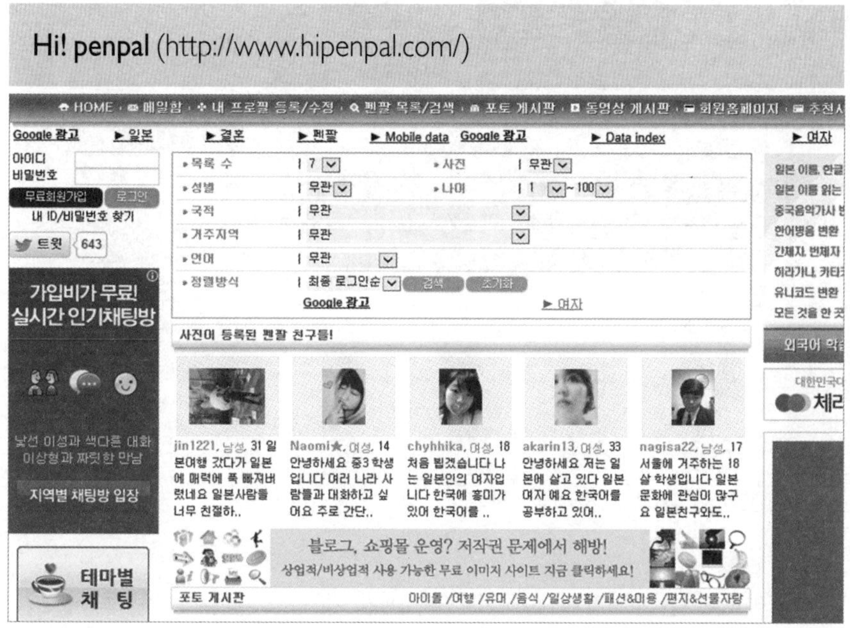

국내 사이트이며 주로 K-pop에 관심이 많은 아시아권 친구들(특히 중국, 일본)이 많이 모이는 사이트입니다. 한국에 관심이 많은 젊은이들이 모이다 보니 한국어로 펜팔을 원하는 젊은이들이 많고, 일본어나 한자로 변화하는 기능이 있습니다. 단점이 있다면 광고 배너가 좀 있으며, 선의의 문화적 교류를 진심으로 원하는 친구들을 고르는 안목이 필요합니다.

일본국제교류기금JAPAN FOUNDATION 에서 제작한 일본어 학습 사이트입니다. 한국어·영어·중국어를 비롯하여 총 8개 언어로 학습할 수 있으며 '에린' 이라는 영국에서 일본 고등학교로 유학온 여학생이 일본인의 집에서 홈스테이를 하면서 주변 친구들과 함께 일본어와 일본 문화(종이접기, 온천 등의 전통 문화부터 편의점, 휴대폰과 같은 현대 문화까지)를 익혀나간다는 설정 하에 직접 현장에서 적용할 수 있는 동영상과 퀴즈 중심으로 재미있고 쉽게 일본어와 일본 문화를 학습할 수 있습니다.

Interpal (http://www.interpals.net/)

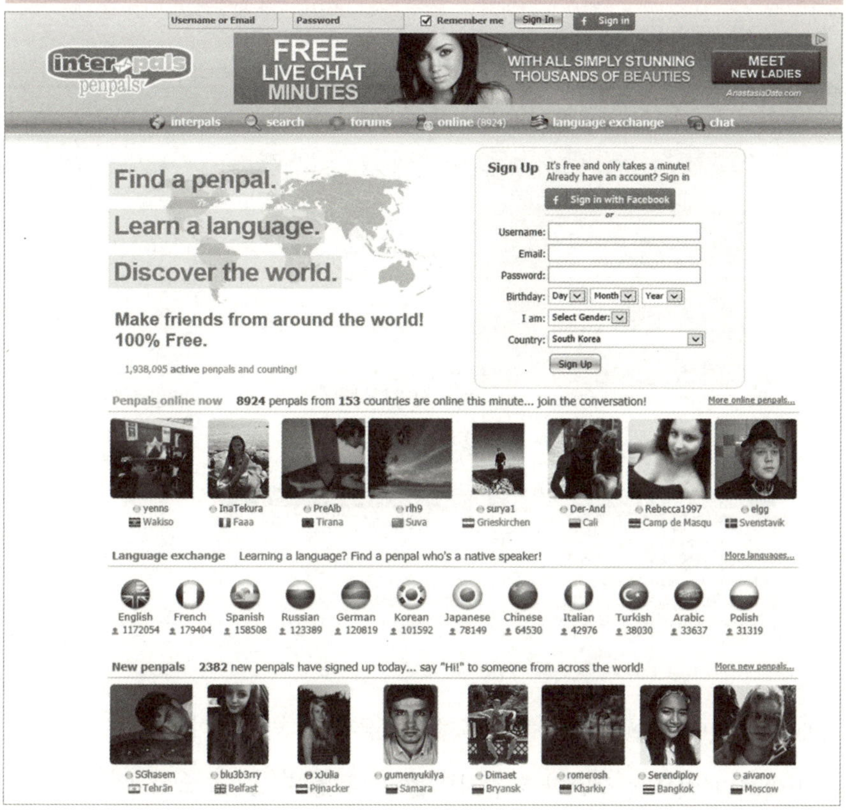

주로 언어를 서로 교환해서 배우기를 원하거나 여행 갈 곳에서 친구를 찾기를 원하는 전세계 사람들이 모이는 사이트입니다. 평균 약 150개 국의 만명의 사람들이 온라인 상태로 접속하고 있으며 채팅방을 활용하여 실시간 채팅도 가능합니다.

http://sharedtalk.com/

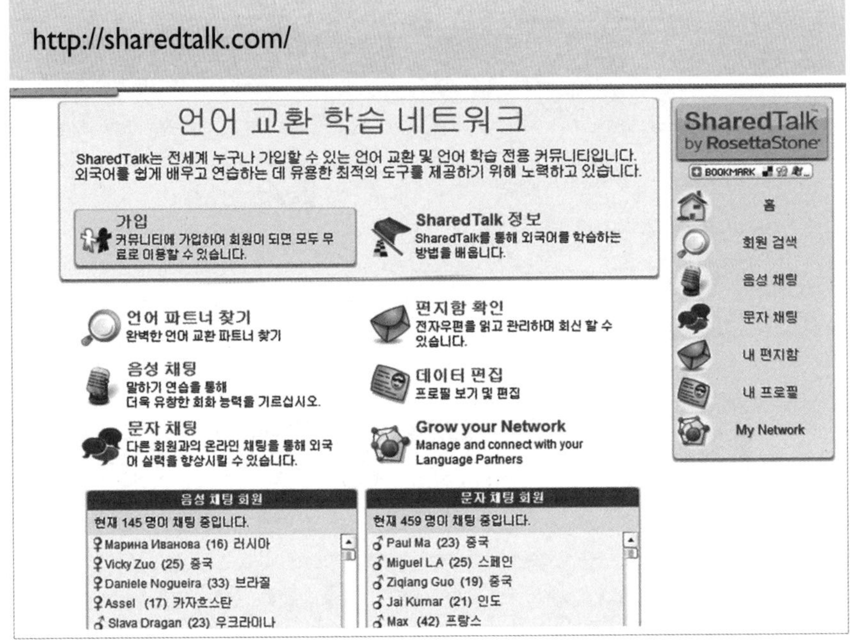

세계적인 언어학습 프로그램인 로제타스톤에서 제공하며 web을 기반으로 마이크만 있으면 간단한 회원가입을 거쳐 문자 및 1:1 음성채팅이 가능한 공간입니다. 전 세계 각국에서 영어, 일본어, 한국어 등 외국어를 연습하길 원하는 사람들이 모여 각자가 원하는 파트너를 찾아 대화를 연습하고 관심있는 문화와 취미에 대해 이야기를 나누며 원하는 커뮤니티를 형성하기도 합니다. 음성채팅에서 한 단계 더 나아가 화상 채팅을 원할 때는 서로 skype ID를 묻고 이를 활용하여 화상채팅을 갖기도 합니다.

skype (http://www.skype.com)

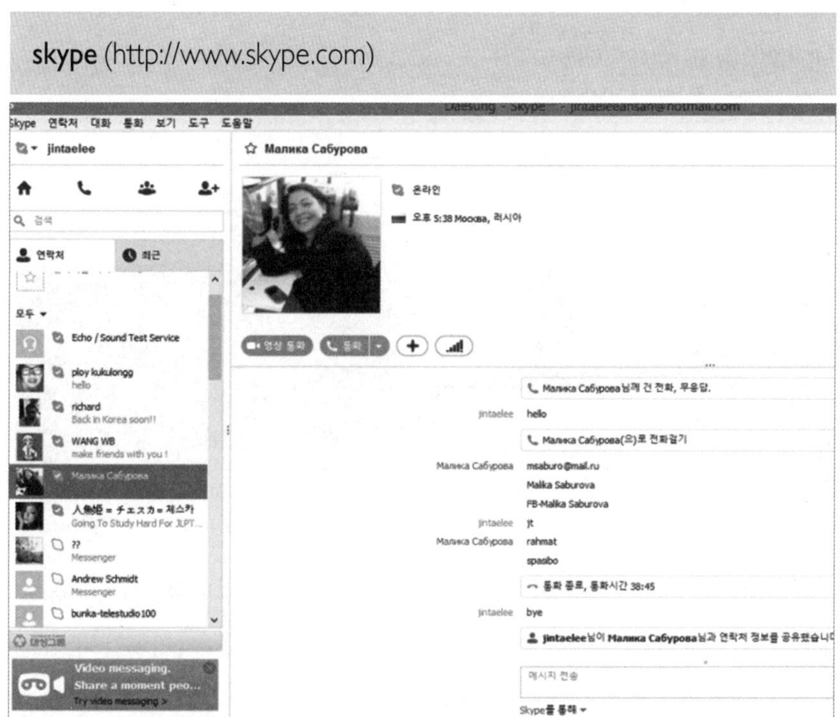

스카이프란 전 세계 어디든 마이크와 webcam만 있으면 가입자끼리 서로 얼굴을 보며 화상으로 대화를 나누고 자료도 교환할 수 있는 소프트웨어입니다. 무료로 다운로드 및 skype 사용자 간 무료 통화가 가능하지만 일반 휴대 전화와 통화하는 경우는 유료입니다. 여러 사람이 함께 통화하는 것도 가능하지만 유료입니다.

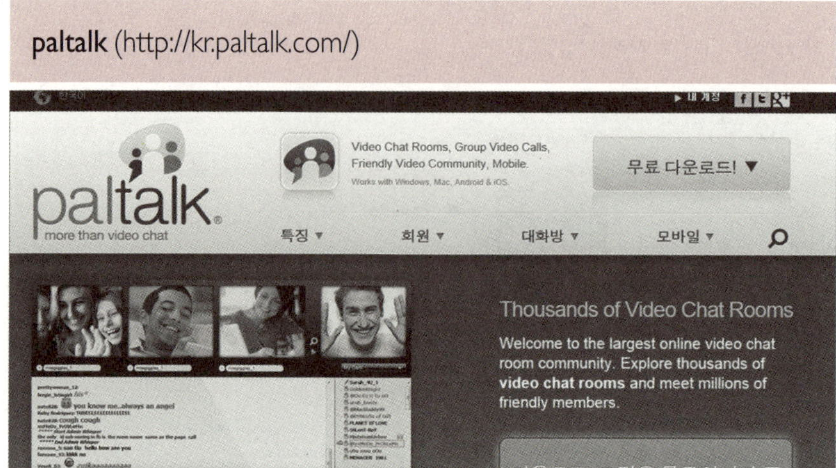

다자간 비디오 채팅이 가능한 일종의 메신저 프로그램입니다. 취미, 종교, 교육, 국가 등 아주 다양한 카테고리별로 전 세계 수많은 가입자들이 실시간으로 대화를 나누고 음악을 공유하기도 합니다. 문자, 음성 , 화상채팅이 모두 가능하며 친구들과 방을 만들어 따로 사용할 수 도 있습니다.

이 밖에도 이렇게 사귀게 된 친구들과 그룹을 이루어 함께 지속적으로 모여 대화하고 싶다면 구글 플러스에서 제공하는 hangout(최대 10명까지 동시 채팅 가능, 구글 독스 구글 드라이브 를 활용하여 함께 문서를 공유하거나 이미지작업을 할 수도 있습니다.), 최대 12명까지 참여가 가능한 oovoo (화상 채팅 내용을 녹화하고 웹에 업로드 할 수도 있고 oovoo에 가입하지 않아도 링크를 보내어 통화할 수도 있습니다.)와 같은 프로그램들도 있습니다.

학교와 교사들을 통한 국제 교류

학교나 선생님들을 통하여 좀 더 안전하고 공식적이며 체계적으로 교류하기 위해 다음과 같은 사이트들을 소개합니다.

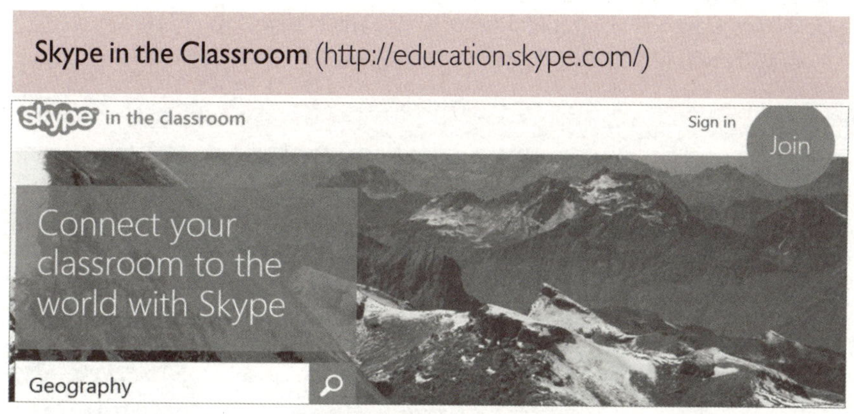

Skype in the Classroom (http://education.skype.com/)

전 세계 화상전화의 대명사 Skype에서 교육적 목적과 활용을 보다 적극적으로 지원하기 위하여 무료로 운영하는 커뮤니티 서비스입니다. 현재 전 세계 5,7000명의 교사와 3,000개 이상의 프로젝트가 등록되어 있습니다. 멀리 있는 교사와의 이원 수업, 각 국의 교실 상호연결, 명사와의 만남 등 무궁무진하게 활용이 가능한 분야이며 전 세계 어느 교사들이나 무료로 가입하여 자신과 자신의 학급 및 원하는 프로젝트에 대하여 profile을 올리면 전 세계 교사들이 환경, 인권, ICT, 음악, 미술, 인문, 수학, 과학 등 원하는 카테고리별로 관심 있는 프로젝트별로 검색하여 관계를 맺고 협력 수업을 진행할 수 있습니다. 또한 관련 전문가들이 실시간으로 묻고 답하는 화

상 수업을 진행할 수도 있습니다. 교사들에게는 신청하면 6명이 동시에 화
상 회의를 할 수 있는 계정 서비스를 무료로 제공해 주기도 합니다.

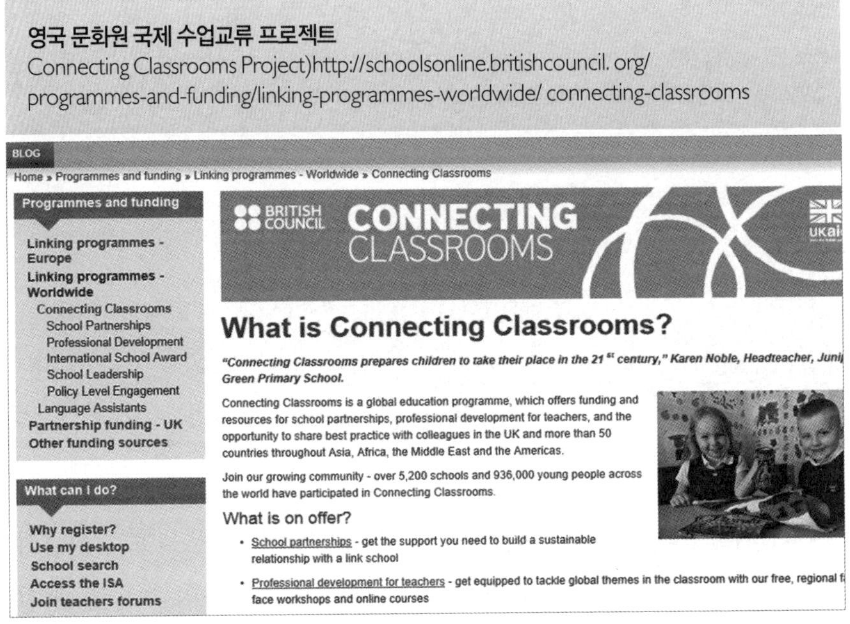

비정규적인 인적교류에 대부분 의존하는 전통적인 학교 간 자매결연과 달
리 학기 중, 교실에서 ICT를 기반으로 원격수업 프로젝트에 중점을 둠으로
써 교류의 지속성 및 교육적 효과를 높이고자 하는 목적으로 형성되었습니
다. 학기 초 각 학교로 참여 모집 공고가 나면 영국문화원에서 실시되는 오
리엔테이션을 거쳐 인증된 각 국의 학교와 커넥션을 형성하고 협력 프로젝
트를 함께 수행합니다.

ePals global community (http://www.epals.com/)

ePals는 학생들과 교사들이 안전하게 보호된 온라인 환경에서 200개 이상의 국가와 지역에서 교실로 연결하고 협력할 수 있도록 무료로 운영되는 네트워크 platform입니다. 선생님들은 누구나 자기 학급의 프로파일을 소개하고 각 교실 및 수업에 맞는 파트너를 카테고리별로 선택하여 프로젝트를 할 수 있습니다.

체계적 교육혁신을 통한 공동번영을 달성하기 위해 교사, 학생, 학자, 기업인, 정부 관계자들이 활동하는 글로벌 교육 협력체입니다. 소정의 절차를 걸쳐 교사가 선발되면 ASNET AlcoB school network 를 통하여 국제교류 및 교육봉사활동 등을 하게 됩니다. 현재 23개 국 5,000여 명의 교육지도자들이 활동 중입니다.

APCEIU NEST (http://nest.unescoapceiu.org/)

아시아 태평양 지역의 초중고 학교들 및 교사들이 국가 간 학생들의 실제적인 국제이해교육을 목표로 한국 APEC 국제교육협력원에서 형성한 네트워크 플랫폼입니다. 교사들은 온라인 국제이해교육의 코디네이터로서 서로 간 공통의 관심사를 찾아 파트너를 형성하고 서로 간 수업자료를 공유하며 학생들과 함께 국제이해교육을 위한 프로젝트를 진행합니다.

하지만 동전에도 그 뒷면이 있듯 세계 친구들을 사귐에 있어 여러분이 유의해야 할 부분도 있습니다. 세상에는 여러 종류의 사람들이 있고 좋은 사람들도 많이 있지만 전 세계인이 다 함께 평화롭게 살아가고자 하는 여러분들의 순수한 선의와 열정을 이용하여 자신들의 이익을 도모하려는 이들도 있으니까요. 여기서는 여러분들이 세계 친구 사귀기로 시작하는 평화 이루기 활동을 함에 있어 조심해야 할 사항들을 소개하기로 하겠습니다.

● 펜팔사이트나 페이스북, 트위터 등을 통하여 일정기간 친분을 쌓고 송금을 유도하는 행위를 조심해야 합니다. 특히 대부분 통신 추적이 어려운 점을 악용하여 주로 아프리카 지역에서 많이 발생한다고 합니다.

● 고위층 비밀 지하 자금 반출을 도와주면 6 : 4로 나누어 주겠다고 하며 개인의 신상정보(계좌번호 등)를 물어오는 경우 조심해야 합니다.

● 다른 나라에 체류 중인데 사기나 사고를 당했다면서 긴급히 소정의 돈을 송금해 줄 것을 부탁하는 경우도 있다고 합니다.

● 무역회사의 경우 당신들의 제품을 쓸 테니 샘플을 보내 달라고 하고 샘플을 보내주면 연락을 끊는 경우도 있으며, 한 발 더 나아가 제품 수입을 위한 정부 기관의 샘플 검사 비용을 송금해 달라고 하는 경우도 있다고 합니다.

● 어떤 경우든 절대로 남의 물건을 대신 전달해 주어선 안 됩니다. 실제로 공항이나 선착장 등지에서 갖은 감언이설로 지금 굉장히 급박한 상황으로

물건을 대신 전달해 주면 소정의 사례비를 지급하겠다거나 온라인상 쌓은 친분을 활용하여 물건을 제3자에게 대신 전달해 달라고 부탁하는 경우가 비일비재 합니다. 이런 경우 마약 등 심각한 범죄에 연루될 가능성이 높습니다.

● 자신이 갑자기 모르던 재산 상속을 받았다거나 복권에 당첨되어 친구와 나누고 싶다면서 개인 신상 정보를 물어오는 경우도 있다고 합니다.

　이외에도 여러분은 세계인과 친구 사귀기 활동을 하면서 때로는 이해 못하고 이상하다고 생각될 수 있는 경우도 만나게 될 것이고 본의 아니게 상처 주고 상처 받는 일도 생길 수 있습니다. 하지만 이러한 일들도 사람이 살아가는 어떤 사회에서든지 일어나는 일들입니다.

　이러한 세계 친구 사귀기 활동을 통하여 여러분이 세계 시민으로서의 소양과 예절을 익혀 수많은 문화적 차이와 언어적 장벽을 무엇보다 인간을 사랑하는 인류애로 극복하고 서로 싸우지 않고 평화롭게 행복하게 살아가는 미래의 지구마을을 만들어 나아가기를 희망합니다. 모든 갈등과 마찰의 원인은 서로를 이해하려는 노력과 관심의 부재에서 일어난다고 생각합니다. 지구평화는 높은 자리에서 권력을 가지고 있는 어른들이 만들어 주는 것이 아니라 지금 이 자리에서 나와 다른 타인을 이해하고 알고자 하는 작은 관심의 씨앗에서 만들어 진다고 믿습니다. 미래의 지구는 여러분들이 지키고 살아가야 할 터전이니까요.

평화를 만드는 나라

―북유럽의 세계시민교육

서경전

평등을 추구하고 토론을 즐기는
덴마크의 세계시민교육

제가 작년에 세 달 남짓 다녀왔던 덴마크는 이미 국제화, 세계화된 나라였습니다. 거리 곳곳에서 히잡을 쓴 여자들과 중동 남자들을 쉽게 볼 수 있었고, 인도를 비롯한 동남아시아계로 보이는 사람들도 제법 많이 눈에 띄었기 때문입니다. 덴마크는 일찍이 1970년대 말부터 외국인 노동자를 받아들이기 시작하여 1980년대 중반부터는 무슬림계 이민자들이 대거 유입되면서 다인종 다문화 국가로 변모하였습니다.

우리들은 코펜하겐의 ucc 교육대학에 소속되어 9월에 학기를 시작하는 신입생들과 함께 1주일 간 인트로 캠프를 했는데 학과에 따라 다르겠지만, 영어과와 국제학과 학생들 80여 명 중에서 순수 노르만계 덴마크인은 거의 볼 수가 없었고 가까운 스웨덴을 비롯한 영국, 독일, 프랑스, 이탈리아 등 유럽 각지에서 온 몇 명을 제외하고는 대다수가 터키를 비롯한 중동과 동남아시아 지역에서 취업을 위해 이주한 부모들의 2세, 3세 자녀들이었습니다.

6~7명으로 구성된 한 모둠의 대학생들이 구사할 수 있는 언어의 수는 20개가 넘었고, 6개월 이상의 장기 체류를 경험한 나라의 수는 그 보다 더 많았습니다. 대학을 들어오기 전부터 다양한 형태의 교육 기관이나 단체에서 학생들을 가르치거나 일한 경험이 있는 학생들도 많았지요.

덴마크의 학교 현장에서 이루어지는 세계시민 교육은 매우 다양하고 실용적인 형태로 이루어졌는데, 제가 방문했던 100여 년의 전통을 가진 카톨릭 사립 국제학교인 리가드 스콜레 rygaards skole 는 주로 외국 대사, 외교관, 외국 주재 상사들과 같은 상류 부유층 자녀들이 다니는 학교로 3, 4학년 학생들이 1주일에 2시간 종교 수업을 받는데, 제가 참관한 날의 주제는 유대교 율법에 관한 것이었습니다. 한 반의 학생 수가 스무 명 정도인데 출신 국가는 거의 15개가 넘을 정도로 구성이 매우 다양했지요.

여기서 잠깐 재밌는 일화를 소개하자면, 덴마크는 본래 침례교를 믿는 신교 국가이지만 일요일에 교회에 가는 신자가 거의 없을 정도로 느슨하고 자유로운 분위기의 해피 릴리젼 happy religion 을 표방하고 있습니다. 대부분의 교회들이 주말에 크고 작은 음악회를 열어서 지역 주민들을 즐겁게 해주는데, 하루는 블루스와 재즈 콘서트를 보러 그룬트비히 교회에 갔더니 목사를 비롯한 많은 사람들이 간단한 예배가 끝난 후, 교회에서 파는 맥주를 마시면서 온 몸을 흔들어 가며 음악을 감상하는 모습을 보고 매우 색다른 느낌을 받기도 했었어요.

여러 나라에서 온 학생들과 그 부모들의 종교가 매우 다양하겠지만, 이 학교가 카톨릭 학교임에도 불구하고 '종교' 시간에는 매우 객관적인 입장에서 여러 종교들을 다루고, 토론과 협동 학습을 통해 학생들이 세계시민적 시각에서 받아들일 수 있는 보편적인 교리를 자연스럽게 찾고 배우도록 유도하고 있었습니다.

너댓 명으로 구성된 아이들이 하나의 모둠이 되어, 유대교의 근본이 되는 모세의 10계명과 다른 선지자의 계명 4가지를 더해 14개 중에서 가장 중요하다고 생각되는 계명을 서로 의논하여 순서대로 나열하고 그 이유를 다른 그룹에게 설명하는 방식이었습니다.

유대교의 계명이라고 해서 특별한 것은 아니었고, 우리가 흔히 아는 '살인하지 말라', '거짓말 하지 말라', '이웃의 재물을 탐하지 말라' 등의 계명이었는데 아이들은 '안식일을 지켜라'와 같은 종교적인 계명보다 인간 모두가 실천해야 할 보편적인 계명들을 골라 우선순위를 매기는 것 같았습니다. 한 가지 재밌는 것은 주로 여학생들로 구성된 한 모둠에서는 중요 순위 중 '배우자에게 거짓말하지 말라'가 들어 있었는데 그 이유를 물으니 한 여학생이 자기는 커서 꼭 결혼을 할 것인데 만약 남편이 거짓말을 하거나 바람을 피우면 용서하지 않을 것이기 때문이라고 대답하더군요.

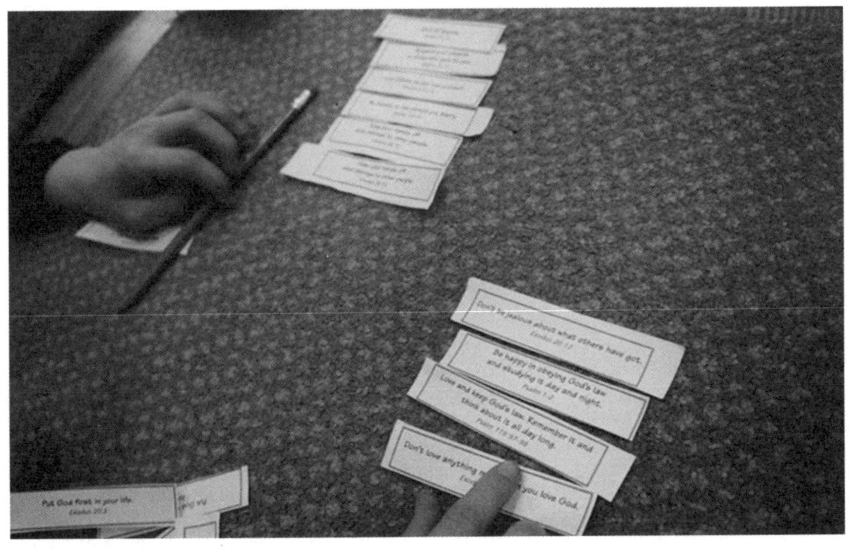

덴마크 코펜하겐 리가드 스콜레에서(2012. 11. 19.)

　　이렇게 서로 의논하면서 중요한 계명의 순위를 정하고, 다른 모둠에게 그 이유를 설명하는 과정에서 특수한 종교적 개념보다는 누구나 지켜야 할 기본적이고 보편적인 룰을 자연스럽게 배울 수 있는 것 같았습니다.

　　마지막에 방문한 고등학교는 이름이 매우 긴 헨델스 김나지움 Handels gymnasiet hhx Erhvervsuddannelserne hg 이었는데 뜻밖에 아프가니스탄 난민 학생들을 만날 수 있었습니다. 대부분 탈레반 정권의 탄압을 피해 가족 단위로 탈출을 시도하다가 부모와 형제를 잃고 혈혈단신으로 덴마크에 입국하게 된 학생들이었는데 고3 과정이었지만 나이가 많은 학생도 있었습니다.

　　그들은 대부분 학교 기숙사에서 지내면서 오전에는 일반 교과와 덴마크어를 배우고 오후에는 식당이나 가게에서 파트 타임으로 일을 해서 생활

아프가니스탄 전통 음식 볼라니를 만들고 있는 난민 학생들. 헨델스 김나지움(2012. 11. 23.)

비를 벌어 지낸다고 했습니다. 그날은 특별히 학생들이 아프가니스탄의 전통 음식인 볼라니 bolani 를 만들고 있었는데, 10여 명 남짓한 아프가니스탄 학생들을 4~5명의 교사가 부모와 가족처럼 따뜻하게 가르치고 보살피고 있음을 한 눈에 알 수 있었습니다. 과거의 아픈 기억을 잊고 서로 깊이 의지하면서 희망적인 미래를 꿈꾸고 있는 것 같아 보기 좋더군요.

하지만 인도적 차원에서 난민을 적극적으로 수용했던 덴마크도 최근에는 반反 이민정서가 강해지고 극우적 성향의 분위기가 상승되자 기술을 가진 노동 이민이나 취업 이민, 유학이민을 장려하는 쪽으로 정책이 바뀌고 있다고 하니 안타까운 마음이 듭니다.

저의 멘토였던 락쉬미 Lakshmi 교수는 세계시민의식 citizenship 과 종교를 강의하고 있어서 그녀의 수업에 함께 참여할 기회가 많았는데, 하루는 학생들과 함께 인권위원회를 방문했습니다. 그 곳의 활동가들이 덴마크의 인권 활동과 학교에서의 인권 교육에 대한 강의를 하자 학생들은 가만히 앉아서 듣기만 하는 것이 아니라 끊임없이 손을 들어 질문을 하거나 서로의 의견에 대해 토론을 하면서 진행하더군요.

두 번째 시간부터는 밖으로 나가 활동을 해 보는 시간을 가졌습니다. 여러 활동 중 가장 기억에 남는 것은, 모든 사람들을 가로로 길게 한 줄을 서게 한 다음 각 자에게 7~8개의 역할 카드 중 하나를 나눠주고 절대 남에게는 보여주거나 옆 사람에게 말하지 않도록 주의를 줍니다. 역할 카드라고 하는 것은 이를 테면 '나는 대도시에서 멀리 떨어진 농촌에 사는 15세 남자 소년이다.' 라든가, '나는 남미에서 취업을 위해 유럽에 온 40대의 유색인 여성이다.' 혹은 '나는 무슬림 신자인 30대 남자이다.' 라는 식으로 역할을 쓴 쪽지를 말하는 것입니다.

모든 사람들이 같은 줄에 서 있다가 진행자의 멘트를 듣고 자기 캐릭터의 상황에서 그 말이 맞다 싶으면 한 발 앞으로 나가고, 그렇지 않다고 판단되면 그냥 그 자리에 서 있는 것이지요.

진행자의 멘트는 다음과 같아요. "당신은 최근 자신의 성적 취향에 대해 고민해 본 적이 있는가?"라고 질문을 하면 가령 내가 15세의 시골 소년의 카드를 갖고 있다면 한창 성에 대해 궁금해 하고 혹시 나에게 동성애적 취향이 있는 게 아닌가 하고 혼란스러워할 수 있다고 생각하기 있기 때문에, 내가 서 있는 줄에서 한 발짝 앞으로 나아가는 것입니다. 하지만 다음 질문이 "당신은 출산, 육아로 인해 직장을 그만두라는 권고를 받은 적이 있는가?"라고 하면 나는 15세 소년이므로 해당이 되지 않으니까 그 자리에 그대로 서 있으면 되는 거죠.

이렇게 계속 진행을 하다 보면 같은 선에서 출발했지만 어떤 사람은 성큼 성큼 나가서 맨 앞에 서 있기도 하고, 어떤 사람은 계속 같은 자리에 머물러서 한참 뒤에 있게 되는 등 천차만별입니다. 같은 15세 시골 소년의 역할 카드를 받은 여러 명의 사람들조차도 누구는 앞 쪽에 서 있지만 또 어떤 사람들은 훨씬 뒤쪽에 서 있기도 합니다.

진행자가 모든 질문을 다 마치고 나면 각자가 서 있는 위치를 서로 확인하게 합니다. 맨 앞에 나와 있는 사람에게 어떤 역할인지 물으면 그제야 큰 소리로 자신의 역할을 말하는데 주로 차별이나 불이익을 많이 당한다고 생각하는 사람이 가장 앞에 서 있지만, 같은 상황이라도 개인에 따라서는 차별을 그다지 못 느끼는 경우에는 뒤편에 서 있기도 하다는 사실을 확인시켜줍니다. 왜 같은 역할인데도 서로 다른 자리에 서 있는지 물어보고 그에 대한 다른 사람의 의견도 듣게 합니다.

이 활동의 요지는 소수자에 대한 사회적 편견이나 불평등에 관한 생각을 막연하게 머리로만 아는데 그치지 않고 그 사람의 역할을 직접 해 보면서 이러저러한 상황에서 느꼈을 차별에 대한 생각을 반추하게 하고 공감하게 하는 것입니다. 우리가 흔히 당연하다고 생각하는 나의 성 정체감, 성적 취향, 사회적 배경, 인종과 민족, 사회적 능력, 종교가 어쩌면 다른 사람에게는 일종의 특권이 될 수 있음을 알아차리게 하는 목적이 있다고 생각됩니다.

락쉬미의 수업 중 인상적이었던 또 하나는 예비 유치원, 저학년 초등교사가 되려는 교육대학 학생들의 세계시민의식 수업이었습니다. 예상과 달리 학생들 대다수가 남자들이었는데, 전체 교대생의 80~90%가 여학생인 우리와 매우 다른 모습에 궁금해서 왜 이렇게 많은 남자들이 지원을 했는지 물었더니 유치원, 저학년 아이들과 많이 놀아주고 가르치려면 의외로 육체적 힘이 많이 필요하므로 남학생들이 선호한다고 하였습니다.

그들과 세계시민의식 수업을 했는데, 먼저 교수가 민주주의에서 가장 중요하고 필요한 개념 3가지를 각자 생각해 보라고 하였습니다. 그런 다음 가까이 앉은 사람들끼리 5~6명씩 조를 만들어 본인의 개념 세 가지를 남들에게 소개하고 그 중 공통되거나 중요하다고 생각되는 개념을 다시 3가지로 모아보라고 했습니다. 여러 조에서 가장 많이 나온 단어는 역시 자유와 평등이었는데 다종교 사회라 그런지 몰라도 특히 종교의 자유에 대해 말하는 조가 많았습니다.

발표한 내용 중에 공통되는 4~5가지를 종이에 하나씩 써서 몇 개의 위치에 나누어 붙인 다음 가장 마음에 드는 개념의 단어가 있는 곳에 가서 서게 합니다. 저는 '연대solidarity'에 섰는데 2명의 남학생이 모여들더군요.

이제부터는 그 개념이 민주주의에서 왜 가장 중요하고 필요한지, 그와 같은 경험을 해 본 적이 있는지 그때 무엇을 느꼈는지, 만약 그와 반대되는 개념이 있다면 무엇인지 서로 토론해 보는 시간을 주었습니다.

하지만 이번에는 그냥 자리에 둘러 앉아 토론을 하는 것이 아니라 교실 밖을 나가 긴 복도를 함께 걸으면서 토론을 하게 했어요. 30분 정도 산책하듯이 천천히 걷기도 하고 때로는 어떤 얘기에 집중하기 위해 잠시 멈춰 서서 얘기를 나누기도 했습니다. 어떤 조는 아예 실외로 나가 햇볕 속에서 토론을 펼치기도 하더군요.

이리저리 걸으면서 얘기를 나누는 경험은 정말 특별했는데 몸을 움직이면서 얘기를 하고 생각을 하니까 집중이 더 잘 되는 것 같았고, 앉아서 얘기할 때 정면을 서로 보면서 말할 때 느끼는 부담감에서 좀 벗어나 같은 방향을 바라보면서 살짝살짝 옆으로 시선을 마주치며 말하는 것이 훨씬 편안하고 자연스러웠습니다. 같이 걷던 남학생들은 키가 190cm가 넘는 장신들이라 저의 얘기를 들으려고 일부러 몸을 구부정하게 구부리고 걸었습니다.

ucc 대학의 잘레 캠퍼스에서는 에라스무스 장학금을 받는 학생들과 함께 '세계화globalization' 수업을 들었어요. 독일, 스페인, 터키를 비롯한 유럽 각국에서 6개월 과정으로 유학을 온 학생들이었는데 유치원을 비롯한 초중등 교사가 되기 위한 과정을 이수하고 있었습니다. 매우 성실한 독일의 여학생부터 꽤 수다스럽고 자유분방한 분위기의 스페인 남학생까지 모두들 수업에 열성적이었습니다.

2개 반으로 나누어 팀티칭의 형식으로 5~6명의 교수가 교대로 수업을 진행했는데 주제는 '세계화란?' '교육자로서 세계화를 어떻게 가르칠 것인가?' '편견, 고정관념, 차별, 범주화 개념 정의하기', '부정한 사회에서 어떻게 정의를 가르칠까?' '학습 환경에서 어떻게 세계적 접근을 할 수

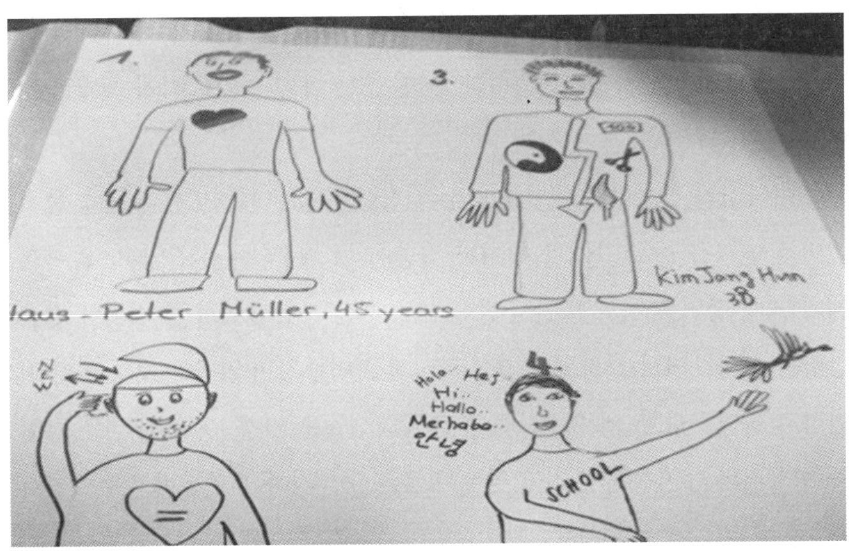

세계화를 어떻게 수행할 것인가? -ucc 대학 zahle 캠퍼스(2012. 11. 14.)

있을까?' '지속가능한 발전이란?' 등 이었습니다.

모든 수업은 1시간 정도의 이론적 설명과 3시간 이상의 조별 토론수업으로 진행되었는데 언제나 결과물을 만들어(초등학생들처럼 직접 종이에 쓰거나 그림을 그리거나 오려 붙여서 만든 제작물) 다른 조에게 설명하고 질문에 답변하는 피드백을 꼭 거치게 했습니다. 내용은 학교 현장에서 수업에 바로 쓸 수 있도록 현실적이고 기초적인 것으로 학생들의 눈높이에 맞춰 만들어지죠.

덴마크에서는 초등학생부터 대학생까지 세계시민의식과 관련된 대부분의 수업은 가만히 앉아서 수동적으로 이론적인 내용만 배우는 것이 아니라, 언제나 몸을 움직이면서 활동하고 여러 사람들과 의견을 나누면서 적

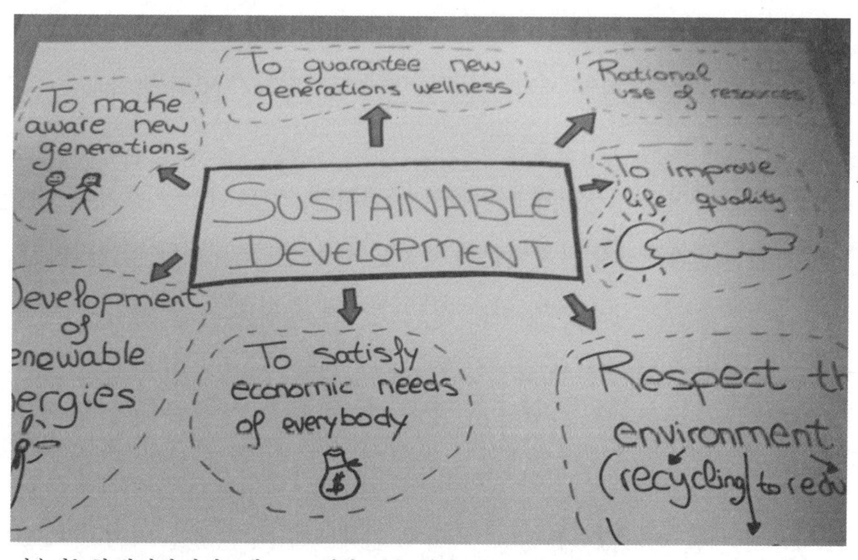

지속가능한 발전의 마인드맵 – ucc 대학 zahle 캠퍼스 (2012. 11. 23.)

극적으로 참여하도록 구성이 되어 있었기 때문에 기억에 오래 남고 매우 실질적인 공부가 된다는 느낌을 받았습니다.

복지국가 노르웨이의 용감한 세계시민교육

덴마크 체재 중 주말을 이용해 노르웨이를 여행했던 적이 있습니다. 베르겐의 환상적인 피오르 해안을 기차와 버스, 배로 다니며 실컷 구경을 하다가 하루 일정으로 수도인 오슬로를 둘러보았는데, 국립미술관에 갔을 때 눈길을 확 끄는 그림 2점과 설명글이 있었습니다. I leaden The inshore channel 이라는 작품이었는데 어쩐 일인지 작은 배 위에 위태롭게 서 있는 소년의 전면에 마치 하얀 갈매기 수십 마리가 펄럭이는 것처럼 보였지만 자세히 보니 그것은 하얀 새가 아니라 그림 여기저기가 어떤 날카로운 파편들에 의해 손상된 것이었습니다.

모두들 아직도 생생하게 기억하고 있겠지만, 2011년 노르웨이에서는 기독교 근본주의자이자 반反 다문화 활동을 해 왔던 극우 성향의 테러범인 브레이빅이 오슬로 중심부에 있는 정부 청사를 폭파하고, 근교의 우토야 섬에서 노동당 청년 캠프에 참여한 학생들을 대상으로 무자비하게 총기를 난사하여 69명을 살해한 사건이 일어났습니다.

그림의 설명은 그 사건이 일어날 당시 미술관에서 정부 청사에 139점의 작품 전시를 허락했었는데 그 폭파로 인해 그림에 손상을 입어서 복구하기 위해 오랫동안 많은 사람의 도움을 얻어 겨우 복구할 수 있게 되었다는 내용이었습니다.

모든 사람들이 가장 살고 싶어 하는 복지 국가의 대명사 격이었던 노르웨이의 이미지를 먹칠한 이런 예기치 못한 대량 살상 사건이 일어난 것에 엄청난 충격을 받았겠지만, 은폐하지 않고 오히려 용감하게 치부를 드러내어 다시는 이러한 역사를 되풀이하지 말자는 의도인 것 같아 참 대단해 보였습니다.

사건이 일어난 지 1년 후, 21년형을 선고받은 브레이빅은 중도좌파 정당인 노동당이 무슬림 이민자를 끌어들였기 때문에 벌인 일이므로 정당하다고 주장했어요. 씁쓸한 것은 그가 롤 모델로 삼은 나라가 바로 한국과 일본이라는 사실입니다.

영국 텔레그레프는 "브레이빅이 유럽에 단일문화를 확립하기 위해 한국과 일본을 모델로 삼아야 한다고 주장했다"고 보도했다. 그는 테러 감행 전 친구에게 보낸 1,518쪽에 이르는 선언문에서 "한국과 일본은 유럽이 1950년대에 가졌던 고전적이고 보수적인 원칙들을 잘 대표하고 있으며, 과학적·경제적으로 발전했고 다문화주의와 문화적 마르크스주의를 받아들이지 않고 있다."며 "2083년까지 유럽 각국을 극우 보수정권으로 교체한 뒤 무슬림 이민자들을 내쫓아야 하며 중동 이슬람 국가들을 제압할 새로운 유럽을 탄생 시켜 기독교 문화를 바로 세워야 한다."고 주장했다. 이 참사에 대해 노르웨이 총리는 "더 강한 민주주의와 관용의 정신으로 보복하겠다."는 말을 남겼다.[1]

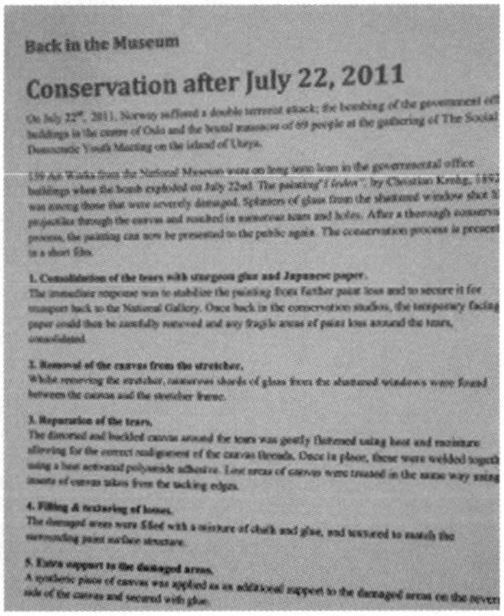

Back in the Museum

Conservation after July 22, 2011

On July 22nd, 2011, Norway suffered a double terrorist attack: the bombing of the government office buildings in the centre of Oslo and the brutal massacre of 69 people at the gathering of The Social Democratic Youth Meeting on the island of Utøya.

116 Art Works from the National Museum were on long term loan in the governmental office buildings when the bomb exploded on July 22nd. The painting "I leden", by Christian Krohg, 1887, was among those that were severely damaged. Splinters of glass from the shattered window shot like projectiles through the canvas and resulted in numerous tears and holes. After a thorough conservation process, the painting can now be presented to the public again. The conservation process is presented in a short film.

1. Consolidation of the tears with sturgeon glue and Japanese paper.
The immediate response was to stabilize the painting from farther paint loss and to secure it for transport back to the National Gallery. Once back in the conservation studios, the temporary facing paper could then be carefully removed and any fragile areas of paint loss around the tears, consolidated.

2. Removal of the canvas from the stretcher.
While removing the stretcher, numerous shards of glass from the shattered windows were found between the canvas and the stretcher frame.

3. Reparation of the tears.
The distorted and buckled canvas around the tears was gently flattened using heat and moisture allowing for the correct realignment of the canvas threads. Once in place, these were welded together using a heat activated polyamide adhesive. Lost areas of canvas were treated in the same way using inserts of canvas taken from the tacking edges.

4. Filling & texturing of losses.
The damaged areas were filled with a mixture of chalk and glue, and textured to match the surrounding paint surface structure.

5. Extra support to the damaged areas.
A synthetic piece of canvas was applied as an additional support to the damaged areas on the reverse side of the canvas and secured with glue.

오슬로 국립미술관에서(2012. 9. 26.)

한국의 학교 현장에서 해온 세계시민교육

지난 20여 년 간 중·고등학교에서 지리와 사회를 가르치면서 틈틈이 다문화와 세계시민의식 관련 수업을 여러 가지 방법으로 해 보았습니다.

2007년도에 출간된 장 베르트랑 아리스티드의 『가난한 휴머니즘』을 읽고 나서, 조별로 아이티의 지리·역사·정치·사회 등을 조사하고 전체 내용에 대한 12가지 질문에 답을 써오게 했어요. 또한 아홉 장 중 가장 감동적이고 인상적인 내용을 발췌하여 쓰고, 그 감동과 느낌으로 아이티 사람들에게 부치는 10번째 편지를 써서 발표하고 의견을 나누게 하는 수업이었지요.

그 책은 '존엄한 가난에 부치는 아홉 통의 편지'라는 부제를 달고 있는데, 저자인 아리스티드는 30년 간의 군부 독재를 물리치고 대통령으로 네 번이나 당선된 신부였습니다. 아이티가 가난하고 불행한 역사를 갖고 있지만 가난을 존엄하게 여길 수 있도록 아이들에게 희망을 교육하고 절망 속에서도 대안을 만들어가려고 노력하는 아이티 사람들의 현재를 그대로 담고 있습니다.

이런 책을 선택한 이유는 요즘 우리 한국의 청소년들이 가장 소중하게 여기는 가치가 안타깝게도 '돈'과 '물질적 풍요'이지만, 진정한 행복은 자존감과 주인의식을 갖고 당당하게 살아가는 것임을 일깨우려는 의도였습니다. 또한 가난한 나라와 부유한 나라의 현실을 날카롭게 분석하고, 미래는 모두 함께 도우면서 열어가야 한다는 상생 의식을 가졌으면 하는 바람

때문이었습니다.

이 수업을 통해 처음으로 아이티라는 나라를 알게 되었고, 막강한 프랑스를 물리치고 이룩한 세계 최초의 흑인 공화국이라는 사실에 놀라는 학생들도 많았어요. 어쩌면 몇 년 후인 2010년에 일어난 아이티의 대지진 사건 때, 우리나라에서 보낸 긴급구호단의 열성적인 봉사 활동을 TV로 보면서 제 수업 시간에 배운 아이티와 그 책을 떠올렸을지도 모르겠습니다.

또 2009년부터 3년 간 한국 · 일본 · 중국의 교사와 교수들이 함께 모여 '한 · 중 · 일 상호이해를 위한 교재 개발'이라는 프로젝트에 참여한 적이 있습니다. 동북아시아 3국은 매우 가까우면서도 껄끄러운 관계를 가진 나라이지만, 서로 이해하고 돕는 파트너로 거듭날 수 있도록 영토나 역사와 같은 민감한 주제보다는 가장 보편적이고 공통적인 주제 3가지를 선택하여 교안을 만들어 직접 수업도 해보고 그것을 바탕으로 공동 교재를 만들어 학교 현장에서 활용해보자는 의도였습니다.

3가지 주제는 학생들이 가장 흥미로워하는 음식 · 이민 · 관습과 인간관계였는데, 제가 속한 팀은 '음식'으로 3국의 사람들이 모두 즐기는 면류(국수 · 우동 · 라면 등)와 주식으로 먹는 쌀 · 우유 등을 다루었습니다. 특히 저는 면 음식의 기원, 전파, 공통점과 차이점, 미래적 전망 등으로 파트를 나누어 학생들이 조사하고 연구하여, 일본에서 오신 교수 두 분을 모시고 다양한 형식으로 발표를 하는 기회를 가졌습니다.

재밌는 것은 세 나라 모두 즐겁고 기쁜 일이 있을 때 국수를 먹었다는 것과 자기 나라의 자연환경에 맞게 변형하여 특별한 면 음식을 만들어 먹었는데 여름에 습하고 더운 우리나라는 담백한 냉면을, 일본은 된장 간장 소금과 같은 기본 장류와 돼지 뼈를 이용한 진한 국물에 생면을 넣은 라면 요리가 발달했다는 것입니다.

이러한 수업을 바탕으로 더 나아가 우리가 먹는 음식이 왜 비슷하면서도 다른지, 환경 조건에 따라 음식 문화가 어떻게 달라지는지를 인식하게 되고, 이러한 다양한 음식 문화의 보존을 위해 환경 보전을 어떻게 해야 할지에 대해서도 생각해 봄으로써 세계시민적 안목으로 먹거리를 대할 수 있을 것입니다.

또한 학년말이 되면 교과서의 내용도 거의 다 배웠고 수업 분위기도 어수선할 때는 이런 수업을 해 보는 것도 의미가 있었던 것 같습니다. 모두 잘 아는 '지구가 100명의 마을이라면'이라는 동영상을 시청한 후 세계 속에서 자신의 위치를 인식하고 세계화 속에서 세계시민으로서의 역할을 실행하는 계기를 마련하는 것입니다.

'지구가 100명의 마을이라면'을 보면서 먼저 나의 위치는 얼마나 혜택 받는 집단에 속하는지를 알고 생존에 필요한 물과 음식을 걱정 없이 먹고 마실 수 있으며 물질적으로 풍요롭게 살고 있고, 질 높은 교육도 받고 있는 소수의 집단에 속한다는 것을 구체적인 숫자로 확인하게 하는 것입니다.

그런 다음 조별로 다음의 사례 중 한 가지를 선택하게 합니다.

우물에 가려면 몇 시간을 걸어서 가야 하는 아프리카의 만성적인 물 부족 지역 사람들(사례 1), 종교적 갈등과 내전으로 초등학교도 들어가지 못한 채 방치된 여자 아이들을 위해 학교를 지으려고 해도 돈이 없어 짓지 못하고 있는 중동의 어느 지역(사례 2), 약간의 돈만 있으면 얼마든지 약으로 예방할 수 있지만 약을 사지 못해 수많은 어린이와 사람들이 AIDS로 죽어가는 지역(사례 3), 엄청난 지진으로 수천 명이 죽고 음식과 잠자리를 구하지 못해 많은 사람들의 목숨이 위태로운 상태에 있는 지역(사례 4) 중에서 하나를 선택하여, 그 지역 사람들의 절박한 상황을 매우 설득력 있게 외부 사람들에게 알려서 긴급 구호자금을 얻어내는 게임을 시켜 보았습니다.

다른 조를 설득하여 기부금을 받아내려면 아주 절박한 상황과 핵심적인 이유를 대야 하고, 인상적이고 감동적인 내용과 표정, 말투로 설명을 해야 하므로 미리 시나리오를 써서 연습을 한 후에, 돌아가면서 자기 조의 사례를 설명하여 다른 조로부터 가장 많은 구호자금을 얻은 조가 이기게 되는 게임입니다. 이렇게 게임에서 승리한 조는 다른 조들로부터 받은 기부금으로 즉석에서 국제구호단체나 국내 NGO 단체에 가입을 하여 1회 기부를 하거나, 매월 정기적으로 기부를 하는 회원으로 등록을 했는데 그때 당시 한 반당 5명 이상이 정기회원이 되었던 것으로 기억합니다.

21세기에 세계시민교육은 왜 꼭 필요할까요?

지금까지는 수업에서 학생들과 나눈 타문화 이해, 국제이해와 관련된 내용과 해외 연수를 통한 개인적 체험에 대한 것이었습니다. 이제부터는 21세기를 살아가는 우리 청소년들에게 왜 세계시민교육이 필요하고 중요한 가치와 의미를 갖는지에 대해 알아보겠습니다.

2012년 9월 유엔 반기문 사무총장이 교육우선구상 Education First Initiative 에 대해 발표하였는데, 교육우선구상의 3번째 목표인 세계시민의식 함양은 교육을 통해 지역과 세계를 연계하여 인식하고 행동하도록 촉구하고, 지속가능발전교육, 평화 교육, 문화 간 이해 교육으로 세계시민의식을 증진해야 한다고 강조하고 있습니다.[2]

사실 중요한 것은 수많은 이해관계와 갈등으로 들끓는 현실 세계에서 평화롭게 공존할 수 있도록 다른 문화를 이해하고 수용하려는 의지를 갖고 세계시민으로서 올바른 판단과 행동을 할 수 있어야 합니다.

세계시민교육은 젊은 사람들이 자신과 다른 사람들을 지키는 일에 참여하려 할 때, 그들이 필요로 하는 지식·이해·기술·가치 등을 제공하여 지역적으로나 세계적으로 잘 살 수 있도록 긍정적인 기여를 하지요.

또 아이들과 젊은 사람들이 넓은 범위의 적극적, 참여적 학습방법을 통해 그들 자신만의 배움을 얻을 수 있고, 이것들은 자신감, 자존감, 비판적 사고력, 대화능력, 협동심과 갈등 해결력 등을 갖는데 중요한 요소가 됩니다.

또한 현재 세계의 자원은 충분하지도 지속가능하지도 않습니다. 부와 가난의 차이가 커질수록 수백만 가난한 사람들의 기본적 인권은 무시되고 있습니다. 세계시민교육은 아이들과 젊은 사람들로 하여금 모두 함께 지구의 문제를 걱정하고 공감하고 적극적인 관심을 갖게 합니다.[3]

세계시민교육의 핵심 가치는 무었일까요?

널리 알려진 NGO 단체인 굿네이버스는 '하나의 마음 One Heart' 이라는 핵심 가치로 세계시민교육을 수행하고 있습니다. 지구촌 이웃의 삶을 이해하고 그들의 인권을 존중하며, 빈곤과 재난, 억압으로 고통 받는 이웃의 아픔에 공감하여 그들이 희망을 갖고 살아가도록 돕는 협력의 방법을 배우고 실천해야 한다고 합니다.[4]

2000년 세계 187개 국은 UN총회에서 새천년(밀레니엄)을 맞이하여 지구촌의 공통된 문제들을 8가지로 구체화하고, 이를 2015년까지 해결하고자 하는 밀레니엄 개발목표 MDGs 에 합의하였습니다. 세계는 이제 경쟁을 넘어 인류공존의 문제를 논의하게 되었습니다.

세계시민교육은 우리 아이들이 OECD 가입, UN 사무총장 선출, FTA, 테러와의 전쟁, 에이즈, 외국인 노동자, 환경오염과 같은 국제협력이 필요한 세계적 이슈들을 평화적으로 다룰 수 있도록 균형 잡힌 시각을 길러주는 것입니다.

극심한 가난과 기아 퇴치

상상해보십시오, 아침에 일어났는데...먹을 음식이 없고, 마실 수 있는 깨끗한 물이 없고, 따뜻한 집이 없다면? 지금 세상에는 10억명 가량의 사람들이 그런 환경 속에서 하루 1달러(약 1천원) 미만의 돈으로 살아가고 있습니다.

하루에 1달러(1,000원)도 안되는 생활비로 살아가는 사람들의 수를 2015년까지 절반으로 줄입시다!

초등교육의 확대

상상해보십시오, 배우고 싶은데 학교가 없고, 학교가 있어도 일을 해야만 해서 갈 수 없거나, AIDS에 걸려서 선생님이 별로 없거나, 전쟁으로 학교가 파괴되었다면? 지금 세계에는 약 7천 2백만 명의 어린이가 이러한 이유로 초등학교를 다니지 못하고 있습니다.

2015년까지 세계의 모든 남·여 어린이들이 초등학교를 다닐 수 있도록 합시다!

남녀평등과 여성의 권한 확대

이것은 사실입니다. 글을 읽지 못하는 사람 중 3분의 2가 여성이고, 여성의 취업률은 남성의 3분의 2에 해당합니다. 2005년 기준으로, 여성이 차지하는 국회의석은 단 17%에 불과합니다.

제 1단계로, 2005년까지 초등학교와 중·고등학교에서 성차별을 없애고 제 2단계로 2015년까지 대학교 이상에서도 성차별을 없애도록 합시다!

어린이·유아사망률 낮추기

8백 3십만 명의 어린이가 매 년 예방할 수 있는 질병으로 죽습니다. 오늘 하루 동안도 23,000명의 어린이가 죽어간 것입니다.

2015년까지 5세 이하의 어린이 외 갓 태어난 아기의 사망률을 지금의 3분의 2 수준으로 줄입시다!

임산부의 건강 개선

상상해보세요, 당신이 12살 때 결혼해야만 하고, 아직 아이를 낳을 만큼 충분히 성장하지 못한 채 아무런 의료적 도움 없이 출산해야만 한다면 어떠할까요? 매년 50십만 명의 여성이 임신과 출산으로 사망합니다. 이것은 1분에 한 명이 사망하는 꼴입니다(2004년 기준).

2015년까지 산모의 사망률을 지금의 4분의 3까지 줄입시다!

에이즈, 말라리아와 기타 질병 퇴치

이것은 사실입니다. 매일 8000명이 AIDS로 사망하고, 매년 1천 5백만 명의 어린이가 AIDS로 사랑하는 부모님을 잃습니다. 사하라 사막 이남의 어린이 860,000명은 AIDS로 그들의 선생님을 잃어버렸습니다.

HIV/AIDS가 더 이상 전염되지 않도록 퇴치합시다!
말라리아와 같은 다른 질병들의 감염도 예방하고 퇴치합시다!

꾸준한 사용이 가능한 환경 보장

12억의 사람들은 안전한 식수를 얻지 못하고, 24억의 사람들은 화장실이 부족합니다. 매년 2백만 명의 어린이가 더러운 물에 의해 감염되거나 화장실이 부족하여 죽어갑니다(2004년 기준).

전 세계에서 안전한 물을 마시지 못하는 인구의 수를 반으로 줄입시다!
2020년까지 최소한 1억 명에 가까운 빈민촌 사람들의 생활수준이 크게 향상될 수 있도록 추진합시다!

개발을 위한 전 세계적 협력 이루기

나라간 수입 시 매겨지는 세금은 선진국에 비하여 개발도상국에게는 4배나 높게 다가옵니다. 가난한 나라에게 제공하는 개발보조금보다 선진국이 그들의 농민에게 제공하는 보조금이 몇 배는 더 높습니다. 선진국으로부터 무역기회와 빚을 탕감 받는 일이 없이는 최빈국이 1번~7번의 목표를 달성할 수 없습니다.

국내 또는 국제적으로 정부와 기업들이 올바른 관리체제와 개발원칙을 지키고 가난퇴치에 반드시 참여하도록 합시다!
가장 가난한 나라들에게 그들이 필요한 것이 무엇인지 조사하고 알립시다!
가난한 국가들이 진 빚을 생각하여 국가 간 협력 수단을 만듭시다!
가난한 국가들 또는 개발도상국가와 협력하여 청소년들에게 생산적이고 알맞은 직업을 제공합시다!

다섯 가지 수준의 '시민의식 소프트웨어'[5]

> • 시민 1.0 : 자기 자신을 기반으로 하는 세계관 (자기 중심주의)
>
> • 시민 2.0 : 자기 단체를 기반으로 하는 세계관 (이념 중심주의)
>
> • 시민 3.0 : 자기 국가를 기반으로 하는 세계관 (사회 중심주의)
>
> • 시민 4.0 : 여러 문화를 기반으로 하는 세계관 (다수 중심주의)
>
> • 시민 5.0 : 지구 전체를 기반으로 하는 세계관 (지구 중심주의)

리더십 교육의 세계적인 전문가인 마크 게이어존에 의하면, 지금 세계의 거의 모든 사회에서는 다섯 가지의 '시민 의식 소프트웨어'가 작동하고 있다고 볼 수 있답니다.

● 시민 1.0은 자기 자신에 대한 충성심만 유지할 수 있습니다. 오로지 내게 이익이 되는 것에만 관심이 있다는 점에서 자기중심주의라 할 수 있겠지요. 예를 들면 댐을 건설할 때 모든 농부가 서로 더 많은 용수를 확보하고자 나서게 되면 다툼이 끝도 없이 일어나게 되는 경우입니다.

● 시민 2.0은 자신의 이익과 자기가 속한 단체의 이익 간에 균형을 맞춰야 합니다. 인종이나 부족 혹은 카톨릭 주의, 반공주의 등 어떤 종류의 '주의'로 나타날 수 있습니다. 이들은 국가 자체보다 하위 단체이지만 만약 하위

단체 중 하나가 국가를 장악하게 되면 그 결과는 끔찍할 수 있습니다. 최악의 경우 내전이나 인종 청소로 이어질 수 있고 반대 세력이 없으면 대량 학살이 발생할 수도 있습니다.

● 시민 3.0은 자신과 자기의 단체에 대한 충성심보다 자기 국가의 이익을 우선시합니다. 이 시민은 종족이나 정당, 인종 또는 종교가 다르더라도 자국의 권리와 이익을 지키는 데 헌신합니다. '국수주의' 적 성향을 드러내는 것을 말하지요.

● 시민 4.0은 여러 문화에 대해 충성심을 가지고 있습니다. 1개의 문화에만 속하지 않은 사람들에게 가장 자연스럽게 나타나는데, 여러 문화를 친밀하게 경험했기 때문입니다. 자국의 경계를 넘어 전 세계를 깊이 있게 볼 수 있는 능력을 충분히 갖춘 사람들입니다.

● 시민 5.0은 위의 모든 것을 지구와 모든 생물에 대한 충성심으로 통합할 수 있습니다. 다문화 세계관을 초월하여 모든 인류 문화뿐만 아니라 생명이 있는 모든 것을 포용합니다.

진정한 세계 시민이 되려면 시민 1.0에서부터 시민 5.0으로 업그레이드 되도록 노력해야 하고, 위와 같은 갈등 관계를 잘 다루기 위해서는 지혜와 겸손을 배워야 합니다.

국제개발협력과 공적개발원조(ODA)에 대해 들어보셨나요?

오늘날 세계화가 심화되고 있는 국제사회는 전쟁과 테러, 기후변화와 환경 문제, 국제금융위기와 같은 국경을 초월한 공통의 문제를 안고 있는데, 이를 해결하기 위해서는 전 지구적 협력이 필요합니다. 이는 개발도상국의 빈곤문제를 포함한 지구적 과제의 해결 없이는 선진국의 번영과 안정도 달성될 수 없다는 인식에 기반하고 있습니다.[6]

국제개발협력이란 국제 사회가 저개발국과 개발도상국에게 자본과 기술을 지원하여 그들이 빈곤에서 벗어나고 삶에 희망을 갖도록 해주는 것입니다.[7] 국제 협력의 기본 원칙은 서로 존중하며 평등한 관계를 유지하는 것입니다.

그리고 '국제개발협력교육이란 더불어 사는 지구촌을 만들기 위해 다양한 지구촌의 문제에 관심을 가지고 그 문제를 해결하기 위해 적극적으로 행동하는 세계시민 양성 교육'을 뜻합니다.[8]

또한 OECD 산하의 개발원조위원회 DAC 는 회원국들끼리 협의를 거쳐 개발도상국의 지속가능한 경제. 사회개발을 지원하기 위한 공적개발원조 ODA 활동을 하고 있어요. 우리나라는 지금까지 다른 나라로부터 원조를 받는 나라에서 이젠 원조를 주는 나라로 탈바꿈한 유일한 국가로 2010년부터 정식 활동을 시작하여 많은 분야에 적극적으로 참여하고 있습니다.

현재 우리는 여성, 환경, 생물다양성보존, 기후변화, 사막화 방지, 무역개발, 인권, ICT 등 다양한 형태로 세계 개발도상국들을 돕고 있지요.

ODA에는 몇 가지 원칙이 있어요. 최빈국 ^{평균 하루 1달러 미만으로 사람들이 생활하는 국가}을 직접적으로 돕거나 그들을 지원하는 NGO를 지원하거나, 경제 개발을 위해 돈을 빌려주는 경우 전체 금액 중 25%는 다시 돌려받지 않는다는 조건으로 빌려줘야 한다는 것입니다.

모든 원조의 목적은 그 나라의 경제를 발전시키고 국민들의 삶의 질을 향상시키는 것이어야 합니다.

세계시민이 되기 위한 철학적 기초

『세계시민주의』[9]라는 책을 쓴 콰메 앤터니 애피아라는 사람은 가나인 변호사 아버지와 영국인 작가 어머니 사이에서 태어난 미국 프린스턴 대학의 교수입니다. 그는 레바논인 당고모부와 미국인, 프랑스인, 케냐인, 태국인 사촌들이 있어서 자신이 이렇게 민족적 문화적 경계를 가로지르는 환경에서 자라났기에 세계시민주의는 어려운 일이 아니며 오히려 거부하는 것이 어렵다고 말합니다.[10]

그가 자유주의적 세계시민주의를 갈망하는 글로벌 시대에 필요한 철학에 대해서 말한 것을 필자의 생각으로 풀이쓰면 다음과 같습니다.

- 함께 말하고 함께 무엇을 하는 것 즉, 상호작용을 강조할 것.
- 공감을 개발하고 감정에 개방적이 될 것, 당신이 이해하려고 애쓰

고 있는 다른 사람에 대한 관념을 수정할 준비를 할 것.

- 다른 문화나 사회를 판단할 때 완벽하게 공정하고 객관적으로 판단할 것이라고 추정하지 말고 자신만의 편견에 대해 알고 있을 것.
- 인식이나 평가만으로는 충분치 않으므로 다른 문화에 적극 참여할 것.

우리는 지구촌 사회에서 거의 매일 언어와 문화, 종교가 다른 국가나 민족끼리의 전쟁이나 마찰, 충돌 등을 흔하게 보게 됩니다. 헤겔은 "비극이란 선과 악의 충돌이 아니라, 두 선 간의 충돌에서 나온다."는 유명한 말을 남겼지요.

우리는 공존의 가치가 무엇인지에 대한 합의가 없어도 함께 살 수 있습니다. 다시 말해, 우리는 왜 그것이 옳은지에 대해 서로 동의하지 않더라도, 무엇을 해야 할지에 관해서는 동의할 수 있다는 것입니다.

경계를 초월한 대화가 가능한 것은 우리가 이성적으로 가치에 대해 합의를 했기 때문이 아닙니다. 사람들이 변하도록 만드는 것은 논증도, 긴 토론도 아닙니다. 바로 서서히 획득된, 사물을 보는 새로운 방식이 사람들을 움직입니다. 가장 중요한 성과는 우리의 습관을 변화시키는 것입니다. 이러한 습관의 변화는 우리를 서로 합의로 이끌기 보다는 서로 익숙해지는 데 도움을 줍니다. 서로를 이해하는 것은 어려운 일일지 몰라도, 분명히 재밌는 일일 수 있습니다.

어떤 원리가 아니라 습관이나 관행이 우리를 평화롭게 모여 살 수 있

게 해 줍니다. 이야기뿐만 아니라 은유로서, 다른 사람의 경험과 생각에 참
여하는 것도 '대화'라는 말로 표현될 수 있습니다. 그리고 여기서 상상력
의 역할은 강조되어야 하구요.

대화는 어떤 것에 대한 합의, 특히 가치에 대한 합의에 도달해야만 하
는 것은 아닙니다. 그것은 사람들이 서로에게 익숙해지도록 도움을 주는
것으로도 충분합니다.

GI(Global Intelligence)를 높이는 방법은?

글로벌 지성 GI 이란 '우리 자신과 다른 사람들이 공존하고 함께 창조할 수
있게 하는 인간의 능력'(마크 게이어존 226)[11]을 말합니다. 마크 게이어존
은 갈수록 복잡해지고 어려운 세상을 헤쳐 나가는데 도움이 되는 글로벌
지성을 높이는 스무 가지의 일상적인 방법을 소개하고 있는데, 그 중 중요
하다고 생각되는 10가지만 소개하면 다음과 같습니다.

1 우리 자신이 바라는 세상의 변화 주체가 되어라 [12]
'그들'이 변할 때까지 기다리지 말고 우리 자신이 먼저 변화합시다. 우리
가 인정 많고 따뜻한 세상을 원한다면, 우리 자신이 주변 사람들에게 인정
많고 따뜻한 사람이 됩시다. 평화로운 세상을 원한다면 우리 자신이 평화
가 되어 봅시다.

2 소수 민족처럼 생각하라[13]

스스로는 다수 민족에 속해 있다고 생각하지만 사실은 우리 모두는 소수 민족입니다. 세계 전체 인구가 70억이라면 가장 다수인 중국인조차도 13억여 명에 불과할 뿐입니다. 하물며 다른 나라나 민족은 말할 필요도 없겠지요. 이런 생각을 가지면 우리는 인류의 한 조각일 뿐인 소수 민족이라는 사실에 유념하게 되어 거만한 태도를 버리고 다른 사람들과 연대하려 할 것입니다.

3 지식을 늘려라[14]

현 세대가 안고 있는 과제들에 대해 배우고 공부함으로써 세계 시민이 됩시다. 우리가 이미 알고 있는 것에 대해 애착을 갖지 말고 우리의 지식을 가볍게 여길 수 있어야 합니다. 그래야 알려진 것이나 이미 알고 있는 것의 한계를 벗어나 생각할 수 있습니다. 경계를 초월하여 배우는 것의 중요한 요소는 우리가 모르는 것을 깨닫는 것입니다.

4 생각을 넓히는 질문을 하라[15]

막연하고 추상적으로 생각하게 하는 질문이 아닌 구체적이고 현실적인 답변을 마련할 수 있는 질문을 선택해야 합니다. 배우고 싶다는 자극을 줄 만큼 어려운 질문을 찾되 생각을 닫아버릴 만큼 어려운 것은 안 됩니다.

5 잘 되는 것에 끈기 있게 집중하라[16]

부정적이고 비관적인 세계 현실을 목격하다보면 절망에 빠져 자포자기하기 쉽습니다. 그것보다는 잘 되어 가는 일에 인내심을 갖고 주의를 기울이면 훨씬 희망적일 수 있습니다.

6 이익과 가치 모두를 생각하라[17]

세계적 기업은 경제적 이익 뿐 아니라 사회와 환경을 생각함으로써 GI와 수익을 모두 늘릴 수 있습니다. 개인도 마찬가지입니다. 기업이든 개인이든 돈이 강력한 동기 부여가 되는 것처럼 경제적 이익과 가치적 의미가 더해졌을 때만큼 강력한 것은 어디에도 없지요.

7 집에서 멀리, 그리고 가까이 여행하라[18]

지역사회를 아는 것은 세계를 아는 가장 좋은 방법 중 하나라 할 수 있습니다. 세계 시민이 집을 떠나지 않고 여행할 수 있는 한 가지 방법은 지금 사는 동네를 진지하게 살펴보고 그 안에서 세계를 발견하는 것입니다.

8 두 개 이상의 언어를 구사하라[19]

경계를 초월한 환경을 조성하기 위해 외국어 학습은 필수석입니다. "여러 문화가 뒤섞인 상황 속에서 소통하도록 사람들을 훈련시킬 수는 있어요. 하지만 이들이 외국어를 배우느라 고생한 적이 없으면 다른 문화와의 관계가 무엇인지 이해시키기가 훨씬 더 어렵지요."[20] 라고 선더버드 국제경영

전문대학원 관계자가 말했습니다.

9 **장벽을 통과해서 보는 법을 배워라**[21]

우리가 어디에 살든지 우리의 시야를 가로막는 벽들이 있지요. 부와 가난, 혹은 특권과 차별 등의 사회 경제적인 장벽일 수도 있고, 태도와 이념, 교리와 신념과 같은 정신적 장벽일 수도 있습니다. 이러한 장벽을 통과해서 멀리 내다보는 능력을 배워야 합니다.

10 **세계 시민들이여, 뭉쳐라!**[22]

GI를 효과적으로 높이기 위해서는 다른 사람들과 전 지구적으로 협력해야 합니다. 세계의 다른 사람들과 협력하는 법을 배우는 것은 우리의 글로벌 지성을 확인하는 최종 시험과 같습니다. 우리가 서로에게 손을 내밀면 이 가능성을 살아 숨 쉬는 현실로 바꿀 수 있습니다.

주

1) 뉴스쉐어(http://newsshare.co.kr/index.html)(유영미 기자), 2011. 07. 25.

2) 유네스코 뉴스(http://www.unesco.or.kr/)

  −유네스코학교, 평화와 지속가능발전을 위한 세계시민학교 2013. 04. 17.

3) Oxfam GB, 「Education for Global Citizenship A Guide for Schools」(2006), p.1-2.

4) 굿네이버스−온라인 세계시민교육(http://www.f5.or.kr/f5/global/edu/)

5) 마크 게이어존, 「당신은 세계 시민인가」, 김영규 옮김, 에이지21(2010), p.39-48.

6) 코이카−ODA 교육원−국제협력의 필요성(http://www.odakorea.go.kr/index.jsp)

7) 한국해외원조단체협의회, 「함께 사는 세상을 위한 국제개발협력입문」,

  한국해외원조단체협의회(2010), p.16.

8) 해외원조단체협의회 브로슈어,

  「얘들아, 세계에서 놀자」, 국제협력민간단체협의회(2012), p.4.

9) 콰메 앤터니 애피아, 「세계 시민주의−이방인들의 세계를 위한 윤리학」,

  실천철학연구회 옮김, 바이북스(2008).

10) 인터넷 교보문고(http://www.kyobobook.co.kr/product/) 책소개

11) 마크 게이어존, 「당신은 세계 시민인가」, 김영규 옮김, 에이지21(2010), p.226.

12) 앞의 책, p.229.

13) 앞의 책, p.235.

14) 앞의 책, p.236.

15) 앞의 책, p.244.

16) 앞의 책, p.248.

17) 앞의 책, p.252.

18) 앞의 책, p.253.

19) 앞의 책, p.256.

20) 앞의 책, p.257.

21) 앞의 책, p.258.

22) 앞의 책, p.260.

EBS 지식채널 e를 이용한
평화이야기

고아라

이 원고는 성공회대 이대훈 교수님의 3차례에 걸친 강연에 크게 영감을 받은 바 있습니다. 특히 2013년 여름 이대훈 교수님이 몸담고 계시는 평화교육 프로젝트 '모모'의 창의성 판타스틱 평화교육에 큰 도움을 받았음을 밝혀둡니다.

스토리 텔링과 지식 채널 e

인간은 서사적 동물이다

인간은 대부분 이야기를 좋아합니다. 어려서 할머니가 해주던 옛날 이야기는 물론이고 자라면서 읽었던 동화책, 재미있는 텔레비전의 드라마, 큰 화면의 영화까지 모두 이야기의 일종입니다. 또한, 우리 인류는 입에서 입으로 이야기를 전달하며 옛 사람들의 지혜도 함께 전달했습니다. 우리가 이번에 다룰 EBS의 지식 채널 e 역시 스토리 텔링 기법을 이용하여 메시지를 전달하고 있습니다. 음악과 채널 그리고 자막으로 전달되는 내러티브 즉 서사의 일종이지요.

이 EBS 지식 채널 e는 몇 가지 장점이 있습니다. 눈과 귀의 협업으로 인해 짧은 시간 집중하기가 쉽습니다. 각각의 장면마다 다른 영상과 자막이 나오기 때문에 이 뒤에 이어질 내용에 관한 궁금증이 생기기 때문에 더욱 그렇습니다. 더구나 길어봤자 5분 내외의 영상이기 때문에 보는데 큰 부담이 없습니다. 그래서 종종 복잡한 마을을 달랠 때 지식 채널 e를 보면서 새로운 영감을 얻기도 합니다.

말이면 말…… 글이면 글…… 로 전달하려면 마냥 길어지거나 오해의 소지가 있는 메시지를 영상과 함께 전달하기 때문에 여러 사람이 함께 보고 해당 문제에 대해 생각하기 쉽습니다. 몰랐던 현상에 대해 새롭게 문제의식을 가지게 됨으로서 함께 이야기할 수 계기가 됩니다. 친구들에게도 이거 같이 보자고 쉽게 말할 수 있습니다.

또한 EBS에 회원 가입만 하면 몇백 가지 주제의 지식 채널 e를 볼 수 있고 카테고리별로 검색도 잘 되어 있어서 쉽게 내가 원하는 정보를 찾을 수 있습니다. 뿐만 아니라 유튜브와 같은 동채널 전문 싸이트에도 쉽게 접근할 수 있는 장점이 있습니다. 때로는 광고를 보기도 해야 하지만 기본적으로 무료입니다.

그럼, 지금부터 이렇듯 장점이 많은 EBS 지식 채널을 이용하여 평화에 관한 이야기를 풀어봅시다.

평화

생각해보면 평화는 참 어려운 말입니다. 눈물을 글썽이며 엉엉 울던 아기가 뽀로로 애니메이션을 보고 울음을 그치면 엄미니 아빠들은 뽀로로에게 노벨 평화상을 줘야한다고 하기두 하고, 날씨 좋은 날 푸른 복장에서 풀을 뜯고 있는 양떼를 보면 평화롭다고 말하기도 합니다. 사실은 풀의 입장에서는 영문도 모른 채 잡아먹히는 순간이고 풀 사이사이의 벌레들은 양을 피해 도망 다니고 있으며 이 모든 게 인간이 양을 길러 인간에게 털이나 양 젖을 빼앗다가 결국 고기까지 제공하게 되는 과정인데요.

그렇지만 또 많은 사람들이 평화를 간절히 원하기도 합니다. 우리 나라 사람들이 평안을 바라는 마음을 담아 하는 안녕하세요?라는 인사말도, 말 자체가 평화인 이슬람원의 살롬 이라는 인사말도 그리스도교의 평화의 인사도 모두 평화를 이루고자 하는 우리의 열망을 담아낸 말일 것입니다. 그래서 평화의 반대 상황 중에 하나인 전쟁에 대해 살펴보는 것부터 시작해봅시다.

전쟁

전쟁에는 여러 형태가 있습니다. 군대가 동원되어 총칼로 싸우는 형태의 전쟁이 먼저 떠올려지겠지요. 우리 인류는 20세기 들어 끔찍한 전쟁을 여러 번 경험했습니다. 특히 일본·독일·이탈리아와 연합국이 맞섰던 2차 세계대전, 자유주의 진영의 지원을 받은 남한과 공산주의 진영의 지원을 받은 북한이 맞선 6·25 전쟁은 우리나라에 큰 시련을 주었습니다. 두 전쟁 모두 인류가 이전에 누리지 못한, 진보된 과학과 기술을 바탕으로 하여 그동안 인류가 쌓아온 문화 유산, 경제 발전, 더 나아가 인간에 대한 존엄성에 대해 큰 상처를 준 사건입니다. 히틀러의 나찌는 유대인 650만 명을 학살했고, 일본은 중국의 난징에서만 30만 명을 학살했으며 일본 역시 원자폭탄으로 인해 최소 15만 명이 죽는 피해를 보게 되었습니다. 2차 대전의 종식과 동시에 찾아온 냉전체제는 결국 한반도에도 분단이라는 비극을 만들게 되었고 그 분단은 200만 명의 사상자를 낸 6·25 전쟁을 낳게 된 것입니다.

어머니에게 보내는 편지

이 채널은 6·25 전쟁 때를 배경으로 하고 있습니다. 이 편지의 주인공인 한 학도병은 지금의 휴전선 부근에서 치열한 전투를 벌이고 있었습니다. 학도병이란 학교에 다시면서 공부해야 할 나이의 청소년들이 병사가 되어 전쟁에 참여한 경우를 뜻합니다. 나라가 전쟁에 휩싸이면서 기본적인 생존권 뿐만 아니라 청소년으로서 권리를 누리지 못하게 된 것이지요. 아직 어머니의 보살핌을 받을 나이에 전장에 나와 싸우면서 손수 내복을 빨아입는데, 그 내복이 왠지 수의를 연상시켜 어머니께 편지를 써 맹렬한 적의 공격에 대한 두려움, 불구가 되어 혹은 죽은 채로 실려가는 동료를 보는 형언할 수 없는 마음을 표현합니다. 그리고, 그럼에도 불구하고 그리운 어머니께 살아 돌아가겠다는 의지를 보여줍니다. 채널이 끝날 때까지 이 소년이 부디 어머니께로 무사히 돌아가기를 바라는 마음이 들게 합니다.

지식채널 e 보내지 못한 편지

인권이 침해되는 건 우리 편, 남의 편 마찬가지입니다. 2차 세계 대전 말 일본은 전쟁에 이기기 어려운 것을 알면서도 전쟁을 계속하게 됩니다. 일본혼을 내세우며 자원과 인력이 부족을 정신력으로 극복할 수 있다면서 전쟁을 계속하려고 합니다. 그 방법 중의 하나가 가미가제입니다. 가미가제란 전투기에 폭탄을 싣고 미국의 군함을 찾아가 폭탄이 실린 비행기째 충돌하는, 자살 공격입니다. 공격이 성공하든 못하든 가미가제 전투기에 한번 오르면 조종사는 살아 돌아올 수 없습니다. 돌아올 기름을 주지 않기 때문입니다. 이 채널에는 앞에서는 대일본제국 만세를 외치며 영광스럽게 옥쇄하겠다고 하지만 죽음을 두려워하는 한 일본인 조종사의 마음이 드러나 있습니다.

갈등과 폭력

전쟁이 일어나지 않는 상태가 평화일까요? 폭력은 직접적으로 간접적으로 때로는 사회구조적으로 우리 곁에 있습니다. 우리 삶에 끊임없는 갈등이 일어나듯이 우리 삶에도 여러 폭력적인 상황이 일어납니다. 갈등은 중재자가 없고 여유가 없고 그리고 다양성이 인정되지 않을 때 폭력으로 발전하기 쉽습니다. 2차 세계 대전이 일어나기 전 독일은 1차 세계 대전을 일으킨 책임을 지고 엄청난 경제난에 휩싸였습니다. 산업 혁명에 성공했던 독일이었건만 설상가상으로 대공항으로 전세계 경제가 나빠지자 먹을 것이 부족하여 굶어죽는 사람들의 시체가 널려있을 정도였다고 합니다. 그 상황에서 히틀러는 인종주의 특히 유대인들 — 이천 년 전 나라가 없어져 전 유럽에

흩어져 살면서 믿을 것은 돈밖에 없어서 산업과 자본에 상당한 영향력을 행사하고 있던 — 에 관한 증오를 강조하면서 정권을 잡고 다시 세계대전을 일으키고 전 유럽에 있는 유대인과 집시를 학살하였습니다. 그래서 사람들은 궁금해 하기 시작했습니다. 처음에 히틀러를 비롯한 몇 사람만이 유대인을 위험하다고 생각했습니다. 그러다가 왜 똑똑한 독일 국민이 나치에 따르게 되었는지를요.

환상적인 실험 1, 2

이 채널은 왜 10%밖에 안 되는 나치 당원이 독일의 전체를 장악하고 선량한 사람이라 믿어졌던 사람들이 어떻게 자발적으로 잔인한 일에 협력하게 되었는지를 알아보는 실험입니다. 극적 재미를 위하여 자세한 내용을 말할 수는 없지만 폭력이 일어나는 도화선이 사실 알고 보면 우리 곁에 있다는 것을 그리고 그것을 왜 최선을 다해 막아야 하는지를 보여줍니다.

마녀 사냥

헨젤과 그레텔 동화책 속에 보면 아이들을 잡아먹는 못된 마녀가 나옵니다. 식량난에 먹을 것이 없어진 계모와 친아버지는 헨젤과 그레텔을 숲 속에 버리고 과자집에 눈이 멀어 마녀에게 잡혀갔던 헨젤과 그레텔은 힘을 합쳐 그 마녀를 물리치고 집으로 돌아갑니다. 마녀에서 뺏은 보물로 아이를 끝까지 사랑하려 했던 아버지와 함께 행복하게 사는 것으로 끝납니다. 이 이야기가 동화책의 이야기이면 좋겠지만 사실은 현대까지 이어오는 마녀 사냥의 잔인한 역사가 그대로 담겨 있습니다. 생각해보세요. 살아있는 여자 사람인 마녀를 동물처럼 사냥한다고 한 것부터 잘못된 표현이 아닐까요? 이 채널에서는 사회적으로 갈등이 심해질 때 희생양을 찾아 폭력을 행사하는 사람들의 모습을 보게됩니다.

네 번째 묘, 무적의 사나이 '간디', 젊은이에게 고함

첫 번째 채널은 김구와 안중근을 비롯하여 항일 무력 투쟁을 벌인 분들의 이야기, 두 번째는 철저한 비폭력 불복종 운동으로 인도의 독립을 이끌어 냈던 간디의 이야기입니다. (간디의 이야기는 '지독한 싸움군' 이라는 시리즈로 이루어집니다.) 세 번째는 레지스탕스 출신으로 95세의 고령에도 정열적인 활동을 펼치며 세상의 불평등, 억압, 차별 등에 맞서 분노를 표하는 것이야말로 존엄성을 지키는 길이라고 젊은이들에게 호소하는 프랑스인 스테판 에셀에 관한 채널입니다.

이 세 편의 채널을 보면서 약자에게 소수자에게 행해지는 폭력도 폭력이지만, 그렇다면 불의에 저항하기 위한 폭력도 폭력일까? 하는 의문을 갖게 됩니다. 우리 나라가 일제 치하에서 나라를 되찾기 위해 혹은 일본에 나라를 뺏기지 않기 위해 무력 투쟁을 했던 사람들에게 '폭력적이다' 라고 말할 수 있는지? 어떤 경우에 폭력이 정당화될 수 있는지 혹은 어떤 경우에도 폭력이 정당화될 수 없는지를 다시 한번 생각해 보게 됩니다.

오늘은 내가 죽는 날입니다

이 으스스한 제목의 채널은 왕따와 학교 폭력에 시달리다가 결국 죽음을 선택하는 한 학생의 이야기입니다. 사람들이 모입니다. 그 사람들은 대개는 어리다고 볼 수 있는 초등학교, 중학교, 고등학교 학생들이죠. 그렇지만 그 사람들 사이에도 권력 관계가 형성됩니다. 여기서 성격이 소극적이거나 몸집이 작거나 가난하거나 이런 명백한 이유부터 막연히 재수 없다는 이유 등으로 왕따가 생깁니다. 심지어 일왕의 손녀도 이지메로 고생을 했다고 하니 왕따의 명확한 이유는 정말 케이스 마다 달라집니다. 그리고 왕따가 되면 그 왕따와 같이 왕따가 되기를 자처하는 '친구' 가 없는 이상 왕따에 시달리게 됩니다. 많은 어린 사람들이 왕따에 동참함으로서 왕따가 아님을 증명하기도 합니다. 그리고 그런 왕따는 쉽사리 학교 폭력의 대상이 되기도 합니다. 그리고 학교 폭력은 사회의 무관심 속에 점점 심해집니다. 그러다 사랑하고 사랑받고 싶어하는 사회적인 동물인 이 어린 사람은 어느 순간 그 고통을 끝내려는 마음을 먹게 됩니다.

다시 평화로……

전쟁은 인간의 마음에서 시작한다. 그리므로 평화를 시키는 작업 또한 인간의 마음에서부터 시작한다.

─유네스코헌장

2차 세계 대전이 끝난 후, 세계 여러 사람들은 더 이상 이 지구가 전쟁으로 신음하는 일이 없어야 한다고 생각하면서 UN과 같은 국제기구를 만들기도 하고 여러 가지 활동을 하였습니다. 그러나 냉전의 발생, 6 · 25 전쟁, 베트남 전쟁, 이란 · 이라크 전쟁, 많은 나라에서 일어나는 내전과 테러 등 아직도 평화의 길은 멀어보이기만 하기도 합니다.

또 하나의 선택(교육 시리즈)

그래서 사람들은 선택을 했습니다. 평화를 더 열심히 교육하기로 말입니다. 평화를 얻기 어려우니 평화를 가르치는 방법을 더 열심히 연구해서 사람들의 마음 속에 평화가 자리잡을 수 있도록 말이죠. 이 채널은 세계 여러 나라 어린이 혹은 청소년에게 실시한 평화 교육을 다룹니다.

레게 평화를 꿈꾸다

"어떻게 노래를 시작하게 되었나요? 그래요…… 울음…… 울음으로 시작되었죠."

이 채널은 이렇게 밥 말리의 인터뷰로부터 시작됩니다. 평화는 우리 마음 안에 힘들고 서러운 감정을 예술로 승화시킬 때 찾아오기도 합니다. 중남미의 작은 나라 자메이카, 미국인 아버지로부터 버림 받은 소년, 범죄자들이 우굴대는 빈민가에서 학교도 안 다니고 살았던 밥 말리는 음악을 시작하게 되고 사람들은 그의 음악 레게에 빠져듭니다. 1976년 총기테러를 당한 후 영국으로 망명하기도 했지만 정당 간의 반목으로 조국 자메이카가 내전의 위기에 처하자 자메이카로 돌아와 평화의 콘서트를 열었고 그 콘서트는 자메이카 평화의 큰 힘이 되었습니다. 그 후에도 건강이 악화되었지만 노래를 계속하다 36살이라는 젊은 나이로 일찍 숨을 거둔 밥 말리, 그와 그의 음악 레게는 평화를 향한 마음과 함께 전세계에 널리 퍼지게 되었습니다.

왕가리 마티이

사실 이 채널을 보기 전에 「그 섬의 비밀」이라는 채널을 볼 필요가 있습니다. 그 섬은 바로 남태평양 이스터 섬입니다. 사람이 사는 곳 중 가장 고립된 위치에 있는 이스터 섬에 살던 사람들은 경쟁적으로 모아이라는 큰 석상을 만들었습니다. 모아이를 만들기 위해 사람들은 점점 더 많은 나무를 베게 되고 나무가 없고 숲이 파괴되어 먹을 것을 구하기가 힘들어졌지만 사람들은 이 모든 일은 경쟁 씨족보다 더 큰 모아이를 만들면 된다고 생각했습니다. 결국 1억 그루 정도 되었던 숲의 모든 나무를 베어 모아이를 만들거나 모아이 일꾼들에게 식량을 제공하는 데 썼습니다. 그 결과 사회 시스템이 파괴되고 결국은 식인의 지경까지 이르게 됩니다. 그 후 버드맨 제도 등을 시도했지만 곧 유럽의 식민지가 되어 버리고 맙니다.

　여기 시기는 다르지만 비슷한 문제가 있는 한 나라기 있습니다. 바로 케냐입니다. 케냐는 서구 열강의 지위 수탈과 함께 땔감 부족, 방목과 같은 이유로 숲이 파괴되고 있었습니다. 채널 안의 케냐 여성들은 밥지을 땔감을 구하기 위해 하루에도 몇 시간씩 나무를 해오는 고생을 하고 있습니다.

당시 1970년대 여성으로서는 드물게 미국에서 박사까지 공부한 왕가리 마타이는 케냐의 다른 여성들과 함께 나무 심기 운동 _{그린 벨트운동} 을 벌입니다. 함께 나무를 가꾸면서 공동체를 형성하고 나무를 통해 소득을 창출함으로서 빈곤에서 벗어납니다. 숲을 지키려는 그녀의 노력은 케냐의 독재 정권에도 영향을 미쳐 케냐의 민주화에도 기여하게 되었고 결국 2004년에는 지속가능한 발전과 민주주의, 평화에 기여한 공로를 인정 받아 노벨 평화상을 수상하게 됩니다. 그녀는 수차례 투옥에도 불구하고 자신의 일에 대한 확신을 굽히지 않았답니다.

그녀는 세계 평화 환경보호 같은 거대한 목표도 각자가 제 목소리를 찾는 데서 시작된다는 걸 보여줬죠. 권력집단 때문에 주눅이 들 필요가 없다고요.

— 프란시스 무어 라떼, 작가

어떤 성직자들

하버드 대학 교수 헌팅턴은 『문명의 충돌』이라는 책에서 세계를 그리스트교, 중국, 아프리카권, 아랍 등으로 나눠 조명하고, 향후 이슬람교를 중심으로 한 세력과 중국이 크게 부상할 것이라고 예상했습니다. 이 책은 9·11 테러 즉, 이슬람교를 중심으로 한 세력과 미국의 대립으로 맛물리면서 큰 반향을 일으키기도 하였지요. '어느 성직자들'은 종교가 갈등의 씨앗이 되는 것을 막기 위해, 종교간 평화를 위해 모인 성직자들의 이야기입니다.

삼소회라는 이름으로 원불교 교무, 불교의 비구니, 천주교의 수녀 등 여성 성직자들이 모여서 함께 밥 먹고 함께 기도하고 함께 여행을 다닙니다. 몇 십 년을 수행한 성직자들도 처음엔 그들 모임을 어색하고 힘들어 합니다. 그렇지만, 그들은 함께 여러 역할을 수행하면서 함께 웃고 존중하는 법을 배워나갑니다. '종교의 역사는 인류의 역사만큼 오래되었으며, 현대에 이르기까지 모든 문화, 모든 민족에게서 보이는 문화 현상이다.' 라고 정의됩니다. 그만큼 종교는 삶과 공고히 연결되어 있지요. 종교 간의 평화가 이루어진다면 세계 평화에도 큰 진전이 있을 거라 기대됩니다.

진짜 평화일까?

한 여름날 밖에서 땀을 뻘뻘 흘리면서 한 농부가 열심히 일합니다. 밀짚모자를 쓰고 목에 수건까지 둘렀지만 햇볕은 그야말로 뜨겁습니다. 그 농부가 잠시 집에 들어가 쉬려고 합니다. 냉장고에 있는 시원한 물을 한잔 마시고 선풍기 바람을 쐽니다. 누구의 평화도 깰 것 같지 않은 이 농부는 사실 우리에게 큰 질문을 던져 줍니다. 우리 전력의 20% 이상을 차지하는 원자력은 바로 핵 발전소에서 나오고 이 농부가 누리는 혜택도 사실은 최소한 1/5은 핵 발전소에서 나온 것입니다. 「핵무기는 나쁘지만 평화적으로 개발된 핵 발전소가 과연 평화적인가」 하는 질문말입니다.

행복한 불편

1986년 구 소련의 체르노빌 원전이 폭발하면서 출된 방사능으로 인해 발전소 해체에 동원됐던 노동자 5,722명과 이주 민간인 2,510명이 사망했으며 43만 명이 피폭 후유증을 겪고 있는 것으로 추정되고 있습니다. 당시 방사능 낙진은 우리 나라까지 도달했다고 합니다. 이 채널은 체르노빌 사고로 원자력의 무서움을 알게 된 독일 시민들이 원자력을 반대하기 어떻게 행동했는지를 보여줍니다. 그들은 「원자력을 멈춰야 합니다. 대신 전력 소비를 줄이겠습니다.」며 정말 전기를 아껴 쓰고 태양열이나 풍력 같은 신재생 에너지 기술을 개발하고 활용하는데 앞장 섭니다. 그 결과 독일은 신재생 에너지 분야 전세계 1위가 되었고 17만 개의 새로운 일자리가 창출되었습니다. 물론 긍정적인 효과만 있는 것은 아닙니다. 15~20 달러의 세금을 추가로 부담해야 합니다. 그렇지만 독일 시민들은 지속가능한 발전을 위해 다음 세대를 위해 그러한 불편을 감수하고 있습니다. 원자력이 옳고 그름을 떠나 진정한 평화는 불편을 기꺼이 감수하는 것으로부터 시작한다는 것을 알 수 있습니다.

완전한 박멸

pet peeve의 뜻을 아는지요? 사소하지만 짜증나는 무언가를 가르키는 숙어입니다. 아마 짜증나는 pet peeve의 1등은 모기일 겁니다. 어두컴컴한 실내에 「웽~」 하는 모기 소리는 작으면서도 사람의 신경을 거슬리게 합니다. 잠도 설치고 모기를 잡았는데 피까지 터지면 그 짜증을 이루 말할 수 없습니다. 거기에 모기 물린 자국이 간지러워서 오는 짜증은 어떻구요. 이 채널은 모기와 인간의 전쟁을 그립니다. 강력한 모기 방충제를 만들면 만들수록 내성을 키우고 더 강력해지는 모기와 그럼에도 불구하고 완전한 박멸을 꿈꾸는 인간 사이의 전쟁이죠.

모기는 말라리아나 뎅기열 같은 무서운 질병을 옮깁니다. 모기가 옮기는 일본 뇌염을 막기 위해 매해 예방접종을 받기도 하구요. 열대의학자 이종찬 교수에 의하면 서양인들의 열대에 도착해 말라리아 같은 풍토병을 만나면서 근대가 발전되고 더 나아가 오늘날과 같은 문명이 성립되었다고 합니다. 풍토병이 있는 열대는 더럽고 미개한 곳으로 위생적으로 관리되어야 할 대상이 되는 거지요. 그래서 근대화라는 이름으로 서양식 의술을 도입하고 화장실과 같은 「위생시설」을 만들게 한 것이지요. 이 채널은 그러한 경향을 세계를 좋은 것과 나쁜 것으로 나누고 인간에게 도움이 되지 않은 것은 악착같이 없애려고 한다고 지적합니다. 사실 모기는 새끼를 배었을 때만 인간의 피를 빨고 평소에는 식물의 수액을 먹어서 수분을 돕는 역할을 하고 있습니다. 정말 모기가 멸종되면 수분이 잘 안되어 식물이 줄어들고 식물이 줄어들면 식물에 의지하고 살고 있는 동물이 줄어들고 결국 인간까지 영향을 받을 것이지요. 아인슈타인은 식물의 수분을 돕는 꿀벌이 사라지면 인류에도 멸종이 온다고 한 것을 꼭 기억해주기 바립니다.

어느 사회 초년생의 사직서

어느 외국인에 한국에 왔습니다. 아름다운 서울의 야경을 보고 감탄해 마지 않습니다. 그리고 묻습니다. 오, 한국의 야경이 아름다운 비결이 무엇인가요? 그건 바로 야근이지요…… 해가 지고 집에 갈 시간이 지나도 사무실 불을 환하게 켜놓고 일하는 야근…… 이 야근은 OECD 국가 중 가장 긴 근로 시간을 자랑하는 한국 근로 문화의 큰 특징입니다. 이 채널의 주인공인 사회 초년생은 국내 굴지의 대기업에 입사합니다. 충분히 유능하고 충분히 열심히 일할 자세가 되어 있는 이 직원은 곧 의문을 제기합니다. 왜 야근을 염두에 놓고 일을 늘여서 할까? 왜 이렇게 회식은 많이 할까? 치열하게 경쟁해도 부족할 판에 사람들은 왜 이럴까 하는 의문이지요. 그리고 그가 그런 내용을 담아 한 포털의 게시판에 올리고 그로 인해 한국의 야근 문화에 대한 토론이 시작됩니다.

네덜란드의 세계적인 사회 심리학자 홉스테드 Hofstede 는 문화권 별로 불확실성을 피하고자 하는 마음을 분석했습니다. 불확실성 회피성향이 높은 문화는 안정적인 직업에 높은 가치를 부여하고 관리자들이 아주 분명한 지시를 내려 줄 것을 기대합니다. 반대로 불확실성 회피성향이 낮은 문화는 변화에 대해서 두려워하지 않으며 위험을 극복하려는 성향이 높게 나타나지요. 한국은 일본과 더불어 불확실성에 대한 회피 Uncertainty Avoidance 에의 경향이 아주 높은 것으로 나타났습니다. 이 불확실성에 관한 회피가 높은 나라일수록 사람들이 바쁘고 안절부절 못하고 불안해지기 쉽습니다. 한국 사람들이 위험을 감수하기엔, 즉 당당히 칼퇴근을 하기에 닥쳐올 위험이 너무 크기에 그것을 회피하고자 차라리 안전한 야근과 회식의 길을 선택하는 것은 아닌지…… 근로 문화의 변화가 결국 일상의 여유와 평안을

가져올 수 있을 것인지…… 그 채널에 나온 사람들처럼 우리 사회에 토론
이 활발해졌으면 좋겠습니다.

마더 프라임

이 채널은 이 글에 소개되는 채널 중 유일한 지식 채널이 아니고 꽤 긴 시간
의 3부짜리 다큐 멘터리이지만, 지식의 이면을 살핀다는 지식채널만큼이
나 「엄마」라는 모성 신화의 이면을 살피고 있습니다.

이 다큐멘터리에서 가장 인상적인 장면은 한국의 어머니와 외국의 어
머니의 비교입니다. 세상의 모든 어머니가 당연히 자식이 잘되기를 바라지
만 한국의 어머니들은 외국의 어머니들과 비교하여 아이가 과업에 성공하
거나 실패할 때면 그 감정을 일체화하여 느끼는 경향이 심합니다. 그러한
경향은 어머니의 사랑으로 미화되어 자식에 대한 과도한 집착이나 지나치
게 높은 교육열로 나타납니다. 그리고 그 과정에서 사실 많은 한국 엄마들
의 평화는 어려운 일이 되어버립니다. 현실에선 내 맘대로 되지 않는 아이
의 성적이, 아이의 학벌이, 아이의 성공이 엄마의 자존심 — 즉, 스스로 품
위를 지키는 마음 — 이 되어 버리니까요.

이 다큐멘터리는 엄마 되기의 어려움, 엄마 노릇하기의 어려움, 엄마
의 엄마와의 관계와 지금 아이와의 관계에 관해 그리고 그를 넘어선 힐링
에 관한 내용을 담고 있습니다. 다큐멘터리는 누군가에게 엄마라는 이름으
로 「무한 책임」을 「강요」 하는 일에 한 번이라도 생각해 달라고 합니다. 그
리고 엄마들도 「언제 내가 가장 힘들고 아팠는지?」, 「그때 누구랑 어떻게

말하고 싶었는지?」에 대해 찬찬히 생각해볼 기회를 갖도록 권합니다.

지금까지 우리는 평화로워 보이지는 평화롭지 않은 상태, 평화롭지 않아 보이지만 평화로운 상태에 대해 생각해봤습니다. 열심히 일하는 직장인, 아이를 키우는 엄마처럼 아름다워 보이는 광경이 사실은 평화가 좀 더 필요할 수 있다는 생각을 하게 합니다.

다시 평화 만들기

지금부터 전쟁 끝 평화 시작 하면 평화가 오면 얼마나 좋을까요? 그렇지만 현실은 절대 그렇지가 않죠. 지금부터 일상에서 평화를 선택한 사람, 사람들에 관한 이야기를 다루어 보려고 합니다. 이 이야기에 나오는 사람 혹은 사람들은 어쩌면 평화의 평자도 꺼내지 않을 지도 모릅니다. 자기가 평화를 이룬다고 생각지도 않을지도 모르지만, 각자의 자리에서 서로를 인정해 주고 서로 협동하고 배려하며 평화를 만들고 있습니다.

물이 되는 꿈

어느 해녀 할머니가 말합니다.

"테왁(해녀가 자맥질을 할 때 가슴에 몸을 받쳐 뜨게 하는 뒤웅박) 위에 손을 올리고 기대서 쉬어요. 그때 옆으로 돌고래들이 있어. 그러면 내가 '물날로, 물날로' 그래요. 나는 위로 다닐 테니 너희는 아래로 내려가라고. 그러면 돌고래가 알아들었는지 아래로 내려가. 사람은 아니지만 사람 말을 알아듣는다니깐."

이렇게 자연과 하나됨을 이룬 해녀 할머니들이야말로 진정한 평화의 실천자는 아닐런지요. 이 채널은 제주도에 살고 있는 거의 아흔에 되어가는 있는 잠녀 해녀 들의 이야기를 다룹니다. 일제 강점기부터 현재까지 20세기 우리 민족의 아픔을 온몸으로 맞으며 때로는 여자에 대한 편견에 맞서 싸우며 물질을 계속합니다. 물질을 하면서 비극의 희생양인 손주들까지 거두고도 매일 물질을 합니다. 왜 물에 들어가냐고 물음에 뭍에서는 병든 늙은이지만 뭍에 들어가면 인어 공주가 되니까라고 답하는 잠녀 할머니들…… 스킨스쿠버 장비 사용하면 되지 왜 힘들게 숨을 참냐고 물어보자 이렇게 대답합니다. 한 명이 스킨스쿠버 장비를 이용하면 한 번에 100명치 전복을 따버리면 나머지 99명은 어떻게 하냐고.

미국의 경제학자이자 정치학자·행정학자인 엘리노어 오스트롬은 2009년 인간이 합리적인 선택으로 공유지의 비극을 막을 수 있음을 밝혀냄으로서 노벨 경제학상을 받게 됩니다. 그녀가 말한 공유재는 바로 해녀들이 따려는 전복이 있는 바다입니다. 그리고 다른 사람 혹은 다른 동물 어쩌면 전복까지 생각하여 욕심내지 않는 해녀들의 마음이 지속가능한 발전을 이끌어내는 합리적인 선택이 될 수 있을 것 같습니다.

돌아온 28인

우리는 앞서 자원이 부족해지고 사회에 혼란이 오면 희생양을 찾는 인간의 마음에 대한 채널을 이야기 한 적이 있습니다. 그렇다면 꼭 자원이 부족하면 갈등이 일어나고 협동하기 어려워질까요?

1915년 남극을 횡단하던 탐험선 인듀어런스 호는 급격한 기상 악화로 난파되고 맙니다. 혹독한 추위와 암흑과도 같은 남극에서 겨우겨우 엘리펀드 섬에 도착하게 됩니다. 과학자·선원·지리학자·해군·요리사·사진사 등 출신도 직업도 다른 그들은 서로를 믿고 의지하여 위험에 맞섰지만, 결국 탐험대장 어거스틴 새클턴은 배에 남아있는 작은 보트에 의지하여 원래 출발했던 사우스 조지아 섬으로 돌아가서 구조를 요청해야 할 지경에 이릅니다. 20m가 넘는 파도, 시속 100㎞ 도끼 한 자루와 로프로 드레이크 해협을 지나 해발 3,000m에 달하는 얼음산을 넘어 천신만고 끝에 사우스 조지아 섬에 도착하여 군함과 함께 남아있는 21명을 구하러 갑니다. 그리고 반대편 엘리펀도 섬에서도 하루하루 고통스런 시간을 보내면서 희망의 끈을 놓지 않았습니다. 결국 그들 모두는 1년 9개월 만에 모두 돌아올 수 있었습니다. 이 채널을 보면서 어떤 힘이 이들을 살아 돌아오게 했는지 이야기해 보았으면 좋겠습니다.

Man of Action

요즘은 우리 사회 화두는 나눔과 협력 그 중에서도 국제개발협력입니다. WHO 총장이었던 고 이종욱 님은 아마 국제개발협력의 선구자라 할 수 있을 것입니다. 의사로서 안락한 삶을 버리고 한센병 환자들을 위해 사모아에서 오랫동안 의료 봉사를 하였고, 백신의 황제라는 별명을 지녔지만 그는 아주 현실적인 이유로 WHO를 택했다고 말합니다. 월급도 잘 주고 조건이 좋아서라고 솔직히 말합니다. 숭고한 사상은 없었다고요. 이렇게 현실적인 그는 계속 자기만의 행동을 계속해 나갑니다. 1년에 150일을 출장을 다니고 비행기는 늘 좁은 2등석을 고집하지요. UN 산하 기구 중 가장 영향력이 큰 기관 중의 하나인 WHO 총장으로서 국가 원수들과 만남, 근사한 호텔에서 열리는 국제회의, 본부 제네바의 안락한 사무실 대신 고생을 사서 한 이유 중 하나는 바로 가난한 나라들이 낸 분담금으로 호강할 수 없다는 또 다른 현실적인 이유입니다. 그는 나도 어떤 모습으로 변할지 자신은 없지만 교만해지지 않기 위해 항상 낮아질 준비를 하고 있다고 말합니다. 그렇지만 그는 국제기구라는 정글과도 같은 직장에서 살아남으려면 치열하게 견딜 것을 말합니다. 그리고 결국 그는 과로로 숨지게 됩니다. 이렇게 숭고하지 않은 사람의 숭고한 희생이 평화의 바탕이 됩니다.

클럽 그 이상의 클럽

메시를 배출한 축구 명가 FC 바르셀로나, 사실 이 팀은 평범한 스포츠 구단이 아니라 17만 5천 명의 회원이 모여서 민든 협동 조합입니다. 협동 소합은 경쟁을 통해 이윤을 극내화 하는 일반 회사와는 달리 조합원들이 자발적으로 만든 단체로 기업보다 훨씬 민주적으로 운영됩니다. FC 바르셀로나 협동조합 역시 1인 1표의 선거권과 의결권이 있고, 6년 마다 구단 회장을 선거로 뽑기 때문에 회원들의 정신이 반영될 여지가 높습니다. 다양한 배경을 가진 협동 조합의 구성원들은 스타 선수들의 연봉에 천문학적인 돈을 쏟아 붇거나 기업의 과도한 후원을 받으면 스포츠를 돈으로 살 수 없다고 목소리를 높입니다. 그래서 한동안 FC 바르셀로나는 가슴에 유니세프 마크가 있었답니다. 뿐만 아니라 매해 수백 억을 들어 전 세계 축구 꿈나무에게 축구 학교를 열어주고 유엔, 유네스코와 협력하여 전 세계에 비영리 센터를 운영합니다.

이 FC 바르셀로나는 평화를 이루기 위한 인간의 본성인 협동을 멋지게 실천하고 있습니다.

내 머리 속의 거울

우리 뇌 속에는 거울 뉴런이 있다고 합니다. 그래서 타인이 얼굴이나 몸짓에 떠오르는 감정을 이해하고 공감할 수 있게 됩니다. 그리고 인간은 사회적 존재이기 때문에 내가 이해하는 만큼 이해받고 공감받고 싶어한다고 합니다. 사랑하는 상태는 두 사람의 거울 뉴런이 서로를 비추고 있어서 완벽한 일체감을 느끼는 바로 그때를 나타내는 말이라고 합니다. 지금 누군가의 감정을 이해하고 이해받는 공감의 과정이 평화의 시작이 아닐까요? 유대인 600만을 학살한 히틀러는 바그너의 음악을 들으며 희열을 느꼈다고 합니다. 그는 어쩌면 거울 뉴런이 부족한 소시오패스일런지도 모릅니다.

마무리

우리가 살펴본 지식 채널들은 결코 정답이 될 수 없습니다. 어쩌면 이 지식 채널들 조차 한 가지 면을 집중해서 비추어 준 편견의 작용일 수 있습니다. 어떤 학자는 이 지식 채널이 일방적인 정보를 전달한다고 지적하기도 합니다. 그렇지만 잠시 시간을 내어 한 편의 지식 채널을 봄으로서 서로가 평화에 대해 이야기할 기회나 동기를 갖는 것 역시 평화를 만드는 한 걸음이 될 수 있지 않을까 생각합니다. 그리고 여기 소개된 채널 말고 다양한 주제의 수백 개의 채널이 있으니 활용해 보는 것도 좋을 듯 합니다.

문학을 통한
평화교육

사라, 버스를 타다

교과서에 실려 있는 미국의 흑인 인권 운동의 출발점이 된 동화가 있습니다. 이 동화는 인종차별이 극심할 때의 미국에서 발생한 실제 이야기를 소재로 하고 있습니다. 이 동화의 제목은 『사라, 버스를 타다』[1]로서 1950년대 미국사회 인종차별의 상징인 버스 안의 백인과 흑인 좌석에 관한 내용입니다.

사라는 버스를 탈 때 앞좌석이 비어있어도 흑인은 뒷좌석에 앉아야 하는 법 때문에 늘 뒷좌석에 앉았습니다. 어느 날 아침, 사라는 버스 앞쪽 좌석이 얼마나 좋은 곳인지 알아보기로 마음먹고 앞좌석에 앉지만 버스 기사에 의해서 경찰서로 끌려가 법을 어긴 것에 대한 조사를 받게 됩니다. 사라는 버스 좌석마저 피부 색깔에 의해서 정하는 부정의를 수용할 수 없었습니다. 사라의 사회에 대한 저항 사건에 대해서 전해들은 많은 흑인들은 사라처럼 버스를 타지 않고 걷는 비폭력 저항운동에 참여하게 됩니다. 처음에는 오만하고 안이하게 바라보던 당국은 당황하여 법을 개정하기에 이릅니다. 여기서 우리가 깨달을 수 있는 것은 사회적 부정의에 대해서 순응하기 보다는 개혁하려는 시민들의 집합적 의지가 필요한 것입니다. 작은 흑인 소녀의 저항정신에 감명을 받은 흑인들의 적극적인 의지의 집합적 힘이 옳지 못한 법을 바꾸는 계기가 되었던 것입니다. 이를 계기로 인종차별로 얼룩졌던 버스좌석에 대한 법률이 개선되어 흑인과 백인이 차별 없이 버스를 탈 수 있게 되었습니다. 이는 시민들이 비폭력대화를 통해 일궈낸 평화라고 볼 수 있습니다.

　　최근 초등학교에서는 폭력과 갈등
이 증가하고 있습니다. 학교에서는 어린
이들이 실수와 잘못을 스스로 깨닫도록
교육을 해야 할 필요성이 절박합니다. 이
러한 부정적 현상과 관련된 당사자들과
그 공동체가 자신의 필요와 욕구에 대한
책임을 다하고 건전한 상호관계를 회복
해야 할 필요가 생겼습니다. 따라서 심각
한 사회문제가 되고 있는 교내외의 폭력

2013년 초등 5-1 읽기 수록도서
위리엄 밀러 글 | 존 워드 그림
박찬석 옮김 | 사계절 (2004)

과 집단따돌림을 예방하기 위해서 교육 현장에서 비폭력과 평화에 대한 폭
넓은 이해가 절실하게 필요한 시점인 것입니다.

　　학교 폭력에 대해서 많은 전문가들이 서로 다양한 원인 중에서 가장
직접적인 것으로 지목하는 것은 폭력적 게임이나 입시 위주의 경쟁 사회
또는 가족 해체입니다.[2] 이 시기에 교사가 교실 안에서 할 수 있는 것 중의
하나로 행복한 교실을 만드는 것입니다. 따라서 행복한 교실을 가꾸기 위
해 서로를 이해하고 소통하며 공감하는 교육이 이루어져야 할 것입니다.
이를 근거로 초등학교에서의 평화교육을 학생들이 즐겁게 접할 수 있는 장
르인 문학(동화와 동시)에서 살펴보고자 합니다.

　　평화교육은 단순히 "좋은 사람"을 양성하는 교육만을 추구하지 않습
니다.[3] 평화교육은 교사와 학생, 학부모가 평화로운 학교문화를 만드는

주체라는 생각에서 출발합니다. 이 교육은 폭력을 유발하는 구조와 상황을 평화적인 모습으로 바꾸고자 합니다. 하지만 그것은 남이 타율적으로 주지 못하기 때문에 스스로 창조적인 전환을 이루어낼 수 있는 능력을 키워내고자 합니다. 평화교육은 주변 환경을 비폭력적 방식으로 변화시키기 위해서 평화에 대한 지식, 태도, 기술을 길러내고자 합니다.[4] 즉, 평화교육은 장래에 학생들이 성장하여 책임 있는 사회 구성원이 될 수 있도록 안내하는 민주시민교육이라고 볼 수 있습니다.

평화교육이 성공적으로 이루어지기 위해서는 단순히 폭력을 없애는 데 초점을 맞추는 소극적 평화교육이 되어서는 안 됩니다. 오히려 폭력이 틈탈 수 없는 분위기를 조성하기 위해서 스스로 평화능력을 적극적이고 예방적으로 길러야 합니다. 설혹 실제 폭력적인 갈등상황이 벌어졌다고 하더라도 폭력적인 징계나 처벌 등으로 대처하는 것은 근본적인 해결책이 될 수 없습니다. 왜냐하면 폭력적인 징벌을 받은 학생은 일시적으로 복종할지 모르지만 마음 속에 폭력적인 증오나 보복을 생각할 수 있기 때문입니다. 그러므로 가급적 그 해결방법은 공동체의 갈등에 대해서 비폭력적으로 대처하고 공동체 안에서 상생의 해결방식을 취해야 합니다. 결국 진정한 평화교육이란 먼저 평화롭고 안전한 학교분위기를 조성하도록 힘써야 합니다. 그리고 학교 구성원으로서 교사의 지도 아래 학생들이 상생과 소통을 추구하는 민주시민이 되고자 하는 비전을 갖도록 해야 합니다. 이러한 교육이야말로 구체적이고 통합적인 평화교육, 즉 적극적 평화교육이라고 할 수 있습니다.

평화 교육의 대안으로서 문학(동화와 동시)의 구조에 대한 이해는 다문화적 문제에 대한 해결의 비전을 제공합니다. 동화 속에는 주인공과 그와 적대하는 자가 존재합니다. 적대자는 필연적으로 주인공이 추구하는 것을 저해하는 역할을 합니다. 동화는 양자 간의 갈등구조를 다루며 그 속에서 주인공의 위기 극복과 다양한 해결의 양상을 보여줍니다. 따라서 동화 속에 나타나는 주인공의 위기와 그 해결방법을 찾아보고 다문화 동화에서 평화적인 주제를 적용하면 매우 효과적인 대안이 나오리라 생각합니다.

동화에는 여러 나라의 문화들이 존재하며 그것들 사이에 유사점과 차이점이 있습니다. 이들 동화 속에서 암시하는 것들은 적대감, 선악의 갈등, 문화의 이질적인 요소들의 충돌이 존재합니다. 그리고 이질적인 다문화들이 적응과 조정 및 이해를 통해서 화해와 조화를 이루며 해결하는 과정을 보여줍니다. 이러한 해결 과정을 동화 속에서 쉽고 재미있게 학생들이 받아들일 수 있도록 유도할 수 있을 것입니다. 평화에 관련한 바람직한 방안을 동화에서 찾는 것은 문학의 형식적 구조와 다문화사회의 갈등구조가 유사성을 보이기 때문입니다.

동화는 학생의 다문화적 역량에 대한 보다 종합적인 이해를 하도록 인도하고 동시에 교사들과 일반인들에게도 관련된 연구에 시사점을 줄 수 있습니다. 이러한 연구목적을 위하여 설정한 동화는 학생들의 다문화 감수성, 다문화교육 이해, 다문화 교수 필요성 및 다문화교육 태도를 함양시키는데 도움을 줄 것입니다.

동화는 어른이 쓴 글을 어린이를 대상으로 읽게 하는 것입니다. 어른은 어린이를 교육시켜야 하는 대상으로 여기고 사제지간이나 연령의 노소 관계를 권력의 관점에서 바라봄으로써 쉽게 훈계의 방식을 취할 수 있습니다. 사람들은 권력자 앞에서는 복종하는 척하지만 뒤돌아서면 자신이 추구하는 욕망을 구현하려는 이중의 어려움이 있습니다. 따라서 평화교육에 적합한 동화를 찾아서 재미를 가미하여 교육하면 문학과 평화교육의 접목을 용이하게 할 수 있을 것으로 보고 문학 중 동화를 이용한 평화교육을 시도하고자 합니다.

또한 동시는 옛날부터 권선징악, 선악의 동화, 우정, 가족애, 아름다운 상상들의 주제로 문학에 접하고 있습니다. 학생들이 원하는 것들은 긍정적, 희망적, 이상적 인 것으로 평화에 대한 이상적인 가치를 동시에서 추구할 수 있습니다.

희망에 대한 교육

인간관계에서 필연적으로 일어나는 갈등을 건설적으로 다루기 위해서는 갈등과 마주해야 합니다. 평화교육은 폭력적인 무력 대결을 피하고 갈등을 해결하기 위해 타협과 협상을 강조합니다. 갈등을 논의하는 한 가지 방식은 그것을 협력으로부터 경쟁으로, 경쟁으로부터 갈등으로의 연속적으로 전이하는 형식입니다. 협력은 의견의 불일치에서 오는 갈등을 해결하기 위해 손을 맞잡고 긍정적인 화해와 조화로 전이하는 것을 의미합니다. 따라서 갈등을 피하기 위해서 가시적 폭력을 없애고자 하는 소극적 평화교육이 아니라 스스로 평화능력을 예방적으로 길러내는 방법을 선택해야 합니다.

이를 위해서 갈등의 현장에서 이기적이고 독선적인 목적을 위해서 폭력을 동원하기 보다는 공동의 갈등을 공동체 안에서 함께 원원하는 해결방식을 함께 합의하려고 노력해야 합니다. 이런 노력의 결과는 학생들의 학교생활이 평화롭고 안전한 학교분위기 속에서 이루어지게 되며, 그 영향 아래 상생과 소통의 민주시민역량을 갖추는 구체적이고 통합적이고 적극적인 평화교육을 성취할 수 있을 것입니다.

김병연은 평화교육의 교수학습체계는 다양성과 보편성, 실천 지향성, 사회변혁 지향성, 가치 교육적 성격, 정치 교육적 성격, 학제적 성격을 띠고 있다고 주장합니다. 평화교육의 목표는 비평화적 현실을 비판하고 평화적 분위기를 선호하여 화해와 조화를 추구하는 행동을 일관성을 보여주어야 합니다. 한국 사회에 적용할 수 있는 평화교육의 교수학습 내용으로 평화 개념, 전쟁 문제, 핵문제, 통일 문제, 인권 문제, 갈등 문제, 다문화 사회의 문제, 세계화와 개발 문제, 환경 문제 등을 들 수 있습니다. 교수학습 지도방향으로는 평화로운 교실 분위기 속에서 학생들의 발달 단계에 맞는 프로그램을 적용하는 것입니다. 또한 학생으로 하여금 평화의 장점을 스스로 실천하게 하고 폭력적인 요소에 대해서는 비판할 수 있는 자세를 갖추도록 지도해야 합니다.[5] 외국 학자인 해리스와 모리슨은 갈등해결과 또래 중재peer mediation 전략을 가르질 필요가 있다고 합니다. 이 때 살등 해결사와 또래 중새자는 갈등이 있는 양쪽이 문화직 차이를 알고 있이야 힙니다.[6]

평화교육은 본질적으로 희망에 대한 교육이다. 토니 와그너는 평화교

육에 대하여 다음과 같이 쓰고 있습니다.[7]

> 우리가 우리의 입장을 강요하지 않고 학생들의 말을 경청하며 그들의 질문과 우려에 주의를 기울이면, 학생들은 상당히 개방적이면서 감동받는 반응을 보이게 된다. 그들은 더 이상 고독한 세계에서 혼자뿐이라거나 무기력하다고 느끼지 않는다. 그들은 말할 기회를 찾은 것에 반가워하고, 어른들이나 친구들이 미래에 대한 지신들이 우려를 함께 해 준다는 사실에 희망을 갖게 된다.

초등학생들의 다문화에 대한 이해

한국 학생들의 다문화나 외국인에 대한 올바른 이해는 어릴 때부터 다문화교육을 시작함으로써 가능합니다. 서울지역 6개 초등학교 600여 명의 초등학생들의 다문화에 대한 조사를 살펴보면 다문화란 용어 자체를 매우 낯설게 받아들이고 있다는 것을 발견할 수 있습니다. 한 학급에서 다문화란 용어를 들어본 적이 있다고 대답한 학생들은 삼분의 일에 불과하였습니다.[8]

제7차 교육과정에서 초등학생들은 교과에 다문화관련 내용을 반영하고 있어 교과서를 통해서 배우고 있는 실정입니다. 다문화교육 프로그램에 참여한 적이 없는 학생들이 대부분이라는 결과는 학교나 교육당국이 하루 빨리 다양한 프로그램으로 초등학생들이 교과서보다는 직접 접촉을 통해 긍정적이고 희망적인 한국 사회를 만들어가야 한다는 점을 말해주고 있습니다.

　초등학교 저학년 아동들은 타문화를 배우고 자신의 문화와 비교하면서 다양성을 받아들이는 것을 배워야 합니다. 이들은 편견이나 선입견이 무엇인지 알아보고, 사람들이 왜 다른지 살펴보아야 합니다. 다른 나라에서 온 아이들을 만나면 전 세계의 사람들이 자신들과 비슷하다는 사실을 알게 되고, 문화적으로 상이한 것도 은 당연한 것이라는 사실을 배우게 됩니다.

　전 세계적으로 여러 가지 다른 개인적 가치나 집단적 가치가 있지만 그 다양함이 오히려 문화와 삶을 풍부하게 만들어주고 있습니다. 그러므로 학생들이 다양성의 장점을 알아야 갈등을 비폭력적으로 해결할 수 있습니다. 아동들은 다른 사람과의 유사성과 차이점을 알게 되면서 감정이입을 할 수 있습니다. 문화의 차이가 결코 우월성이나 열등성을 의미하지 않는다는 것을 깨닫게 되면, 무력과 폭력의 사용보다 토론과 대화를 더 나은 갈등해결 방법으로 취하게 될 것입니다. 또한 전 세계 사람들이 서로 다른 환경에서 생존하고 있기 때문에 서로 다른 생산물을 교류해야 하는 관계에 놓이게 됩니다. 따라서 인류가 서로 상호의존하고 있다는 것을 이해하게 되면 인간복지의 수단으로서 협력이 필요하다는 것을 인정하게 됩니다. 지구촌이 갈등이 아닌 평화를 위한 기회를 확대하려면 인간은 큰 차원에서 공동체 의식과 협력을 갖는 방향으로 움직여야 합니다.

　모든 수준의 교육에서 교사는 학생들에게 폭력적인 인간 행동의 결과를 이해하고 창조적으로 다룰 수 있도록 도움을 주는 평화 교육자가 되어

야 합니다. 평화를 얻기 위해서는 지식, 태도변화, 새로운 행동방식을 유
도하고, 갈등해결 기술을 배워야 합니다. 또한 이러한 평화적 분위기를 확
산시킬 수 있는 평화적이고 민주적인정치적 변동을 만들어내야 합니다. 평
화를 위한 교육은 본질적으로 자기 자신과 타인과 지구를 위한 공감과 공
존과 상생에 대한 긍정적인 감정이입을 가르치는 것입니다.

평화교육에서 사용되는 평화 개념은 다루어지는 폭력의 형태와 교육
이 문화적 맥락에 따라 다양합니다. 평화 교육자들은 학생들로 하여금 평
화에 참여하기 위해 스스로 민족적 차이와 종족적 차이를 뛰어넘을 용기를
불어넣어주어야 합니다. 이러한 치유적 평화교육은 학생들로 하여금 지구
시민으로 변화하도록 변화시켜나갈 것입니다.

해리스와 모리슨은 평화 페다고지의 다섯 가지 원칙으로 민주적 공동
체 만들기, 협력을 기르기, 도덕적 민감성 기르기, 비판적 사고를 장려하
기, 자존감을 제고하기를 평화적 교실을 수립하는 틀로 제시하고 있습니
다.[9]

동시와 동화

평화에 관련한 다문화교육의 효과적인 재료는 문학이라고 할 수 있습니다. 우선 문학은 학생들이 친근하게 접근할 수 있는 장르입니다. 특히 외국 문학작품을 번역을 통해서 소개하면 많은 학생들이 쉽게 이해할 수 있기 때문입니다. 어린이들이 좋아하는 장르인 동시와 동화는 다문화적 요소를 많이 지니고 있습니다. 우선 그 작품이 한국에 체류하는 외국인과 같은 나라의 것인 경우 한국문화와의 유사점과 차이점을 동시에 발견하여 외국에 대한 간접적 접촉을 촉진하게 됩니다. 한국 학생들이 다문화 학생과의 유사점을 발견하면 그들에 대해 동질감을 가지게 되어 스스로 소통에 나설 수 있습니다. 외국 문화와의 차이점에 대해 인지하는 과정도 생소함에 대한 이질감을 줄일 수 있습니다. 평화를 위한 다문화교육의 동시와 동화의 내용은 다음과 같습니다.

동시

국어 교과서에 시인 김종상이 쓴 「길」이라는 동시는 사람들의 세상을 포도의 여러 모습에 비유하고 있습니다.[10] 동시의 소재는 집과 마을과 세계가 연결되어 있고 서로 어울려 살아야 함을 그리고 있습니다. 이 시에서 '포도덩굴'은 길, '포도송이'는 마을, '포도알'은 집, '세계'는 포도나무에 비유합니다. 또한 포도 덩굴을 통하여 사람과 사람이 서로 돕고 마을과 마을이 이어져 세계가 한 덩이가 되었다고 표현합니다. 포도는 한국 사회에 살고 있는 한국인과 한국에 거주하는 외국인으로 비유할 수 있습니다. 포도에 연결된 '포도 덩굴, 포도송이, 포도알'은 포도가 열매 맺는 자연스러운 현상으로 그려지듯이 한국인과 한국에 거주하는 외국인들도 서로 어울려야 탐스러운 포도 덩굴을 가꿀 수 있습니다. 그러나 이 사회에서 소수집단인 다문화 가정은 편견과 소외 및 차별로 시달립니다. 고학년이 될수록 동질감이 줄어들면 동급생들의 호기심의 대상이 되어 놀림감이 되거나 단순한 호기심을 만족시키는 희생물이 되기도 합니다. 어떤 경우는 무관심한 사회가 이들을 함부로 대하며 심리적인 폭력을 가하기 쉽습니다. 그러므로 포도덩굴을 영글게 하려면 초등학교 때부터 다양성의 영양분을 충분히 흡수해야 합니다. 사회의 다양성을 인정하는 열린 마음을 가지고 더불어 사는 공동체 의식을 함양한다면 모든 이가 서로를 돕는 마음을 가질 수 있을 것입니다. 서로 공존하고 협력해서 세계라는 공동체를 이루기 위해 공생하는 터전인 유기체를 평화롭게 가꾸어 가야 합니다.

길

길은
포도 덩굴.

몇백 년을 자라서
땅덩이를 다 덮었다.

이 덩굴
가지마다
포도송이 같은
마을이 있고

포도알 같은
집들이 달렸다.
포도알이 늘 때마다
포도송이는 자꾸 커 가고

갈봄 없이
자라기만 하는
이 덩굴을 통하여

사람과 사람이 도와 가고
마을과 마을이 이어져서

세계가
한 덩이로 되었다.

— 김종상

유희윤 시인이 쓴 일반 학생과 다문화가정 학생들과의 소통의 주제로 가르칠 수 있는 동시로 「내가 먼저 웃을게」란 작품이 있습니다.[11] 이 시의 주제인 '화해와 우정'은 다문화 가정 자녀들은 그들의 친구이며 함께 재미있는 이야기를 나눌 수 있는 상대라는 것을 인식하게 합니다. 만약 다문화 친구들이 자신이 저지른 독선적 잘못을 뉘우치고 화해하면 그들은 친구로서 적극적인 대화를 즐길 수 있습니다. 하지만 대화는 형식적인 것이 아니라 서로의 마음을 터놓는 자리에서 진정성을 가질 수 있습니다. 그것도 무거운 주제가 아니라 친구끼리의 격의 없는 이야기가 더욱 좋다고 봅니다. 별일도 아닌데 초등학교 시절에는 화를 내며 토라지기도 하고 다음 날은 언제 싸웠는지를 잊어버리고 사이좋게 지냅니다. 옛말에 "아이들은 싸우며 큰다."는 말이 딱 어울립니다. 아이들에게 작은 다툼이라는 것은 필연적으로 겪게 되는 성장통이라고 봅니다. 그러므로 작은 다툼을 근본적으로 없애는 것은 불가능합니다. 중요한 것은 다툼이 있은 후에 화해를 할 수 있어야 한다는 것입니다. 먼저 웃으며 다가가는 마음은 처음에는 하기 쉽지가 않으나 시작이 반이라 한 번 하다보면 나머지는 술술 풀려 나가는 것이 세상 이치입니다. 친구사이에서 누구나 다툼이나 이견이 생기면 원인을 생각하거나 자초지종을 따지면서 미안한 마음이나 사랑하려는 생각을 가져야 화해의 단계로 들어갈 수 있습니다. 이 때 외롭고 힘들어하는 친구에게 먼저 손을 뻗치며 다가가고 공감대를 형성하기 위해서 소통과 관용의 태도가 필요합니다. 평화는 남이 주는 것이 아니고 내가 먼저 만들어가는 자세를 갖는 것도 중요한 것입니다.

내가 먼저 웃을게

별일도 아닌데
별일도 아닌데

왜 그랬는지 몰라
아까는 왜 그랬는지 몰라

"다신 안 놀아."
그런 빤한 거짓말까지

귀밑까지 빨개지는 내 마음
벌써 네게로 달려가고 있다.

내가 먼저 웃을게
그래, 내가 먼저 웃을게.

— 유희윤

유희윤 동시 | 이철희 그림
아동문예 (2000)

　　일반 학생과 다문화가정 학생들에게 통합을 가르칠 수 있는 또 다른
교과서 동시로 「걱정 마」라는 작품이 있습니다.[12] 이 시에 등장하는 인물

중에 나영이 엄마, 준희 엄마, 영호 아저씨 각시는 모두 다른 나라에서 온 사람입니다. 시에서 말하는 이가 걱정하는 것은 말이 안 통하기 때문에 동네 사람들과 어울리지 못하면 어쩌나 하는 것입니다. 또 하나의 걱정은 필리핀, 베트남, 몽골은 모두 문화가 다르고 사람마다 생각이 다르다는 것입니다. 그러나 할머니께서 걱정하지 말라고 하신 까닭은 아까시나무, 달맞이꽃, 개망초도 모두 다른 먼 곳에서 왔지만 해마다 어울려 꽃피우기 때문입니다. 이 시에서 아까시나무, 달맞이꽃, 개망초에서 연상되는 것은 나영이 엄마, 준희 엄마, 영호 아저씨 각시입니다. 마지막 연 '해마다 어울려 꽃피운다고'에서 연상되는 장면은 동네 사람들이 말은 잘 안 통하지만 표정만 보아도 마음이 통하여 서로 도우며 어울려 살아가는 모습과 다정다감한 분위기가 살아나게 되는 모습을 노래하고 있습니다.

　이질적인 문화가 만났을 때 두 가지 방향을 상정할 수 있습니다. 통상적으로 우선 문화적인 편견의 발생으로 인해 다른 문화 사이의 갈등이나 충돌이라는 부정적인 결과를 낳는 경우입니다. 그 다음에 본래의 문화와 다른 문화가 통합되고 창조적인 화학적 결합을 하여 긍정적인 결과를 가져오는 경우입니다. 작가는 이 작품에서 서로 출신국가와 언어 및 문화가 다른 사람들이 조화롭게 화합하는 모습을 노래하고 있습니다. 그는 다양한 국가의 사람들에게 다문화적 갈등의 문제가 있다는 것을 전제하고 해마다 서로 잘 어울려 통합되는 것을 기원합니다. 다양한 사람들이 별개의 존재로 독립되어 있지만 그들은 공동체 안에서 눈에 보이지 않게 상호작용을 하고 있다는 사실을 인식하게 됩니다. 그 통합의 과정을 유아적인 시각으로 인식함으로써 마치 사람들이 꽃 밭 안으로 굴러들어가는 것처럼 상상하여 재미있는 이미지를 만들어내고 있습니다. 꽃이 달라도 서로 아름다운 자연을 이루듯 서로 소통이 안 될 것 같은 사람들도 어울려 공존하며 서로 어울리려고 노력하면 평화롭고 행복한 세상을 이루게 되는 것입니다. 이 결합은 학생들의 자유로운 환상적 판타지 속에서 가능한 것이지만 아름다움이라는 미적 사고를 내적으로 소유하게 됩니다. 이러한 이질적 요소의 긍정적인 통합이 일반 학생과 다문화가정 학생의 결합을 통해서 가능하다는 생각에 이르게 한다면 문화적 갈등이나 충돌보다는 다양성의 확보라는 다문화 사회의 장점을 획득할 수 있습니다. 결국 문화란 독립적인 상생이나 공생에서 끝나는 것이 아니라 접촉하고 통합하며 변화를 가져오기 때문에 긍정적인 시너지 효과를 거둘 수 있는 있다는 결론에 이릅니다.

걱정 마

눈이 크고 얼굴이 까만
나영이 엄마는
필리핀 사람이고,

알림장 못 읽는
준희 엄마는
베트남에서 왔고,

김치 못 먹어 쩔쩔 매는
영호 아저씨 각시는
몽골에서 시집와

길에서 마주쳐도
시장에서 만나도
말이 안 통해
그냥 웃고만 지나간다.

이러다가
우리 동네 사람들 속에
어울리지 못하면 어쩌나?

그래도 할머닌
걱정 말래.

아까시나무도
달맞이꽃도
개망초도
다 다른
먼 곳에서 왔지만

해마다 어울려 꽃피운다고.

— 정진숙

　　한국에 유학을 온 학생들이 느끼는 소외감은 피부와 인종에 따라서 한국 학생들의 태도가 달라진다는 점입니다. 가장 심각한 것은 단지 외국인이라는 이유로 멀리하거나 욕설 또는 폭력을 자행하여 심한 모욕감을 느끼게 하는 경우입니다. 서양의 미국, 호주, 러시아 등에서 자주 일어나는 백인 우월 주의자들의 폭력행위와 같은 맥락입니다. 사실 한국인들이 LA폭동 사건 때 당한 사건을 생각해본다면 이주민들에게 주류사회가 가하는 인종차별적 행위가 얼마나 비인간적인 것인가를 깨달아야 할 것입니다.

　　학교생활에서 소외감을 가중 시키는 것은 피부색깔에 따라서 달라지는 한국 학생들의 대인 자세입니다. 백인에 대해서는 무조건적으로 긍정적 수용의 모습을 보이면서도 흑인이나 동남아 출신 학생에 대해서는 무관심 내지 냉대를 일삼는다는 점입니다. 친교를 통해서 영어를 배울 수 있는 미국이나 유럽계 백인의 경우는 쉽게 도움의 손길을 주는 반면 그렇지 못한 중국학생이나 동남아 학생들에 대한 인종차별적 소외는 다문화사회의 통합을 막는 부정적 요소라고 볼 수 있습니다.[13]

　　국어 교과서에 나오는 동시로 「거름종이」가 있습니다.[14] 화자는 서로 다투고 토라진 마음, 서로 미워하는 마음, 질투하는 마음을 마치 더러운 물을 거름종이로 걸러내어 깨끗한 물로 변화시키듯이 맑은 마음으로 변화시키고 싶은 의지를 표현하고 있습니다. 또한 그는 마음이 미움이나 질투심으로 인해 오염되고 거칠어져 있다는 것을 알고 정화의 수단으로 은유적으로 거름종이를 사용하고자 합니다. 만일 이 거름종이가 마음을 정화하는데 효과적이라면 그 거름의 과정을 통해서 미움이나 질투심이 사라질 수 있겠지요. 그래서 시적에서 화자는 부정적인 마음들이 거름종이를 거친 맑은 물처럼 '마알간 사랑의 단물'이 '또옥똑' 떨어지게 만들고 싶다는 소망을 노래하고 있습니다.

거름종이

서로들 다투고 토라진 마음

서로를 미워하는 마음

질투하는 마음

모두 모아

걸러

보면

방울방울

마알간 사랑의 단물

또옥똑 떨어질거야.

— 김소윤

동화

다문화가정 학생들은 한국말이 서툴다보니 다른 아이들의 놀림이 될 수도 있고 피부색의 차이로 인해 차별을 받기도 합니다. 다문화시대 사회 통합을 이루기 위해 협력과 공생의 필요성을 가르칠 수 있는 「팥죽할멈과 호랑이」라는 전래동화가 있습니다.[15]

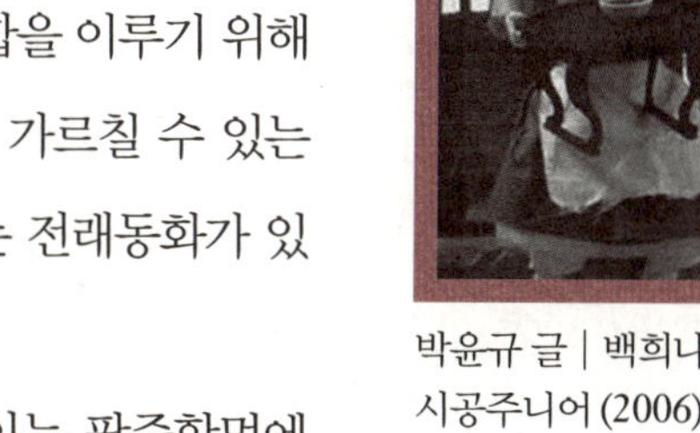

박윤규 글 | 백희나 그림
시공주니어 (2006)

맛난 팥죽을 잘 끓이는 팥죽할멈에게 어느 날, 호랑이가 나타나 잡아먹겠다고 합니다. 할멈은 추운 겨울날에 먹을 것이 없을 때 동지 팥죽을 쑤어 주겠으니 그것을 먹고 난 후에나 잡아먹으로라고 부탁합니다. 호랑이는 할멈을 잡아먹는 것을 나중으로 미룹니다. 마침내 호랑이와 약속한 날이 되자 호랑이에게 잡아먹힐 것이 서러워 울고 있는 할머니 앞에 알밤, 자라, 물찌똥, 송곳, 돌절구, 멍석, 지게가 나타납니다. 그들은 할머니의 맛있는 팥죽을 얻어먹고 서로 힘을 모아 호랑이를 혼내주어 물리칩니다. 할머니를 돕는 그들의 착한 모습은 작은 힘이 모여서 큰 힘이 되어 어려운 일도 헤쳐 나갈 수 있음을 보여줍니다.

할멈을 돕고자 하는 집안의 사물들은 작가의 기법으로 의인화되는 등장인물들입니다. 그들은 각자 호랑이를 이길 수 있는 장소에 숨어 돕습니다. 그들이 숨는 곳은 알밤은 아궁이 재속, 자라는 물동이 속, 물찌똥은 부

엌 바닥, 송곳은 물찌똥. 돌절구는 부엌
문 위, 멍석은 부엌 앞, 지게는 마당 감나
무 옆으로 각양각색입니다. 이 전래동화
는 아무리 어려움이 있어도 서로 다른 특
성을 이용하여 힘을 합하면 극복될 수 있
다는 주제를 가르쳐줍니다.

편집부 저 | 송수정 그림
삼성출판사 (2009)

안데르센의 「미운 아기 오리」는 다
르게 태어난 미운 오리가 가족들과 이웃
들로부터 차별을 받습니다.[16] 다르게 생
겼다는 이유로 온갖 수난을 겪어야 했던
미운 오리는 인내 끝에 아름다운 백조가 됩니다. 참고 견디면 좋은 날이 온
다는 교훈을 배울 수 있습니다. 그러나 다르다고 왜 차별 받아야 하나요?
이 책은 안데르센의 「미운 아기 오리」를 넘어 '차이' 와 '차별' 을 이야기 합
니다. 사람들은 겉모습만 보고 편견을 가지나 진정한 정체성은 내면적인
맛입니다. 서로 다르다는 것이 얼마나 재미있고 값진 것인지를 알려줍니
다. 정원에 다양한 꽃이 있어야 아름다운 것처럼 서로 다르다는 것은 소중
한 것입니다. 한국에 귀화를 한 사람들도 처음에는 편견과 차별 및 부적응
으로 고생을 하나 내면적으로 친근해지면 한국을 빛내는 사람이 되기도 합
니다.

국어 교과서에 일반 학생과 다문화 학생들에게 정체성을 가르칠 수 있
는 동화로 「새들의 왕 뽑기」라는 작품이 있습니다.[17] 숲 속에 등장하는 새

들은 산신령의 말에 따라 왕으로 뽑히기 위하여 자기를 아름답게 꾸미기 시작합니다. 그러나 온 몸이 까만 까마귀는 자신의 모습을 치장하려고 다른 새들의 깃털을 자기 깃털인 것처럼 자신을 꾸미다가 망신을 당합니다. 아름다워지기 위하여 노력하는 것은 좋으나 오로지 자신이 새들의 왕이 되기 위해 자신의 정체성을 잃고 남의 깃털로 치장을 하는 것은 자신의 자존감을 손상시키기 때문입니다. 내가 만약에 까마귀라면 다른 새들이 버린 깃털로 정성껏 꾸미는 자신이 굴욕적이라고 느낄 것입니다. 또한 자신의 특성을 잘 가꾸면 좋을 터인데 자신감을 가지지 못하고 남의 깃털을 이용한 것은 올바른 행동은 아닙니다.

　　다문화 사회에서 이질적인 문화적 배경을 지니고 있는 구성원들이 조화롭게 지내기 위해서는 강자로서의 주류나 약자로서의 이주자가 지배와 종속의 관계에 머물러있어서는 조화를 이루기 어렵습니다. 아동문학에서 보여주는 많은 경우가 다문화 가정을 연민으로 바라보고 그들을 문화적 열등감에 시달리고 경제력이나 정체성을 가질 수 없는 약자로만 그리는 경향이 있습니다. 하지만 이주민이 동등한 구성원으로 당당히 살아가게 유도하기 위해서는 동정심이나 연민만으로는 해결이 되지 않습니다. 왜냐하면 감정적인 대응만으로는 주류 어린이와 다문화 어린이 사이에 건강한 관계를 가질 수 없기 때문입니다(김종헌, 2011).[18] 주류는 나눔과 포용의 자세를 견지해야 하고 이주자는 국외자적 입장을 극복하기 위해서 새로운 문화와의 교류하고 받아들여야 합니다. 둘 사이에 진정한 유대감이 만들어지기 위해서는 순수한 나눔의 정신이 필수적입니다. 다문화 사회의 건전성을 위

해서 성인보다는 유아기나 아동기에 다
문화적 요소를 접촉하게 하고 교육해야
합니다. 특히 다문화적 정서와 태도를 함
양하기 위해서 필요한 기본적인 정신을
문학적 소재를 통해서 교육한다면 매우
효과적임을 작품의 분석을 통해서 알 수
있습니다.

2013년 초등 3-2 읽기 수록도서
이솝 원작 | 김인숙 글 | 김서영 그림
아람출판 (2012)

　　요한 갈퉁이 말하는 '적극적 평화'
란 단순히 전쟁이 없는 상태가 아니라 인
간이 평화롭게 살 수 있는 상태까지 포함
하는 적극성을 지닌 개념입니다. [19] 직접적 폭력은 행위자와 피해자의 존재
를 전제한 것이라면, 간접적 폭력은 사회구조 자체에서 일어난다고 봅니
다. 90년대에 또 다른 유형의 폭력으로 문화적 폭력을 생각할 수 있습니
다. 문화적 폭력은 모든 것들의 상징으로 종교와 사상, 언어와 예술, 과학
과 법, 대중매체와 교육의 내부에 자리 잡고 있다고 봅니다. 서구사회에서
백인의 소수민족에 대한 인종차별 용어나, 남성의 여성비하 용어나 음담패
설은 문화적 폭력에 해당됩니다.

　　문화의 성격과 특성은 다른 사람이 오면 불평과 부조화를 일으키는 것
이 아닙니다. 쉽게 해결하는 방법으로 동화정책을 필요로 하나 모자이크
정책으로 문화의 성격과 특성이 다름을 인정하며 문화의 다양성을 획득하
여 시너지 효과를 증가시킬 수 있습니다. 냉전주의 시대에는 자본주의와

140　　평화를 알아야 평화롭다

사회주의라는 이데올로기가 국가 간의 교류를 가로막는 장애물로 작용했던 것은 사실입니다. 하지만 글로벌 시대에는 이데올로기의 차이는 경제적, 문화적 교류의 장벽이 되지 못합니다. 현재 한국은 사회주의 국가인 중국과 베트남과의 교류가 매우 활발하게 이루어지고 있습니다. 특히 한류에 대한 문화적 욕구가 대단해서 드라마와 한국 대중가요가 동남아인들에게 뜨겁게 환영을 받고 있습니

에련 블레이비 글 · 그림
김현좌 옮김 | 세용 (2009)

다. 그렇다면 이념 차이를 넘어서 문화적 차이가 상호간의 수요를 만들 수 있습니다. 오히려 한국인과 중국 및 동남아인들은 서로 필요를 느끼며 공존을 하며 평화롭게 지낼 수 있는 것입니다.

　「성격이 달라도 우리는 친구」의 스토리는 낮과 밤이 다른 것처럼 서로 성격이 다른 두 친구가 친한 친구가 된 이야기입니다.[20] 이 작품은 성격이 조금 다른 것도 아니라 거의 모든 점이 다른데 티 없이 맑고 순수한 아이들이 얼마든지 친구가 될 수 있다는 것을 보여줍니다. 두 친구의 사이에서 벌어지는 이야기는 우리의 마음을 훈훈하게 해 줍니다. 소중한 친구의 관계를 자신감, 용기, 그리고 무엇보다도 우정이 지닌 힘에 대한 유쾌한 이야기로 이어집니다. 두 사람은 어울릴 수 없는 친구 사이지만 서로 챙겨주고 용기와 위로를 해주는 우정을 다루고 있습니다. 두 친구는 서로를 보완해주

고 지켜주는 수호천사 같은 역할을 하여서 상호간에 없어선 안 되는 친한 친구 관계로 발전하고 있습니다.

이 작품에서 두 친구는 상대방으로부터 발견한 정반대되는 성격에 감탄합니다. 흔히 친구란 기쁘고 좋은 일이 있을 때 축하해주는 관계로만 알고 있습니다. 하지만 진정한 친구란 힘들고 어려울 때, 의논하고 싶은 일이 있을 때 찾는 관계가 진정한 친구라는 것을 알아야 합니다. 즉 친구란 즐거움과 슬픔을 함께 나눌 수 있는 열린 관계이어야 건강하게 지속될 수 있습니다. 찰리와 펄의 예쁜 우정처럼 우리 아이들도 따뜻하고 정다운 친구들을 사귀었으면 합니다. 친구는 조금은 달라도 달라서 싫은 것이 아니라 친구의 모습들이 자신과는 조금은 달라서 더 좋을 수 있는 것입니다.

다문화 사회를 통합하고 조화롭게 살아가게 하는 가치관으로 '존중'은 매우 중요합니다. 다문화 사회에 익숙하지 않은 한국 학교 현장은 중도 입국학생들인 다문화 자녀들에게는 매우 생소하고 두려운 곳으로 느껴질 수 있습니다. 일반 한국 학생들이 보여주는 소외현상이나 왕따는 감수성이 더욱 예민한 초등학생들에게 심리적 충격을 가할 수밖에 없습니다. 다문화 자녀들이 주류 학생들이 가하는 심리적이고 육체적 폭력에 대해서 반발하여 문화적 갈등과 충돌을 키워나가는 경우가 많습니다. 자기와 다른 대상이 문화, 종교, 외모가 다를 경우에 나타나는 갈등 문제는 오랜 시간이 걸려야 해결되므로 서로 양보하고 의견을 절충하여 조화를 이루어 사이좋게 살도록 하는 것이 바람직합니다. 즉 서로 문화가 다르지만 상대방을 존중하면 갈등이 해결되면서 사이좋게 지낼 수 있습니다. 또한 어려운 문제가 생겼을 때 서로 돕고 이해하면 문제가 저절로 해결될 수 있다는 것을 알아야 합니다.

일본 1학년 국어 교과서 동화 「서로 다툰 산」은 두 개의 동질성을 지닌 산이 서로 다투어 망가진 산이 회복되는데 긴 시간이 소요되는 과정을 그리고 있습니다.[21] 하지만 '상호간의 존중' 이란 덕목이 약간의 갈등이나 차이를 극복할 수 있는 중요한 요소라는 것을 보여줍니다. 이런 존중의 가치를 보여주는 「서로 다툰 산」은 두 산이 나란히 서 있으면서 서로 자기가 키가 크다고 비교하며 다투기만 하였습니다. 해님과 달님이 동물들이 안심하고 잘 수 없으니 싸움을 그만하라고 해도 어느 쪽 산도 말을 듣지 않습니다. 그러던 어느 날 두 산이 서로 질 수 없다고 불을 내 뿜어 수많은 푸른 나무가 눈 깜짝할 사이에 불길에 휩싸입니다. 작은 새들이 모두 나서서 해님에게 구름을 불러 비를 뿌려달라고 하면서 자기들도 구름에게 도와달라고 부탁한다고 말합니다. 해님이 구름에게 부탁하자, 먹구름이 힘을 합쳐 쉬지 않고 비를 내렸습니다. 겨우 불이 꺼진 두 산은 풀이 죽은 채 서로 쳐다보았습니다. 1년, 2년, 3년, 수많은 세월이 지나서야 산은 다시 푸른 산이 되었습니다. 이 동화는 두 산의 다툼으로 인하여 망가지는 환경을 통해 '존중과 상호 이해' 를 느끼게 하는 동화입니다.

けんかした やま(서로 다툰 산)

겐카시따 야마

두 개의 높은 산들이 마주보고 있습니다.

두 산은 항상 서로 키를 비교하며 다투곤 하였습니다.

"그만 다투어라."

해님이 설득하였습니다.

달님도 달래었습니다.

"싸움은 그만해, 동물들이 안심하고 잘 수 없잖아."

하지만 어느 산도 말을 들으려 하지 않습니다.

어느 날 일이 벌어졌습니다.

드디어 두 산이 서로 질 수 없다고 불을 세게 내뿜었습니다.

수많은 푸른 나무가 순식간에 불길에 휩싸이게 되었습니다.

작은 새들이 모두 나서서 말했습니다.

"해님, 구름을 빨리 불러 비를 뿌려주세요.

저희들도 도와달라고 부탁할 테니까요."

해님은 구름에게 부탁하였습니다.

먹구름이 힘을 합쳐 모여들어 쉬지 않고 비를 내렸습니다.

겨우 불이 꺼진 두 산은 풀이 죽은 채 서로 쳐다보았습니다.

1년, 2년, 3년 세월이 흘러갔습니다.

수많은 세월이 흐르고 흘렀습니다.

산은 다시 온통 푸른색으로 휩싸였습니다.

— 안도 미끼오

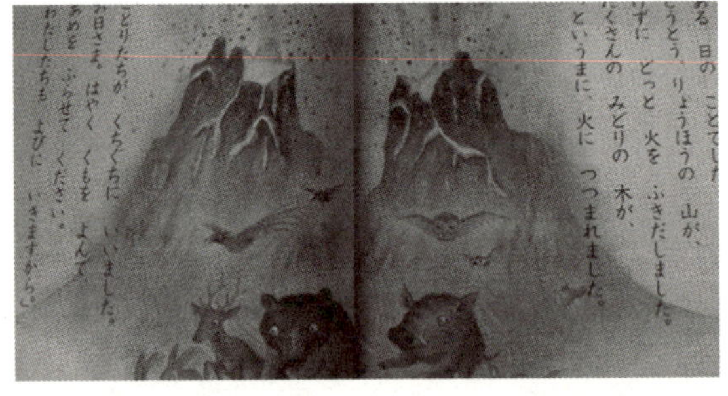

일본 1학년 교과서 동화 | 안도 미끼오 | 박정근 옮김

희망과 변혁을 노래한 트리나 폴러스가 쓴 「꽃들에게 희망을」은 20세기 최고의 그림동화로 주인공 호랑 애벌레와 그의 친구 노랑 애벌레가 애벌레 들 사이에서 나비가 되는 과정을 보여줍니다.[22] 이러한 모습은 아이들에게는 희망과 꿈을, 어른들에게는 변혁과 의지를 가르쳐 줍니다.

트리나 폴러스 글 · 그림
김석희 옮김 | 시공주니어 (2005)

애벌레는 의미도 모른 채 기둥 끝으로 한참을 기어 올라가지만 때가 오면 더미를 벗어나 온갖 어려움을 딛고 나비가 되어 꽃들을 번식시키는 역할을 합니다. 누군가에게 희망을 주는 두 애벌레 노랑 애벌레와 호랑 애벌레 의 이야기는 오랜 세월동안 많은 사람들의 가슴 속에 남아있습니다. 애벌레가 참된 자아를 획득하기 위하여 최선을 다하는 모습은 아무 의미 없이 살아가는 인간들에게 자신의 삶을 돌이켜보는 메시지가 될 수 있습니다. 「꽃들에게 희망을」이라는 제목처럼 나비가 된 애벌레들은 꽃들을 번식시키는 데 큰 역할을 합니다. 애벌레에 머물러 있다면 꽃가루를 실어 날라 수정을 시켜 아름다운 꽃이 필 수 있도록 하는 귀중한 역할을 할 수 없었을 것입니다. 하지만 애벌레는 자신을 몸을 고통스럽게 변화시켜 나비가 되도록 최선을 다합니다. 나비가 된 애벌레는 화려한 날개로 공중을 날아갈 수 있는 능력을 체득하게 되고 마음대로 꽃봉오리에 앉아 꿀을 빨아먹으며 꽃가루를 다른 꽃으로 실어 나르는 미의 사절이 될 수 있습니다. 애벌레가 어려운 역경을 이겨내고 꽃들에게 희망을 주는 나비가 되는 것처럼 우리들도 자신이 하고 싶은 목표를 이루기 위해 노력해야 합니다. 자신의 소질을 잘 살려나가다 보면 언젠가는 누구에게 희망을 주는 사람이 될 수 있을 것입니다. 한 가지의 성취를 이루다보면 보람이 생겨서 또 다른 것에 대한 성취의욕이 배가되어 지치지 않는 삶의 활력소를 지니게 됩니다.

행복한 교실

행복한 교실은 어떤 교실일까요? 그것은 생동감 있게 움직이는 생명력, 땀과 노력이 있고 다양한 정서가 교통하는 곳이어야 합니다. 또한 그곳은 상호간의 갈등과 위기를 감동과 보람으로 바꾸고자 하는 교사와 학생이 능동적으로 활동하는 공간이어야 합니다. 교사와 학생은 서로가 관심을 갖는 과정에서 배려의 즐거움과 유익함을 깨닫게 됩니다. 학교생활에서 학생과 교사와의 관계, 학생 상호 관계, 규칙 준수, 학습 생활 등은 교육적 영향이 큰 부분입니다. 종종 교실은 학교 폭력에 속하는 왕따, 집단 따돌림 등의 문제가 발생할 수 있습니다. 이 때 부모와 자식이 소통하면 화목한 가정이 되듯이 교사와 학생 및 교사와 학부모가 소통을 하면 평화적으로 문제를 해결할 수 있습니다. 또한 서로의 화해의 노력으로 문제를 해결함으로써 행복한 학교가 되고 서로 긍정적 정서를 갖게 됩니다. 즉 의사소통을 하여 각자의 생각과 뜻을 통하게 만들어 비폭력 대화의 장을 열면 평화롭고 행복한 교실이 됩니다.

평화는 거저 얻어지는 것이 아니라 노력과 인내와 용기가 필요합니다. 전쟁, 가난, 차별, 폭력, 왕따, 종교 분쟁 등을 겪어 본 사람은 더욱 평화를 원하게 됩니다. 평화교육을 위해서 갈등전환능력, 존중, 이해, 관용, 공감을 지니고, 나아가 학생들의 평화감수성이 성장하기를 기대하며 진행하여야 합니다. 폭력에 관련된 가해 청소년들이 정서적으로 안정되고 긍정적으로 변화하기 위해서는 처벌과 구금 그리고 강제와 배제의 직접 혹은 간접 체벌의 방식은 바람직하지 않습니다. 보복적인 징계는 책임을 위한 기회보다 장벽을 창조하므로 도움이 되기 어렵습니다. 사회가 이들이 자신의 삶에 책임지는 긍정적인 인간으로 변화하기 바란다면 건강한 관계와 안전이 필요합니다. 이러한 목적을 달성하려면 존경, 돌봄, 신뢰와 겸손이 존재하는 좋은 환경을 확보해야 합니다. 그러한 건전한 요소만이 수치나 두려움 없이 책임과 치유를 증진시킬 수 있게 됩니다. 평화교육은 가해자가 스스로 떠맡아야 할 책임도 중재를 통하여 서로가 협력하며 배려하는 분위기를 만들어 가야 합니다. 학교 짱, 왕따, 수업 능력 부진의 요인인 학습 동기와 관계 개선 능력도 평화교육과 또래 중재로 변화를 가져 올 수 있음을 보어 주고 있습니다.

우리 사이의 갈등이 폭발하지 않을 수 있도록 완화하거나 세분화하는 방법은 무엇인가에 초점을 두고 평화적 해결을 도모하는 것도 중요합니다. 또. 다양성이 이분화되어 있을 때, 확 다른 정체성일 때, 중재자가 없을 때, 해결할 시간이 없을 때에 갈등과 폭력이 증가하면 갈등 해결을 위한 중재자와 시간을 두고 해결하는 것도 필요합니다.

평화교육의 일환으로 학생들에게 서로 소통하는 마음을 갖게 하기 위해 학급에서 다양한 게임을 통하여 학생들의 마음을 열게 하여 폭력과 갈등 및 편견을 줄이는 방법입니다. 또한 평화교육을 어떻게 훈계가 아닌 방법을 고안하여 실천하는 것도 한 방편이 됩니다.

학교 현장에서 국제이해교육과 다문화교육은 모든 학생에게 필요한 교육입니다. 모든 학생들에게 다른 문화를 지닌 사람들과의 조화로운 삶을 살아가는 것은 미래의 생존을 위해 필수적이라고 볼 수 있습니다. 다문화 사회를 살면서 다른 사람들이 나와는 다른 관점을 가질 수 있다는 것을 어린학생들에게 가르치고 이해시켜야 합니다. 다문화교육은 다원화된 민주 사회에서 자신과 다른 인종, 문화, 민족 집단의 사람들을 이해하고 상호 작용하는데 필요한 지식, 기능, 태도를 갖추는 것을 의미하는데, 이것은 공동선을 추구하는 시민 공동체의 일원으로 길러내고자 하는 것입니다.[23]

다문화 사회가 된 한국은 이주자들에 대한 정책이 아직 정비되지 않은 초기단계입니다. 급증하고 있는 외국인 이주자들을 한국 사회에 조화롭게 통합하기 위해서는 다문화 가정 자녀에 대한 교육이나 유학생 정책이 잘 수립되어야 합니다. 특히 다문화 가정 자녀나 유학생에 대한 편견을 제거하는 것이 절실하며 이를 위해서 유아기나 초등학생부터 다문화와 국제 사회에 대한 긍정적인 경험과 교류가 먼저 이루어져야 합니다. 우선 주류 어린이와 다문화 어린이가 서로 소통하기 위해서는 문학을 통해서 다문화적 사고를 길러야 합니다. 문학 속의 인물 속에서 수급자와 수혜자의 역할을 간접적으로 체험하게 하여 각자의 가치관을 확장시키고 변화시킬 수 있습니다.[24]

　　학교 안에서 학교생활을 하며 그들의 정체성을 드러낼 수 있는 다문화적 환경이나 국제 이해교육에 대한 여건이 조성되어있지 않습니다. 이에 상응하여 다문화 가정 자녀들의 교육에 대한 대책 또한 미흡한 상황입니다. 이 문제를 해결하기 위한 학습 자료로서 초등학생들에게 가장 적합한 것은 재미있고 쉬운 동시나 동화입니다. 이 문학 작품을 통해서 외국문화를 이해할 수 있을 뿐 아니라 다문화 사회를 위한 가치들을 지도할 수 있습니다. 문학은 단순 설명이나 시각자료가 아닌 다양한 문화에 대해 동화와 이야기책 또는 심도 있는 활동을 통해 흥미 있고 생동감 있는 학습을 가능하게 합니다. 동시나 동화는 어린이들이 거부감 없이 수용할 수 있는 문학적 재미와 다문화 공동체에 대한 이해를 효과적으로 제공하는 기능을 가지고 있습니다. 김수영 시인이 「거대한 뿌리」라는 시에서 말했듯이 타문화나 타인종과의 관계가 아무리 추하고 더럽다 하더라도 문화적 교류를 통해서 우리 문화가 긍정적인 방향으로 발전하였다는 긍정적 시각은 다문화 사회에 대한 중요한 시사점을 던져줍니다.[25] 문학을 통한 평화교육은 다른 문회를 이해하는 교육뿐만 아니라 문화나 인종, 사회적 위치 등에 대한 편견을 줄일 수 있으며 세계 시민으로서의 기본적인 소양, 태도를 기를 수 있을 것입니다. 삶은 자신을 위한 것이지만 타인과 더불어 나누면 자신에게 더 큰 행복과 평화를 만들어 줍니다.

주

1) 초등학교 5학년 1학기 읽기 2단원 정보의 탐색, p. 47-53.

2) 김태승, 학생이해와 감정 다루기, 서울특별시교육연수원,

    2013 초등행복교육 학생이해와 상담 직무연수.

3) 광성초등학교 교사대상 평화감수성 교육_07190720.jpg (66.9 KB, Download:15).

4) 고병헌, 『평화교육사상 교육의 역사와 철학 시리즈』, 학지사(2006), p.30.

5) 김병연, 「평화교육 교수학습체계에 관한 연구」, 윤리철학교육 제15집(2011), p.55-78.

6) M. 해리스 · 메리 L. 모리슨, 『평화교육: 미래를 위한 교육 세계를 위한 비전』,

    박정원 옮김, 오름(2011), p.194.

7) 앞의 책, p.210-211.

8) 윤명자, 「이중언어강사를 위한 다문화교수 학습자료 개발 및 평가」, 석사학위논문,

    서울교육대학교(2012).

9) M. 해리스 · 메리 L. 모리슨(2011), 『평화교육: 미래를 위한 교육 세계를 위한 비전』,

    박정원 옮김, p.310-311.

10) 김종상, 초등학교 5학년 1학기 읽기, 1단원 문학의 즐거움, 2013, p.10-11.

11) 유희윤, 『내가 먼저 웃을게』, 아동문예(2000).

12) 정진숙, 초등학교 4학년 2학기 읽기, 1단원 감동이 머무는 곳, 2013, p.8-9.

13) 동아일보(2011. 11. 21), 외국인 유학생 10만 시대−추악한 제노포비아−왕따시키는 캠퍼

    스−백인에겐 손 내밀고−흑인에겐 안면 싹 바꿔, 손효주 · 정윤철 기자.

14) 김소윤, 초등학교 4학년 2학기 듣 · 말 · 쓰 7단원 삶의 향기, 2013, p.116-121.

    김소윤, 『꽃에게 별에게』, 아동문예사(2000).

15) 박윤규, 『팥죽할멈과 호랑이』, 시공주니어(2005).

16) 안데르센, 『미운 오리 새끼』, 윤철수 옮김, 양우당(2009).

17) 초등학교 3학년 2학기 읽기, 6단원 서로의 생각을 나누어요, p.109~111.

18) 김종헌, 『다문화사회를 위한 아동문학』, 아동문학평론(2011), 36(1), p.64.

19) 요한 갈퉁, 소극적 평화와 적극적 평화, 사람, 평화를 말하다, 게릴라 평화프로젝트(2011).

20) 에련 블레이비 글·그림, 『성격이 달라도 우리는 친구』, 김현좌 옮김, 세용(2009).

21) 『일본 초등학교 1학년 교과서선(상), 박정근 옮김, 2013.

22) 트리나 폴러스 글·그림, 『꽃들에게 희망을』, 김석희 옮김, 시공주니어(2005).

23) 모경환·차경수, 『사회과교육』, 동문사(2008).

24) 전명희, 「아동, 청소년문학 속에 나타난 다문화사회」, 아동문학평론(2011), p.36(1), 93.

25) 김수이, 「다문화시대의 문화교육과 국어/문학교육」, 우리말글학회, 42집(2008),
    p.181-202.

교류를 통한 평화
―앎, 사랑! 그리고 평화

임기식

교류를 통한 평화
―앎, 사랑! 그리고 평화

풀꽃

자세히 보아야 예쁘다
오래 보아야 사랑스럽다
너도 그렇다

— 나태주

우리가 살아가면서 모르는 사람을 만날 때 처음엔 서로 경계하고 어려워합니다. 그런데 서로 자세히 보고 이야기 하다 보면 서로의 좋은 점과 장점을 알게 됩니다. 이렇게 오래도록 보고 만나다 보면 서로 사랑하게 되고 자연스럽게 평화로운 관계가 됩니다.

우리나라와 중국 사이에도 오래전부터 서로 관계를 맺어오면서 위 풀꽃이란 시처럼 서로 자세히 보고 오래 보면서 서로의 관계를 돈독히 할 때는 평화롭게 지냈습니다. 그러다 어느 한 쪽이 조금 덜 보거나 자기만의 관점에서 바라 볼 때는 서로의 관계가 평화롭지 못하고 어려워지는 상황이 되었습니다. 이 장에서는 금강산과 중국 · 일본을 방문하면서 알게 되고 사랑하며 만들어진 평화로운 마음에 대한 이야기를 하고자 합니다.

10월 어느 멋진 날의 금강산

금강산 관광이 금지된 지도 몇 년이 흘렀습니다. 그런데 요즘 금강산 관광을 다시 허용하기 위한 회의를 하자고 북쪽에서 제안 했다고 합니다. 남북한 당국자간의 회의가 좋은 결과를 맺어 예전처럼 금강산 관광을 자유롭게 할 수 있게 되어서 10월 금강산의 멋진 단풍과 어우러진 모습을 보면 좋겠습니다.

금강산 관광은 1998년 11월 18일 현대 금강호가 첫 출항을 하면서 시작되었습니다. 금강호가 첫 출항을 하기 위해 10년 전인 1989년 1월 24일 정주영 명예회장이 첫 방북을 하여 금강산관광 및 시베리아 공동개발의정서를 같은 해 1월 31일에는 금강산 관광개발 의정서를 평양에서 체결하였습니다. 1998년 6월 16일에 정주영 명예회장이 소떼몰이 방북을 하여 금강산 관광에 대한 분위기를 만들고 10월 30일에 김정일 국방위원장 면담을 11월 18일 현대 금강호가 첫 출항을 하면서 역사적인 금강산 관광이 시작되었던 것입니다. 금강호로 시작된 금강산 관광은 보다 많은 인원이 금강산을 관광할 수 있도록 2003년 9월 육로를 통한 관광도 가능하게 되었습니다. 2005년 6월 8일에는 '금강산관광 100만 명 돌파' 기념 열린음악회가 얼렸고 2005년 8월 31일에는 이산가족면회소가 착공되었습니다. 2006년 9월 14일에는 금강산관광 항공이용이 실시되었고 2007년 4월 13일에는 금강산 택시 스타렉스 1대 도 투입되게 되었습니다. 2007년 6월 1일에는 내금강관광이 시작되었고 10월 4일에는 역사적인 남북정상회담을 하게 되었습

고 정주영 현대그룹 명예회장의 소떼몰이 방북(1998년)

정주영 회장은 열일곱 살 때 지독한 가난에서 벗어나고자 가출을 했습니다. 그는 독립을 위해서는 돈이 필요했기에 아버지가 누이를 시집보내려고 소를 팔았던 돈을 훔쳤습니다. 소떼는 아버지에 대한 불효를 몇배로 보답하고 싶은 생각에 비롯된 것이라고 생각할 수 있습니다. 정주영 회장은 2번에 걸쳐 소 1,001마리를 북한으로 이끌었습니다. 1,001마리라고 해서 이상하게 생각하시는 분들도 많을 텐데 정 회장도 처음에는 '1,000마리'를 생각했지만 한 마리를 추가함으로써 지속적으로 지원을 하겠다는 의지를 나타낸 것입니다. 황소외교라고도 했던 이 소떼몰이를 통해 평화통일에 기여하려는 정 회장의 애국심을 느낄 수 있습니다. 중국과 미국이 탁구를 통한 핑퐁 외교로 서로의 마음을 열기 시작한 것처럼 지금의 남북 관계도 서로가 공감하며 다가갈 수 있는 방법을 만들어 평화로운 한반도가 되기 위한 노력이 필요한 때라고 생각됩니다.

니다. 2007년 12월 5일에는 개성관광도 시작하게 되었습니다. 2008년 3월 17일에는 금강산 승용차 관광도 시작되었는데 불행하게도 2008년 7월 11일 금강산 관광을 온 관광객이 피살되면서 금강산 관광이 중단되게 되었습니다.

지금은 가고 싶어도 가기 어려워진 금강산 관광이지만 앞으로 언젠가는 다시 금강산 관광이 자유롭게 되리라 생각하면서 지난 2004년 10월의 어느 멋진 날 금강산을 보고 느낀 점을 이야기 하며 지속적으로 평화로운 한반도가 되기를 기원합니다.

10월 멋진 날 이른 아침 우리들은 금강산 관광을 위해 수원의 집결지에 모였습니다. 모인 사람들 모두 금강산을 갈 수 있다는 들뜬 마음에 얼굴에는 웃음꽃이 피었습니다. 관광버스는 수원 톨게이트를 지나 강원도 고성 부근에 있는 민통선 내 출입국 사무소 앞에 도착하였습니다. 가져온 휴대폰은 모두 수거하였고 버스도 갈아탔습니다. 여기까지는 우리가 강원도에 수학여행 온 기분이 들 정도로 비슷한 과정이었습니다. 그러나 DMZ를 지나 북한측 출입국관리소를 통과하여 군사분계선을 넘으며 주변을 돌아봤습니다. 아름다운 자연환경을 보면서 이곳을 지나기가 이토록 어려웠었나 다시금 생각하게 되었습니다. 북한측 민통선을 지나는 순간부터 금강산 관광구역까지 2차선 정도의 도로 좌우는 철책선으로 둘러 막혀져 있었습니다. 도로 좌우의 철책너머 200에서 300미터 간격마다 북한측 군인이 한 손에 붉은 깃발을 들고 우리를 감시하고 있었습니다. 이동 중에 사진촬영을 막기 위함이라고 안내원이 설명해 주었습니다. 만일 사진 촬영을 하다가 발각되면 버스를 세우고 사진을 찍은 사람은 조사를 받아야 한다고 하니 주변 환경은 우리의 눈으로만 감상하여야만 했습니다. 한 시간 정도 후 버스는 나무가 울창한 숲을 거슬러 올랐는데 이제 금강산 관광 지구에 들어섰구나 하는 느낌이 절로 왔습니다. 우리는 온천 빌리지에 묶었습니다. 컨테이너를 개조해 만든 숙소였는데 컨테이너 하나에 하나의 방이 있고 5~6명이 한 숙소를 사용하였습니다. 우리나라 각 지역에서 온 사람들과 서로 인사를 하고 금강산에 온 감회를 이야기 나눴습니다. 이렇게 가깝게 올 수 있는 곳이었는데 여기에 오기까지 반세기가 흘렀다니 정말로 분단의 아픔을 다시 한번 느끼게 되었습니다. 우리 후손들에게는 이런 아픔이 계속되지 않았으면 좋겠다는 기원과 생각을 하게 되었습니다.

저녁에는 평양 모란봉기예단의 서커스 관람을 보았습니다. 고난이도의 기술을 척척 해내는 모습을 보면서 관람객 모두는 힘찬 박수로 답례를 했습니다. 다음날 금강산 등산으로 구룡폭포, 만물상, 삼일포 등을 둘러보았습니다. 곱게 물든 단풍과 빼어난 만물상은 우리 일행의 감탄이 절로 나오게 했습니다. 다음엔 부모님을 모시고 함께 다시 와야겠다고 다짐하며 왔는데 아직 그 때의 다짐을 지킬 수가 없습니다. 다시 남북한 대화가 잘 되어 올해는 10월의 멋진 날에 부모님과 함께 금강산의 풍광을 즐길 수 있기를 기대해 봅니다.

우리와 더욱 가까워진 중국

불과 25년 전만 해도 우리 같은 평범한 사람이 중국에 간다는 것은 대단한 뉴스였습니다. 대학 3학년 때 학교 신문사에 있는 후배가 중국을 방문한다고 했습니다. 아직 중국과 우리나라가 수교를 한 상태가 아니기 때문에 우리들 사이에서는 대단한 이야기였고 중국을 방문한 후 만리장성을 배경으로 찍은 사진은 우리들의 부러움의 상징이었습니다. 그런데 25년이 지난 지금 우리나라의 대통령이 국빈 자격으로 중국을 방문하여 융숭한 대접을 받고 있다는 뉴스를 접하면서 서로 적대국이라 여기며 지내던 나라가 어느덧 서로의 동반자의 관계가 되었고 서로의 평화를 위해 노력하는 사이가 되었습니다. 이런 관계가 되기까지의 과정을 알아보기로 하겠습니다.

중국은 1949년 정부를 수립한 후 모든 친미국가를 적성국으로 간주하는 외교정책을 펼쳤습니다. 또한 중국의 한국전쟁 참전으로 한국과 중국은 거의 30년 동안 단절의 벽을 쌓고 지냈습니다. 그러다 70년대 초 미국과 중국의 화해 무드로 한반도 주변정세에 변화가 일자 한국은 73년 6·23선언을 통해 비적대적인 국가에 문호를 개방하겠다고 선언하고 이념과 체제에 관계없이 모든 공산국가들과의 관계개선을 추진하였습니다. 이어 1978년 중국이 제11기 제3차 전인민대회에서 개혁실용주의를 채택하고 대외개방정책을 추진함으로써 한국과 중국관계의 우호가능성이 싹트기 시작하였습니다. 70년대에 삼각무역 등 제3자를 통하여 간접적으로 교류를 해오던 중에 83년 5월 중국민항기가 피랍돼 한국의 춘천에 불시착하는 사건이 발생했습니다. 이 사건을 계기로 양국 정부관계자들이 접촉하게 됐었는데 이는 한국과 중국 간에 최초의 공식대면이 됐습니다. 이후 양국은 체육, 관광, 이산가족, 친척방문 등 비정치적인 영역에서 교류를 시작하였습니다.

1986년 서울 아시아경기대회에 중국이 대규모 선수단을 파견하여 두 나라 관계의 중요한 전환점이 이루어졌으며, 1988년 서울올림픽과 1990년 북경 아시아경기대회에서도 서로의 선수단 교류가 있었습니다. 이렇듯 대한민국과 중화인민공화국은 1980년대 말이 되면서 자유롭게 상호 방문을 허락하여 학술, 언론, 특히 이산가족 교류가 가능해졌습니다. 1990년에 들어와서 양국은 영사기능의 일부를 수행하는 무역대표부 설치에 합의하여 새로운 교류의 이정표를 마련하였으며 1992년 8월 24일 베이징에서 한중수교 공동성명에 서명함으로써 두 나라 관계의 새 장을 열었습니다. 이후 한국과 중국은 활발한 경제·문화·사회 교류를 이어왔으며 2001년 중국은 우리의 제2위 수출대상국, 최대 투자대상국으로 부상했습니다.[1]

대한민국의 대對 중국 수출은 1341억 8500만 미국 달러, 중국의 대對 대한민국 수출은 864억 3223만 미국 달러 각2011년 에 달하여 중화인민공화국은 대한민국에 있어서 제1의 수출·수입국입니다. 모두 2,704,994명 재외국민 369,026, 시민권자 2,335,968 의 한민족들이 중국에 거주 2010년 12월 기준 하고 있습니다. 이들 한민족들, 특히 중국 지린성 옌볜 조선족 자치주의 한민족들 조선족 은 대한민국과 활발히 교류하고 있습니다.

또 양국 사이에는 대한항공이 중국 내 20개 도시에서 26개 노선을, 아시아나항공은 22개 도시 30개 노선을 각각 운항 중입니다. 2010년 8월 대한항공은 83%, 아시아나는 83.6%의 탑승율을 기록했습니다. 8월 한 달 동안 각각 35만 2천 명과 29만 4천 명의 탑승객을 운송하고 있습니다.

2012년 8월 수교 20주년을 맞았고 2013년 6월 대한민국의 박근혜 대통령이 베이징시를 방문하여 중화인민공화국의 국가주석 시진핑과 정상회담을 가지며 상호 우호 증진과 경제 발전을 위한 관계를 돈독히 했습니다. 이렇듯 한국과 중국과의 관계는 서로 밀접한 관계를 맺고 있습니다. 이렇게 서로 밀접한 관계가 되기까지는 작은 교류와 만남들이 하나하나 쌓이면서 이뤄졌습니다. 이에 이러한 작은 만남들을 소개하고자 합니다.

2008 베이징 올림픽이 열리기 보름 전 우리는 중국을 방문했습니다. 중국의 천진과 우리나라 인천의 첫 글자를 따서 만든 천인호를 타고 갔습니다. 인천과 중국을 오가는 천인호는 26,463톤으로 900여 명의 승객과 선원이 함께 탈 수 있는 배로 안에는 식당과 목욕탕을 비롯한 다양한 편의 시설들이 있었습니다. 인천을 출발하여 함께한 일행들과 다양한 이야기와 놀이를 했습니다. 그 중 가장 기억에 남는 것은 한국과 북한 중국 바다가 함께하는 갑판 위에서 축구를 했던 일입니다. 편을 나눠 신나게 축구를 했는데 그만 공이 바다에 풍덩 빠졌습니다. 파도가 높게 쳐서 공을 가져올 수는 없었지만 그 공이 흘러 흘러 육지에 닿으면 누군가 그 공을 가지고 놀거라 생각하며 이것 또한 작은 만남의 시작이 되어 서로의 평화를 유지하는 데 도움이 되었으면 하는 기원을 해 보았습니다. 천인호는 하루 동안 서해를 가로질러 천진항에 도착하였습니다. 조금은 낯선 풍경이었지만 우리를 포함한 한국 사람들과 중국 사람들이 입국심사를 받고 중국땅을 밟게 되었

습니다. 우리는 버스를 타고 차창 밖으로 펼쳐지는 평화로운 들녘의 다양한 풍경들을 보며 북경으로 갔습니다. 먼저 북경올림픽 수영장을 보았습니다. 물방울 모양의 수영장 모습이 인상적이었습니다. 방송센터 건물을 보며 올림픽이 열리면 저기에서 세계 각 국으로 올림픽 경기모습을 보내며 평화의 전도사 역할을 하겠구나 생각을 했습니다. 789예술 특구에서는 중국의 다양한 예술가들의 작품을 볼 수 있었습니다. 버려진 공장들이 예술가들의 손을 거치니 또 하나의 멋진 장소가 됨을 느꼈습니다. 다음으로 프랑스 건축가 폴 앙듀르가 설계한 베이징 국립대극장을 갔습니다. 천안문 부근에 위치한 대극원은 7년에 걸쳐 온갖 우여곡절을 겪으며 30억 위안을 들여 2416석의 오페라 극장. 2017석 규모의 콘서트홀 1040석 규모의 연극 무대가 돔 안에 배치되어 있습니다. 부활을 상징하는 '알' 이라는 모티브의 티타늄으로 만들어진 외관은 기둥이 없는 건축물 인데 축구장 4배 크기라고 합니다. 요즘 한류가 인기를 누리고 있습니다. 한류스타들도 베이징 국립대극장에서 공연을 하여 서로의 문화를 이해하며 서로에 대해 조금씩 더 알아갈 수 있는 기회가 주어지면 평화로운 관계를 이루는데 도움이 되겠다는 생각을 해 봅니다. 석양이 물드는 국립대극장을 뒤로하고 북경역으로 갔습니다. 역에는 수많은 사람들이 있었습니다. 중국 각지로 가기 위해 모인 사람들 속에 우리도 내몽고 호화호특으로 가기위해 기차를 탔습니다. 장거리 기차 여행이다 보니 침대칸에 탔습니다. 6인용 칸이었는데 좁은 공간이었지만 짐을 놓고 잠을 잘 수 있도록 아기자기하게 잘 꾸며져 있었습니다. 차와 함께 생활하는 중국 사람들을 위해 뜨거운 물이 준비되어 있어서 우리는 가져온 컵라면을 먹었습니다. 한참을 달려 여명이 터오는 창밖을 보며 호화호특에 도착했습니다. 내몽고의 수도답게 호화호특은 인구 197만 명의 대도시였습니다. 호화호특은 여름이 짧고 겨울은 긴데 여름에도 습하지 않아서 그늘에만 있으면 시원하였습니다. 시내를 지나 내몽고 사막으로 향했습니다. 고비사막이었는데 사막의 모래가 정말 고왔습니다. 이렇게 모래가 고우니 바람을 타고 매년 우리나라까지 날아올 수 있겠다는 생각을 하게 되었습니다. 사막 위에서 낙타를 타고 모래 썰매도 탔습니다. 모래 언덕 위에서 아래로 내려갈 때의 기분은 눈쌓인 언덕에서 내려오는 분위기와 비슷했습니다. 초원에서는 말을 탔습니다. 드넓은 초원에서 말을 타며 우리 조상들도 먼 옛날 이렇게 말을 타고 달렸겠구나 생각하며 우리들의 작은 방문이 이곳 주민들에게 도움을 주고 서로에 대해 조금씩 알게 되며 이해하게 되면서 평화는 유지될 수 있겠구나 생각을 하게 됩니다.

　지난 여름에는 서안을 방문했습니다. 실크로드의 출발점이었고 중국의 옛 수도였던 곳입니다. 진시황릉 병마용갱이 있는 이곳에 박근혜 대통령도 올해 방문했습니다. 병마용 갱을 방문할 때는 최고의 귀빈 대우를 받으며 관광을 했습니다. 우리나라 삼성이 새로운 공장을 이곳에 세우고 있다고 합니다. 우리의 기업이 이곳 서안에 공장을 세우게 되면 이곳 주민들도 일자리가 생겨서 소득 수준이 올라갈 수 있어서 중국 정부에서도 적극적으로 도움을 주고 있습니다. 우리의 기술자들이 이곳에 오고 이곳 주민들이 새로이 만들어지는 공장에서 일을 하고 새로운 제품을 만들어 내면 평화라는 부수적인 제품은 저절로 만들어진다고 할 수 있습니다.

실크로드 거상 행렬상 앞에서

장안문을 뒤로하고

한일 문화교류를 통한 상호 이해

일본을 우리는 '가깝고도 먼나라' 라고 많이 표현합니다. 비행기로 한두 시간이면 갈 수 있는 아주 가까운 나라이지만 여러 가지 역사적 사실로 인해 두 나라 사람 사이에 좋지 않은 감정이 많이 있습니다. 그러나 이번 한일 문화교류를 통해 서로를 이해하게 되면서 상호간에 닮은점이 많고 서로를 이해하게 되는 데 많은 도움이 되었습니다.

초중고 학교 방문을 통해 예의 바른 일본 학생들을 보게 되었습니다. 우리 문화를 알리는 수업을 통해서는 열심히 수업에 참여하는 일본 학생들의 모습에서 우리의 학생들과 다르지 않다는 느낌을 받았습니다. 홈비지트 활동을 통해서는 우리의 대가족 제도의 모습과 너무도 닮은 일본의 대가족의 모습을 볼 수 있었습니다. 자상하고 인정 넘치는 할아버지, 할머니의 모습을 볼 수 있었습니다. 손수 만드신 정성어린 음식을 더 먹으라고 권하시는 모습은 우리의 할머니 모습이었습니다. 서로의 말은 달라도 생활하는 모습은 너무나도 닮은 모습이 많았습니다.

한일문제가 해마다 이슈가 되어 보도되고 있지만 일본의 평범한 사람들은 대단한 관심거리로 생각하고 있지 않았습니다. 대부분의 사람들은 이웃집 삼촌이나 친구처럼 이웃 나라와도 함께 평화로이 살아가길 원하고 있었습니다. 이에 이번 한일 문화교류 과정을 사진을 통해 살펴보겠습니다.

● 1월 16~17일 수, 목요일

❶ 개회식 및 강의
❷ 오리엔테이션
❸ 환영교류회 만찬

● 1월 18일 금요일

❶ 아다치구립 오키오토오–기
　가쿠엔 학교
❷ 수업교류 1
❸ 수업교류 2

● 1월 18일 금요일

❹ 수업교류 3
❺ 수업교류 4
❻ 수업교류 5

● 1월 19일 토요일

❶ 하코네 문화체험 1
❷ 하코네 문화체험 2
❸ 하코네 문화체험 3

● 1월 20일 일요일

❶ 호스트패밀리와 만남
❷ 홈비지트 1
❸ 홈비지트 2

● 1월 21일 월요일

❶ 고마츠시청 방문 1
❷ 고마츠시청 방문 2
❸ 아타카노세키 견학

● 1월 21일 월요일

❹ 시장, 교육장 예방
❺ 시교육센터 방문
❻ Dream Team 문화체험

● 1월 22일 화요일

❶ 고바쓰 신문에 난 Dream Team
❷ 이마에 초등학교 방문
❸ 이마에 학생들의 환영공연

❹ 스쿨송(We love 이마에)을
부르는 이마에
❺ 이마에 초등학교의 수업 모습
❻ 학생들과 함께

● 1월 23일 수요일

❶ 나타데라 사찰 견학
❷ 고마츠시립 고등학교 방문
❸ 고마츠시립 고등학교
방과후 수업(다도)

● 1월 23일 수요일

❹ 고마츠시 주최 환영회
❺ 아리랑 공연하는 Dream Team
❻ 우리는 모두 하나
　 고마츠시 & Dream Team

● 1월 24~25일 목, 금요일

❶ 고미츠 고리 견학
❷ 이타즈중학교 방문
❸ 이타즈중학교의 잘생긴 학생
　 (뱅께 역할)

"친구관계는 숲속의 오솔길과 같다. 숲속의 오솔길은 왕래가 없으면 잡초가 덮인다."는 말이 있습니다. 우리를 둘러싸고 있는 나라들과도 마찬가지라 생각됩니다. 서로 서로 작은 것부터 하나하나 교류하다 보면 서로에 대해 알게 되고 서로에게 도움이 되며 서로가 평화로운 관계를 유지할 수 있습니다. 우리들도 작은 것 하나부터 서로의 문화를 이해하려고 노력하며 주변에서 만나는 우리의 동포나 중국사람, 일본사람뿐만 아니라 다른 여러 나라 사람들에게 작은 친절 하나를 배풀 수 있는 마음의 자세를 가지고 실천하면 서로 평화롭게 공존하며 함께 살아 갈 수 있는 관계가 되리라 생각합니다.

평화를 유지한다는 뜻에서 유래한 pay [2)]

중세 때 신체에 상해 가하는 '복수'가 법으로 금지되자

돈으로 보상하고 평화 유지

지급한다는 뜻의 'pay'는 '평화 peace를 유지한다'라는 뜻에서 비롯됐습니다. 평화는 라틴어로 'pax'이다. pax를 유지하는 행동이라고 해서 평화에 대한 금전적 지급을 pay라고 했습니다.

중세 초기, 북유럽에서는 복수가 중요한 문화였습니다. 아이슬란드의 서사시 '냘의 사가 Njal's Saga'에 좋은 예가 있습니다. 두 친구가 술을 마시던 중 한 명이 "당신 아들은 수염이 잘 안 자란다"라고 말한다. 수염은 남자의 상징이기 때문에 대단한 모욕이다. 두 집안 사이의 복수극이 전쟁으로 이어져 결국 아이슬란드 주민이 전멸하고 만다. 이런 내용은 당시 북유럽 문학에 상당히 흔히 등장하는데, 그만큼 복수 전쟁은 보편적이고 피해가 심각했습니다.

5~10세기에 기독교가 영국에 전파되면서 로마법도 같이 들어왔고, 이런 법 체계는 북유럽으로 퍼졌습니다. 그런데 로마법은 복수로 사람을 상해하는

것을 불법으로 규정했습니다. 복수는 해야겠는데, 이것이 법적으로 금지되니 뭔가 해결책이 필요했습니다. 고민 끝에 예외적인 경우에만 적용하던 관습 하나를 법으로 만들었습니다.

이 관습은 추장이나 법관의 재량에 따라 육체적 정신적 물질적 피해를 돈으로 보상할 수 있도록 한 것이었습니다. 7세기, 영국 옆 나라 아일랜드의 경우 '왕에게 모욕을 준 사람은 목숨 대신 소 21마리로 갚을 수 있다' 는 법이 있었습니다. 소 21마리를 pay 하면 빚이 청산되고 평화 pax 가 돌아왔던 것입니다. 이처럼 초기엔 분쟁의 해결과 평화유지를 위한 지급이라는 좁은 의미였지만, 지금은 서비스, 물건, 세금, 노동 등에 대해 돈을 지급한다는 의미로 확대되었습니다.

위의 예처럼 평화라는 것은 일정부분 서로의 노력과 비용이 들어갈 때 유지되는 것입니다. 우리와 적대국이었던 나라가 지금은 서로에게 매우 중요한 동반자의 관계가 되어 있듯이 서로 평화로운 관계가 유지 되기위해 작은 것 하나부터 하나 하나 서로 교류를 하고 상대방에게 도움을 줄 수 있는 것을 할 때 평화로운 관계가 되는 것입니다.

1) [네이버 지식백과] 한중수교(시사상식사전, 박문각, 2013)
2) 인문학으로 배우는 비즈니스 영어

갈등, 적이 아닌 친구로, 벽이 아닌 디딤돌로

갈등, 적이 아닌 친구로,
벽이 아닌 디딤돌로

갈등 충만한 사회

아파트에 살고 있는 인성이는 바로 위층에 새로운 이웃이 이사를 오고 난
이후부터 신경이 매우 날카롭습니다. 자꾸만 아이들이 쿵쿵 뛰어다니고,
밤늦은 시간에도 피아노를 치는 소리 때문에 집에서는 제대로 공부를 하거
나 잠을 자기가 힘들기 때문이죠. 몇 번이나 윗집에 찾아가서 어려움을 호
소하고 정중하게 부탁을 해보았지만, 상황이 그다지 나아지는 것 같지는
않습니다. 오히려 윗집은 윗집대로, 아이들에게 조심을 시키고는 있지만
활동성이 워낙 큰 시기의 아이들이라 무조건 조용히 시키는 데에는 한계가
있다며 어려움을 표하기도 합니다. 오늘날 한국사회에서 이런 층간소음은
빈번하게 일어나는 심각한 문제가 되었습니다. 층간소음으로 인한 이웃끼
리의 다툼이 수많은 민사소송 및 심지어 방화 및 폭력, 살인으로 이어지는
사건이 최근 일어나기도 했습니다.[1]

요즘 방송이나 신문에 종종 보도가 되고 중대하게 다뤄지는 또 다른
문제는 바로 학교에서의 '왕따' 문제입니다. 한 명을 여러 명이 지속적으
로, 의도적으로 괴롭히는 집단 따돌림은 많은 청소년들을 자살로까지 몰아
가고 있습니다. 비단 학교에서뿐만이 아니라 직장 등 여러 집단에서 왕따
문제는 빈번하게 일어나고 있습니다.

사실 비단 층간소음이나 왕따 뿐 아니라, 친구와의 다툼이나 가족간
의 불화, 자신이 살고 있는 지역에 쓰레기 처리장을 건설하는 것을 반대하
는 동네 주민과 정부의 충돌, 철도를 민영화할 것인가에 대한 다양한 의견

들의 충돌, 북핵 문제로 인한 긴장, 독도를 둘러싼 한일 분쟁, 르완다의 투치족과 후투족의 유혈분쟁 등, 충돌하는 입장이나 의견, 상황 등으로 인해 일어나는 다양한 '갈등'이 시시때때로 일어나고 있습니다. 어떤 진로를 선택할 것인가, 한 사건에 대해 나는 어떤 입장을 취할 것인가 등에 대한 내면의 고민 역시 일종의 갈등이라고 할 때, 우리는 갈등과 더불어 매일 매일의 삶을 살고 있습니다.

이처럼 갈등은 우리 삶의 일부로서, 우리가 맺고 있는 다양한 관계와 삶의 크고 작은 사건에 직접 영향을 미칩니다. 개인의 일상과 삶의 질, 나아가 관계를 통해 형성하고 있는 공동체 삶의 모습과 질은 갈등을 어떻게 다루는가에 따라 달라집니다. 따라서 갈등을 잘 다루고 해결하는 것은 개인과 공동체의 행복과 안녕에 가장 필요한 능력 중 하나입니다. 이것은 배우고 연습해서 기를 수 있는 능력입니다. 또한, 점점 더 복잡해지고 다원화되고 있는 현대 사회와 미래 사회를 살아가기 위해서 배우고 연습해야만 하는 능력입니다. 그렇다면 먼저 갈등이란 무엇인지, 좀 더 구체적으로 들여다봅시다.

갈등이 뭐길래

갈등이란

'갈등(葛藤)'이라는 단어를 한자어로 풀이해보면, '칡(葛)과 등나무(藤)'라는 뜻입니다. 칡과 등나무는 둘 다 다른 사물이나 나무를 감고 올라가면서 자라는데, 칡은 오른쪽으로, 등나무는 왼쪽으로 감고 올라간다고 합니다. '갈등'이란 칡과 등나무가 서로를 반대 방향으로 감고 올라가면서 복잡하게 얽히고 설킨 것처럼, '개인이나 집단 사이에 목표나 이해관계가 달라 서로 적대시하거나 충돌하는' 상태를 나타냅니다.[2] 즉, '서로 상치되는 견해·처지·이해 따위의 차이로 생기는 충돌'을 갈등이라고 하는 것이죠.

'갈등'에 해당하는 영어 단어로 'conflict'라는 단어를 자주 쓰는데, 'con'은 '함께, 서로'라는 뜻이 있고, 'flict'는 'strike', 즉 '치다'라는 뜻을 가지고 있습니다. 따라서 '함께 친다'라고 어원의 의미를 풀이하기도 하고, 'con(서로)' + 'flail(채찍)' + 'ictus(후려치기)', 즉 '서로에게 채찍으로 후려치는 것처럼 상처주기'로 풀이하기도 합니다.[3] '갈등'을 의미하는 또 다른 영어 단어인 'discord'의 어원은 'dis(아니다, 반대)' + 'cord(마음)', 즉 마음이 일치하지 않는다는 뜻입니다. '갈등'과 비슷한 단어들로는 대립·반목·다툼·충돌·항쟁·불화·분쟁 등이 있습니다.

어떤 갈등이, 대체 왜 생기는걸까?

그렇다면 갈등은 왜 일어나는 것일까요? 근본적으로 갈등은 개인, 또는 집단 사이에 반드시 존재하게 되는 '다름'에서 생깁니다. 각자의 믿음, 가치관, 의견, 관점, 이해관계, 소망, 생각과 감정 등이 다르기 때문이죠. 하지만 다르다고 해서 반드시 갈등으로 이어지는 것은 아닙니다. 각자 좋아하는 연예인이 다르다고 해서 친구 사이에 갈등이 반드시 생기는 것은 아니니까요. 그렇다면 다름이 갈등으로 이어지는 것은 언제일까요? 갈등의 원인에 따라 갈등의 유형을 다음과 같이 이해관계 갈등, 사실관계 갈등, 가치관 갈등, 구조적 갈등, 인간관계 갈등의 다섯 가지로 나눠볼 수 있습니다.[4]

첫째, 이해관계 갈등은 한정된 자원이나 권력을 나눌 때 생기는 갈등입니다. 대표적인 예가 바로 노·사갈등입니다. 회사의 경영자는 되도록 근로자들에게 적은 임금을 주고 오랜 시간 일하게 하고 싶어 합니다. 반면, 근로자들은 되도록 많은 임금을 받고 적은 시간 동안만 일을 하고 싶어 합니다. 즉, 한정된 돈과 시간을 근로자와 경영자 사이에 어떻게 분배할 것인가를 두고 갈등이 일어난 것이죠.

둘째, 사실관계 갈등은 사건, 자료, 말과 행동 등에 대해 사람마다 다르게 해석해서 생기는 갈등입니다. 예를 들어, 나는 아무 의도 없이 그냥 친구를 쳐다봤을 뿐인데, 친구는 "왜 나를 째려보냐"고 기분 나쁘게 받아들여서 다투게 되는 경우가 생기기도 합니다.

셋째, 가치관 갈등은 신앙, 신념, 문화의 차이 때문에 생기는 갈등입니다. 종교가 발단이 되어 오랜 시간 영토 분쟁을 겪고 있는 이스라엘과 팔레스타인이 한 예입니다.

넷째, 인간관계 갈등은 상대방에 대한 불신, 서운한 마음이나 분노와 증오 같은 부정적 감정, 오해, 효율적이지 않고 적절하지 않은 의사소통 등으로 일어나는 갈등입니다. 흔한 한 가지 예로 아내는 남편이 늘 일로 바빠서 가족을 소홀히 한다고 서운하게 여기고, 남편은 아내가 직장 생활의 고달픔을 이해해 주지 못한다고 화를 내면서 부부 관계가 멀어지는 경우를 들 수 있습니다.

　마지막으로, 구조적 갈등은 사회의 잘못된 제도, 관행, 모순, 차별적이고 억압적인 구조로 인한 갈등입니다. 예를 들어, 고부 갈등은 종종 아들만 귀하다는 남아선호사상에 뿌리하고 있습니다. 또 다른 예로 군대가산점, 즉 군대를 다녀온 남자들에게 사회생활을 할 때 가산점을 주느냐 마느냐를 둘러싼 갈등이 있습니다. 이 갈등은 남녀 차이에 대한 갈등이라기보다는, 남자면 무조건 군대에 가야 한다는 한국의 제도 때문입니다. 또 이 제도는 남북 대치 상황이라는 보다 큰 그림을 염두에 두고 이해해야 합니다. 그래서 딴지일보의 총수인 김어준 씨는 정치가 우리 삶의 스트레스의 주된 원인이라고 했죠.[5] 바로 이 때문에 우리는 사회의 구조적 문제에 관심을 가지고, 해결에 적극적으로 참여해야 합니다.

　사실, 갈등에는 여러 가지 원인들이 동시에 작용하는 경우가 많습니다. 예를 들어, 처음에 소개한 공동주택 층간소음 문제는 언뜻 보기에는 인간관계 갈등으로만 보입니다. 하지만 보다 근본적으로, 한 건물에 여러 세대가 살아야만 하는 주택의 구조는 도시화 때문입니다. 그리고 급격한 근대화와 산업화로 인한 공동체 붕괴가 또 다른 중요한 원인으로 작용하고 있습니다. 우리는 갈등을 단지 한 개인이나 집단의 문제로만 보고 그 개인이나 집단을 공격하고 비난하기가 쉽습니다. 하지만 이렇게 갈등을 둘러싼 다양한 원인들을 입체적으로 이해하면 갈등에 대한 접근과 해결이 달라질 수 있습니다.

갈등에 대한 오해와 이해 사이

갈등을 해결하는 첫걸음은 갈등에 대한 오해를 보다 폭넓은 이해로 바꾸는 것입니다. 갈등에 대한 새로운 시각은 갈등 해결의 과정을 시작하는 에너지로 보는 것입니다. 그렇다면 갈등에 대한 오해에는 어떤 것들이 있을까요? 여러분은 갈등에 대해서 지금까지 어떻게 생각해오셨나요?

갈등은 이상하다?

갈등은 뭔가 자연스럽지 않고 정상에서 벗어나 있는 상태라고 생각하는 경우가 많습니다. 하지만 갈등은 늘, 당연히 존재할 수밖에 없습니다. 갈등이 서로 다른 관점과 이해관계로부터 발생한다고 할 때, 이 세상에 존재하는 사람의 수만큼이나 다양한 생각과 입장이 존재하고, 그로 인한 차이 또한 당연히 존재하기 때문입니다. 게다가 다양한 개인과 공동체가 늘 그러한 입장 차이를 평화롭고 이상적인 방법으로만 해결하는 것은 아닙니다. 오히려 인간의 본능적인 이기심과, 인간관계와 집단의 복잡한 역동 때문에, 갈등은 서로 충돌하는 방식으로 드러날 때가 더 많습니다. 이처럼 평화나 조화는 쉽게, 당연히 이뤄지고 유지되는 것이 아니기 때문에, 오히려 갈등을 해결하고자 적극적으로 생각하고 행동해야 합니다.

갈등은 무조건 나쁘다?

갈등에 대해 부정적으로만 생각하기 쉽습니다. 나와는 다른 입장 · 관점 ·

가치관이 존재한다는 것 자체가 마음을 불편하고 당황스럽게 합니다. 또한 실제로 내 영역을 침해받고 타인과 대립하게 되면 부정적인 감정과 생각이 올라오게 됩니다. 종종 갈등이 다툼, 폭력 등 위협적인 방식으로 드러나고 부적절하게 다뤄지는 현실 또한 갈등에 대한 부정적인 인식을 부추겨 왔습니다. 갈등을 인정하고 해결하고자 노력하는 과정 자체가 엄청난 에너지를 필요로 하고, 그럼에도 불구하고 내가 원하는 방향으로, 내 마음에 흡족한 수준으로 갈등을 해결하기가 어렵다는 점, 원만한 갈등 해결을 위해서 내 관점과 입장을 잠시 내려놓고 양보하는 것이 쉽지만은 않다는 점도 갈등의 부정적인 면을 부각시킵니다.

하지만 정말 갈등은 나쁘기만 한 것일까요? 갈등은 갈등 당사자 뿐 아니라 이에 영향을 받는 개인, 집단, 그리고 사회 전체에 일종의 위기입니다. 그런데 '위기'는 위험한 고비이기도 하지만, 동시에 '기회'이기도 합니다. 과연 갈등이 어떻게 기회가 될 수 있을까요?

첫째, 갈등은 일단 나와는 다른 존재가 있다는 것을 직면하게 합니다. 그러면서 나 자신의 관점을 보다 객관적으로 보고, 상대방의 관점을 재평가하는 기회가 됩니다.

둘째, 갈등은 현재 존재하는 문제를 직면하게 합니다. 모순이나 오해 등이 겉으로 드러나면서, 더 이상 문제를 묵인하거나 방관하는 대신, 보다 적극적으로 해결하고 다루는 출발점이 됩니다. 또한 그동안 억눌려왔던 약자가 자신의 목소리를 낼 수 있는 기회가 되기도 합니다.

셋째, 문제 해결의 과정과 결과를 통해 갈등은 관계나 공동체를 더 발

전하게 하는 전환점이 됩니다. 표면적인 문제 이면의 근본 원인들을 재평
가하고, 더욱 합리적이고 공평하고 평화로운 관계·구조·문화로 바꾸도
록 노력하는 기회가 됩니다.

넷째, 갈등을 해결하는 과정에서 개인과 집단의 갈등해결 능력이 발
달합니다. 앞으로도 당연히 발생할 각종 갈등들을 보다 합리적으로, 효율
적이고 효과적으로, 협력적으로 대처해 나갈 수 있는 능력이 생깁니다.

갈등은 덮어두는 게 좋다?

할 수만 있다면 갈등을 굳이 다루지 않고 없는 것처럼 덮어두고 지내는 것
이 낫다고 생각하기도 합니다. 갈등을 직면하는 것이 불편하고 부담스럽
고, 갈등을 해결하는 데에 많은 노력과 에너지가 필요하기 때문입니다. 특
히, 한국 문화에서는 체면을 중요시하고, 갈등을 일으키는 것은 그 사람의
인격에 문제가 있기 때문이라고 여기곤 합니다. 따라서 '좋은 게 좋은 것'
이므로 웬만하면 문제가 있어도 참거나 모르는 척 넘어가는 것이 미덕처럼
여겨지기도 합니다. 여기에는 부모님, 선생님, 직장 상사 등 나보다 높은
지위에 있거나 권력을 가지고 있는 사람들의 의견에 순종하는 것이 옳다는
권위주의적인 문화도 한 몫을 하고 있습니다.

하지만 갈등을 묵인하거나 방관한다고 해서 갈등이나 갈등의 원인이
없어지는 것은 아닙니다. 겉으로 드러나지 않을 뿐 문제는 해결되지 않은
채 그대로 남아 있습니다. 오히려 불만과 오해, 불신은 점점 심해져서 나중
에 훨씬 더 폭력적이고 부정적인 방식으로 터져 나오기가 쉽습니다. 몸에

상처가 났을 때 못 본 척 하면서 덮어두면, 고름이 나고 상처가 점점 더 악화되어 나중에는 큰 수술을 해야만 하는 지경에 이를 수 있습니다. 하지만 상처가 났을 때 상처를 인정하고 바로 약을 바르거나 병원에 가서 치료를 받는 등 적절한 조치를 취한다면, 그냥 둬서 문제를 키우는 것보다는 상대적으로 훨씬 적은 고통과 수고만으로도 상처를 낫게 할 수 있는 것과 마찬가지입니다.

무조건 빨리 해결해야 한다?

갈등이 일어나면 수단 방법을 가리지 않고 어떻게 해서든지 빨리 해결하는 것이 낫다고 생각하는 경우도 있습니다. 겉으로 보기에는 바로 앞에서 말한, 갈등을 그냥 덮어두기만 하는 것과는 반대의 생각처럼 보입니다. 하지만 갈등을 나쁜 것으로만 여긴다는 점에서 서로 비슷합니다.

갈등을 조금이라도 더 빨리 해결하고자 하는 의지와, 이에 따르는 적극적인 노력은 갈등 해결에 꼭 필요합니다. 하지만 '갈등 제거'라는 목적에 급급해서 올바른 절차와 과정을 거치지 않으면, 갈등이 심해지거나 또다른 문제가 발생할 수 있습니다. 예를 들어, 학교 왕따 문제를 해결하는데 있어서, 표면적으로 봤을 때 빠른 해결을 위해서, 가해자들을 처벌하는 것에만 급급하다면 어떨까요? 처벌을 받은 학생들이 더 크게 앙심을 품게 되어 왕따를 당했던 학생은 오히려 더 심한 왕따를 당할 수도 있고, 다른 친구들까지 잃게 될 수도 있을 것입니다. 갈등이 없어진 최종 상태도 중요하지만, 갈등을 해결하는 과정이 더 중요합니다. 갈등의 특성상 해결 과정이 얼마나 적절한지에 따라 목표 달성의 성공 여부가 달라집니다. 때로는 갈등을 해결하는 데 시간이 많이 걸리기도 하고, 많은 에너지와 비용이 들기도 합니다. 하지만 익숙하고 편리한 방법보다는 옳은 방법으로, 모두가 장기적으로 만족할 만한 결과를 찾는 것이, 결국 더 효율적이고 효과적인 갈등 해결 방법입니다.

우수한 갈등 해결 사례로 꼽히는 오스트리아 빈의 국제공항 건설과 관련한 갈등 해결에는 7년이나 되는 시간이 걸렸습니다. 이 갈등 해결에 주도적 역할을 했던 토마스 프라다 박사가 인터뷰에서 했던 다음의 말은 시사하는 바가 큽니다. "서로 인정하는 신뢰의 관계를 형성하기 위해 준비하는 데만 1년이 필요했습니다. …… 가장 기초적인 것이 가장 중요한데, 그것이 잘못되면 모든 것이 쓸모없게 됩니다. 때문에 첫 해에는 서로 만나 이야기하면서 이해의 폭을 넓히는 데 주력했습니다. 항공소음이나 활주로 이야기는 아예 꺼내지도 않았습니다."[6]

결론: 갈등의 가치 및 갈등 해결의 효과

우리는 항상 기쁨, 신명, 안정감 등 소위 긍정적인 감정만 느끼며 살 수도 없고, 그럴 필요도 없습니다. 오히려 슬픔, 분노 등 다양한 감정들을 느끼면서 살 때 더욱 인간답고 풍부한 삶이 됩니다. 항상 기쁘기만 하다면 오히려 기쁨의 의미가 퇴색될 지도 모릅니다. 슬픔이 있기에 기쁨이 더욱 소중하고 강렬하게 느껴집니다. 음식의 다양하고 깊은 풍미 역시 신맛, 짠맛, 고소한 맛, 쓴 맛 등 여러 가지 맛들이 어우러질 때 만들어집니다. 항상 단

음식만 먹는다면 단 음식이 더 이상 맛있게 느껴지지 않을 지도 모릅니다. 그림을 그리는 데 밝은 색만 사용한다면 어떨까요? 어두운 색을 적절히 함께 사용할 때 더 근사하고 멋진 예술 작품이 탄생합니다. 갈등 역시 인간 삶의 자연스러운 일부입니다. 갈등은 무조건 피해야만 하는 '문제' 라기 보다, 오히려 자신에 대해, 상대에 대해, 공동체에 대해, 인간 존재에 대해, 사회와 역사에 대해 새로운 관점에서 바라보고 고민할 수 있는 '기회' 가 됩니다. 또한 관계와 공동체가 질적으로 발전하는 계기가 됩니다. 갈등을 적이 아닌 친구로 삼을 때, 갈등은 관계와 공동체의 안녕과 평화를 가로막는 '장벽' 이 아닌, 도약을 위한 '징검다리' , '발판' , '디딤돌' 이 됩니다.

중요한 것은 갈등 자체가 아닌, 갈등에 어떻게 반응하고 해결할 것인가 입니다. 갈등에 어떻게 대처하는가에 따라, 갈등 악순환의 수렁에 빠질 것이냐, 아니면 오히려 더 큰 '우리' 를 창조하고 더불어 성장할 것이냐가 결정됩니다. 또한, 일상 속에서 꾸준히 체력을 키우고 건강을 돌보듯이, 갈등 역시 개인의, 혹은 집단의 건강을 위해 꾸준히 '관리' 해야 합니다. 그렇다면 갈등이 생겼을 때, 어떻게 대처하고 해결해 나가야 할까요?

갈등 해결

갈등을 해결한다는 것은 어떤 의미일까요? 다시 말해, 갈등을 해결하는 목적, 혹은 목표는 무엇일까요?

갈등과 반대되는 단어들을 몇 가지 떠올려 보세요. 어떤 단어들이 떠오르시나요? 한번 써 보세요.

그 단어들의 공통점은 무엇인가요? 세 가지만 써 보세요.

1 --

2 --

3 --

여러분들이 방금 쓴 내용을 염두에 두고, 먼저 갈등을 해결하는 여러 가지 방법들을 살펴봅시다.

갈등을 푸는 세 가지 방법

갈등 해결 방법들은 힘에 의한 갈등 해결, 법과 규칙에 의한 갈등 해결, 그리고 대화를 통한 갈등 해견의 세 가지로 나눌 수 있습니다.

첫째, 힘에 의한 갈등 해결 방법은 상대방을 위협하거나 강요하거나 불이익을 주는 등, 물리적 · 정신적 힘을 사용해서 한 입장을 밀어붙이는 것입니다. 강자의 무자비한 승리에는 반드시 약자의 패배가 따르게 되므로, 일방적인 희생을 강요하는 불공정하고 폭력적인 방법입니다. 당장 강자가 원하는 대로 됐다고 해서 반드시 강자에게 유리하기만 한 것도 아닙니다. 굴복당한 상대방이 분노해서 적극적·소극적인 복수를 할 수도 있고, 관계가 안 좋아지거나, 더 나아가 단절될 수 있기 때문입니다. 그러면 결국 강자도 손해를 보게 됩니다.

둘째, 법과 규칙에 의한 갈등 해결은 사회적 약속과 합의에 의한 기준에 따라 갈등을 해결하는 방법입니다. 판사, 중재인 등의 제3자의 판결이나 조정에 따르는 방법도 여기에 포함됩니다. 법이나 규칙이 중립적이고 공정하지 않은 경우, 또는 법이나 규칙에 대한 해석에 차이가 나는 경우에는 갈등 해결에 어려움이 있습니다. 또한 보편적으로 적용될 수 있는 객관적인 규칙이나 법은 표면적인 문제만 다루는데 그칠 수 있습니다. 그리고 갈등 당사자들이 적극적이고 자율적으로 갈등을 해결하고자 하는 의지를 발휘하기가 어려울 수도 있습니다. 예를 들어, 학생들끼리 싸움이 일어났을 때, 각 학생의 입장에 대해 이해하지 않고 무조건 교칙대로만 처리한다고 해서 갈등이 진짜 해소됐다고 보기는 힘들 것입니다.

셋째, 대화를 통한 갈등해결은 갈등 당사자들이 직접적인 의사소통을 통해 타협과 합의를 이끌어내는 방법입니다. 이 경우, 갈등 당사자에게 갈등을 합리적으로 해결할 수 있는 능력이 필요하고, 다른 방법들보다 갈등 해결에 더 많은 시간과 에너지가 들기도 합니다. 하지만, 해결 과정이 가장 평화롭고 민주적이고 자율적입니다. 결국에는 갈등 당사자 모두에게 만족스러운 최선의 해결책을 찾을 가능성도 가장 높습니다. 그리고 갈등 당사자들이 의지를 가지고 합의한 해결책을 꾸준히 실천해나갈 가능성도 제일 높습니다. 따라서 대화를 통한 갈등해결이 가장 바람직합니다. 학생들 사이에 싸움이 일어났을 때, 당사자들이 각자 자신의 입장을 충분히 얘기하고 대화를 통해 입장 차이를 좁혀간다면, 관계가 개선되어 갈등이 근본적으로 해결될 가능성이 다른 방법들에서보다 월등히 더 높습니다.

갈등 해결의 원칙과 기준

바람직한 갈등 해결을 위한 원칙과 기준을 좀 더 구체화해볼까요? 앞서 '갈등'과 반대되는 상황, 다시 말해 갈등 해결의 상황, 갈등 해결의 목표가 될 수 있는 단어들을 떠올려보고, 그 단어들의 공통점을 세 가지씩 각자 생각해보았죠? 그 공통점들이 바로 여러분이 생각하는 갈등 해결의 기준 혹은 원칙이 될 수 있을 것입니다. 과연 어떤 기준을 만족하면 갈등이 평화롭게 해결되었다고 인정할 수 있을까요?

첫째, 갈등 당사자들이 갈등 해결 과정의 주체로서 자율적이고 적극적으로 참여해야 합니다. 현실 세계에서 많은 경우, 갈등 해결에 중재자 역할을 하는 제3자가 등장합니다. 예를 들어, 형제끼리의 싸움은 부모가, 교우관계의 갈등은 교사가, 개인 간 혹은 집단 간 갈등은 법정에서 판사가 중재와 조정을 하는 경우가 많습니다. 하지만 이 경우에도 갈등 해결을 위해 적극적으로 의견을 표현하고 의사소통을 하는 것은 그 누구도 아닌 갈등의 당사자들이어야 합니다.

둘째, 대화가 타협과 협상의 주된 수단이어야 합니다. 갈등 당사자 사이에 동등한 수준의 발언을 통해서 의사소통이 이루어져야 합니다. 물리적·정신적 폭력이나 일반화된 법과 규칙이 아닌, 이성적이고 합리적이면서도 인간의 냄새가 묻어나는 대화가 과정을 이끄는 핵심 수단이어야 합니다. 물론 갈등 당사자들끼리 대화를 통해 문제를 해결한다는 것은 결코 쉽지 않습니다. 하지만 소통은 둘 이상의 입장 차이를 좁혀나갈 수 있는 최선의 방법이자 유일한 방법입니다. 따라서 보다 효율적이고 효과적인 의사소통을 위해 알맞은 태도와 지식, 기술이 필요합니다. 애초에 이런 역량을 갈등 당사자들이 갖추고 있었다면 갈등이 불거지고 심해지는 단계에까지 가지도 않았겠지요. 따라서 갈등 해결의 과정은 이런 의사소통의 능력을 적극적으로 배우고 적용할 수 있는 좋은 기회입니다. 미숙한 의사소통으로 갈등이 일어났다면, 보다 성숙한 의사소통을 배워가면서 갈등을 해결해나갈 수 있습니다. 이 과정에서 의사소통의 전문가 및 조력자 역할을 할 수 있는 중재자의 도움을 받을 수도 있겠지요.

셋째, 갈등 해결의 과정, 즉 타협과 협상의 과정이 공정하고 평화로워야 합니다. 많은 경우에 갈등 당사자들 사이에 힘의 불균형이 존재합니다. 이것은 신체적 힘이나 나이의 차이일 수도 있고, 지식과 정보의 차이, 재력이나 권력 또는 영향력의 차이일 수도 있습니다. 이러한 힘의 불균형을 인정하고, 갈등 해결 과정에서 각 당사자들이 보다 고른 힘을 지닐 수 있도록 약자가 역량을 기르도록 적극적으로 해결 참여자들이 도와야 합니다.

넷째, 표면적으로 드러난 갈등 뿐 아니라, 갈등이 일어나게 된 근본 원인과 핵심적인 문제를 다뤄야 합니다. 예를 들어, 부부 갈등의 표면적인 쟁점은 가사를 어떻게 분담할 것인가 하는 문제이지만, 당사자들의 말과 행동 이면에는 남녀의 역할에 대한 가치관의 차이 및 각자가 자라온 가족 문화의 차이가 있을 수 있습니다. 또한 핵가족화와 여성의 사회 진출 등의 사회 구조적 요소 또한 배경으로 작용합니다. 이러한 요소들이 같이 다뤄져야 합니다. 더 나아가, 갈등의 표면적 문제가 해결될 뿐 아니라, 갈등의 원인이 된 신념이나 가치관, 폭력적인 사회 구조나 문화가 궁극적으로는 평화와 공존의 가치관·신념·태도로, 보다 평화로운 구조와 문화로 변해야 합니다. 당사자들 사이에 부정적인 감정이 어느 정도 해소되고, 관계와 공동체가 회복되는 것 역시 자연히 따르는 결과입니다.

다섯째, 갈등 해결의 결과는 갈등 당사자들 모두의 실질적인 필요를 채우며, 당사자 모두에게 만족스러워야 합니다. 물론 각자의 입장에서 완벽한 해결책은 아닐 수도 있습니다. 하지만 나와는 다른 입장에 처해 있는 상대방의 입장과 현실적인 문제들까지 모두 고려했을 때, 나와 상대방, 그리고 나와 상대방을 포함하는 공동체에 '최선'의 선택이어야 합니다. 각자 어느 정도 양보를 할 필요는 있겠지만, 한 쪽의 일방적인 희생 위에 세워진 결과는 모래 위에 지은 집처럼 무너지기 쉽습니다. 승자와 패자가 아닌, 모두가 승자가 되어 윈-윈win-win 할 수 있는 결과여야 합니다. 그런 의미에서 다수결의 원칙은 갈등 해결의 방법으로는 다소 부적절할 수 있습니다. 다수이든 소수이든, 갈등 당사자 각자의 입장을 모두 고려해야 하기 때문입니다. 오히려 소수의 의견을 적극적으로 경청하고 반영하려는 태도가 필요합니다.

여섯째, 갈등 당사자들이 동의하고 타협한 내용이 지속가능한 해결책이어야 합니다. 이상적이고 두루뭉술한 해결책보다는, 현실적이고 충분히 성취 가능하며 구체적인 해결책이 좋습니다. 타협의 내용을 잘 지켰을 때의 상호간의 이익과 보상과, 약속을 어겼을 때 어떤 식으로 제재를 가할 것인가에 대해서도 의논해야 합니다. 예를 들어, 자녀의 컴퓨터 사용 문제로 부모와 자녀 사이에 갈등이 일어났다면, '하루에 1시간, 숙제를 마친 후에, 밤 12시 이전에' 처럼 최대한 현실적이고 구체적으로 합의합니다. '일주일 동안 약속을 잘 지키면 주말에 자녀가 원하는 곳에 함께 놀러가기, 일주일에 사흘 이상 어기는 경우 집안일 한 시간 동안 돕기' 등으로 후속 조치에 대해서도 구체적으로 정합니다.

갈등 해결에 필요한 역량

앞서 말했듯이, 대화를 통한 합의에서는 갈등 당사자의 역할이 가장 중요합니다. 그렇다면 갈등을 해결하기 위해 필요한 태도·지식·기술은 무엇일까요? 갈등의 종류나 규모 등에 따라 필요한 역량이 조금씩 달라질 수 있지만, 여기에서는 갈등 해결에 보편적으로 필요하고, 여러분들이 일상 중에 적용할 수 있는 요소들을 중심으로 생각해 봅시다.

1 상호존중의 태도가 필요합니다.

애초에 갈등이란 나와는 다른 상대방의 존재를 전제하고 있습니다. 만약 상대방과 상관없이 내 마음대로 할 수 있는 일이라면, 갈등이 생겨나지도 않았겠지요. 하지만 내 마음대로 할 수 없다는 것은, 상대방이 그만큼 나에게도 영향력을 발휘하는 존재라는 것을 의미합니다. 이처럼 갈등을 해결하는데 상대방의 협력이 중요하다는 것을 먼저 인정해야 합니다.

또한, 상대방은 나와는 다른 입장·관점·이해관계를 가지고 있음을 인정해야 합니다. 상대방의 입장과 태도에 대해 내 기준으로 판단하고 비난하는 대신, 내 생각이 내게는 중요한 만큼 상대방에게는 상대방의 입장이 똑같이 중요하다는 것을 인정합니다. 만약 상대방이 자기 의견만 옳으니 자신은 아무것도 바꾸지 않을 것이고 나만 양보하라고 한다면 어떨까요? 마찬가지로, 상대방만 양보하고 바뀌어야 한다는 주장은 폭력적이고 비합리적입니다. 또한, 상대방을 참아주는 것에서 한 걸음 더 나아가, 다름을 적극적으로 존중하고 배려해야 합니다. 그렇다고 꼭 상대방의 가치관이나 입장에 대해서 동의해야 한다는 말은 아닙니다. 감정적인 판단이나 거부감을 내세우기 전에, 이성적이고 객관적으로 이해하고자 노력해야 합니다. 공감 능력을 발휘하여 상대의 우려와 공포 등의 감정까지도 이해할 수 있다면 더욱 좋겠죠. 적극적인 존중의 노력이 밑받침될 때, 다름은 관계와 공동체가 발전하는 에너지이자, 다양한 색깔을 창조하는 재산이 될 수 있습니다.

2 자발성과 주도성이 필요합니다.

먼저, 갈등은 상대방이나 상황 탓이며, 나는 일방적으로 희생당했다는 생각을 버려야 합니다. 상대방이 어떤 행동을 했기 때문에 내가 이렇게 행동할 수밖에 없다고, 나는 그저 상대가 먼저 시작한 행동에 대해서 당연한 반응을 할 뿐이라고 생각하곤 합니다. 하지만 그런 생각은 상대방도 마찬가지입니다. 의식적으로든 무의식적으로든, 나의 말이나 행동이 상대방을 먼저 자극할 수 있고, 나 또한 갈등에 책임이 있다는 것을 인정합니다.

무의식적으로 하게 되는 '감정적인 반응'을 뛰어넘어 상황을 통제하는 이성 의지도 발휘해야 합니다. 상대방이 한 말을 듣고 화가 난다면, 내가 화를 내는 것이 당연하다고 여기고 본능에 따라 행동하기 보다는, 왜 내가 화를 내는지, 정말 화를 낼만한 이유가 되는지를 객관적으로 살펴보고자 노력하고 침착하게 상황을 정리하면, 갈등 해결의 주도권을 갖게 됩니다. 내가 보고 싶은 대로, 믿는 대로가 아니라, 제3자의 입장에서 갈등 상황을 객관적으로 보려고 노력해야 하는 것이죠. 또한, 비난의 악순환에서 빠져나와 정말 상황을 해결해보고자 한다면, 잘잘못 자체를 따지기보다는 협력과 해결에 관심과 에너지를 집중시킵니다.

나아가 내가 상대방과 함께 적극적으로 노력하면 갈등을 해결할 수 있고, 갈등을 일으킨 사회 구조와 문화에도 조금이나마 의미 있는 변화를 만들어낼 수 있다는 것을 믿어야 합니다. 그 믿음과 의지를 가지고 갈등을 해결해나가는 전 과정에서 내가 주체가 되어 적극적으로 노력하는 실제적인 행동을 해야 합니다.

❸ 의사소통의 기술이 필요합니다.

대화는 듣기와 말하기로 이루어집니다. 잘 말하기 위해서는 먼저 잘 들어야 합니다. 내가 말을 한다고 해서 항상 그 말이 내 의도대로 상대방에게 전달되지는 않습니다. 많은 경우, 상대방은 자신이 듣고 싶은 내용만 걸러서 듣고, 자기 뜻대로 해석합니다. 따라서 내가 전달하고자 하는 메시지를 상대방이 제대로 이해하고 머리와 가슴으로 받아들이도록 하기 위해서는, 상대방이 잘 이해하고 머리와 가슴으로 받아들일 수 있을 만한 방법으로 말해야 합니다. 그리고 가장 좋은 전달 방법은, 상대방이 어떤 사람이고, 어떤 것에 호감이나 적대감, 관심을 가지고 있는지에 대해 알면 찾을 수 있습니다. 따라서 먼저 상대방의 이야기를 잘 듣고, 말의 내용 뿐 아니라 행간에 숨어 있는 의미, 상대방이 원하는 것, 상대방이 두려워하거나 걱정하는 점 등을 잘 파악해야 합니다. 대화와 협상은 사람과 사람이 만나서 하는 것이므로, 상대방에 대한 이해가 꼭 필요합니다.

　듣기를 잘 하는 방법으로 가장 대표적인 것이 '경청(傾聽)' 입니다. '경(傾)' 은 '기울일 경' 으로, 대화를 할 때에 몸을 기울이고, 귀를 기울이고, 마음을 기울이고, 정성을 기울인다는 뜻입니다. '청(聽)' 은 글자를 보면, 마지막 획이 '일심(一心)' 입니다. 정신을 집중하여 한마음으로 열심히 듣는 것이 '청' 이라는 것이죠.[7] 다시 말해, '들어보나마나 빤하지 뭐' 라는 생각을 버리고, 호기심을 가지고, 도중에 말을 가로채거나 비판하지 않고, 메시지 전부를 있는 그대로 이해하는 것입니다. 나아가 적극적 · 능동적으로 저 사람이 왜 저런 말을 하는지 숨겨진 배경 · 의도 · 감정 등을 헤아리면서 듣습니다. 귀를 기울여서 듣고 있다는 것을 온 몸으로 표현하는 것도 좋습니다. 고개를 끄덕이거나, 시선을 계속 마주친다거나 하는 방법들이 있지요. "어떤 칭찬에도 동요하지 않는 사람도 자신의 이야기에 마음을 빼앗기고 있는 상대에게는 마음이 흔들린다(쟈크워드)"는 말처럼, 상대방의 말을 잘 듣는 것 자체가 가장 효과적인 설득의 방법이 됩니다. 자신의 말을 귀 기울여 듣는 사람에게는 누구나 호감을 갖기 마련이기 때문에, 긍정적인 관계를 만들어가는 기초가 될 수 있습니다.

또한, 상대방의 이야기를 제대로 이해했는지 확인하기 위해서 상대방의 말을 그대로 거울로 비추듯이 똑같이 표현하거나(그러니까 …… 하다는 말씀이지요?), 자신의 말로 표현을 조금 달리 해보는 방법도 있습니다(제가 이해하기로는 …… 인데, 제가 맞게 이해했나요?). 잘 이해가 되지 않는 부분에 대해서는 다시 말하거나 좀 더 구체적으로 말해달라고 부탁할 수도 있습니다(제가 이해가 잘 안 되는 부분이 있어서 그런데, 좀 더 쉽게 설명해주실 수 있으신가요? 좀 더 자세히 말씀해주시겠어요? 관련된 예를 들어서 설명해주시겠어요?). 혼자서 짐작하고 오해하는 것보다는 한 번 더 확인하고 넘어가는 것이 훨씬 생산적입니다. 그리고 상대방에게도 내가 진지하게 귀를 기울여 듣고 있다는 것을 간접적으로 전달할 수 있습니다.

그렇다면, 내 의견을 잘 말하려면 어떻게 해야 할까요? 상대방이 하는 말이 맞긴 하지만 말하는 태도가 마음에 안 들어서 상대방의 의견을 거부하거나, 상대방의 말의 내용이 내가 생각했던 것과는 좀 다르지만 상대방이 말하는 태도가 마음에 들어서 선뜻 상대방의 의견을 받아들였던 경험이 있을 겁니다. 마찬가지로, 내가 어떻게 말하는가가 상대방의 마음을 열 수도 있고 닫을 수도 있는 열쇠가 됩니다. 내가 말하는 내용보다는 그 내용을 전달하는 태도가 더 중요합니다. 내가 말하는 태도가 곧 내용이지요. 따라서 상대를 충분히 존중하고 배려하는 태도가 기본이 돼야 하며, 이러한 태도는 적절한 언어적 표현들로 드러나도록 합니다. 갈등 해결은 민감한 과정이므로, 어휘 하나, 말투 하나도 세심하게 선택하고, 내 말이 상대의 귀에 어떻게 들릴지 미리 충분히 생각해야 합니다.

구체적인 말하기 방법으로는, '나-메시지' 전달법을 사용합니다(제 생각에는⋯⋯, 제가 느끼기에는⋯⋯, 제 입장에서는⋯⋯). 또 단정적인 표현(절대, 결코, 반드시, 꼭 등)이나 부정적인 표현보다는, 이왕이면 긍정적인 표현을 사용하는 것이 좋습니다. 말이 길어지고 장황해지지 않도록 조심하고, 결론 부분에 자신의 핵심 메시지를 요약 정리하면 오해를 줄일 수 있습니다. 내가 의도하는 내용이 제대로 잘 전달됐는지 상대에게 확인해보는 것도 좋습니다.

그리고 상대방의 의견에 대해 나의 생각을 말할 때에는, 먼저 상대방의 의견에 대해 동의하는 부분, 비슷한 관심사에 대한 공감, 상대의 노력에 대한 감사 또는 상대방으로 인해 새롭게 알게 된 것에 대한 감사 등, 긍정적인 부분이나 공통되는 부분을 먼저 말합니다. 그럼으로써 상대방과 공통의 문제를 해결하기 위한 '동료'의 입장임을 강조할 수 있고, 상대방이 자신의 입장을 방어하거나 공격적이 되지 않도록, 보다 부드럽게 대화의 과정을 끌어나갈 수 있습니다.

전체 진행의 관점에서는 소수가 발언의 기회를 독점하지 않도록, 돌아가며 말하도록 순서를 정하거나, 발언 시간을 공평하게 분배합니다. 또한 번에 하나의 세분화된 주제에 대해 말하면 더 집중적인 토론이 가능합니다.

4 창조적으로 생각할 수 있는 능력이 필요합니다.

'창의성'은 '새로운 관계를 지각하거나, 비범한 아이디어를 산출하거나 또는 전통적 사고유형에서 벗어나 새로운 유형으로 사고하는 능력'입니다.[8] 창의성은 우선 문제에 대한 해결책을 찾을 때 필요합니다. 기존의 생각대로만 갈등에 접근하면 답이 안 보이는 경우가 있습니다. 갈등 당사자들의 이해관계를 동시에 다 만족시키기 어려워 보일 때도 있습니다. 이렇게 상황 자체를 바꾸기 어려운 때에는, 상황에 접근하는 시각을 바꾸면 해결되는 경우가 종종 있습니다. 한 예로, 회사에서 팀 프로젝트를 위해 아이디어를 낼 때, 자기는 열심히 참여하지 않고 그저 다른 사람들의 노력에 묻어가려는 사람들이 있기 마련입니다. 이런 '무임승차자 free rider'를 가려내기 위해서 서로에 대해 직접적인 개인 평가를 실시할 수도 있습니다. 하지만 이 경우, 자신에게 낮은 평가를 내린 동료나 상사에게 섭섭함이나 분노 등 부정적인 감정을 느껴 관계가 안 좋아질 수 있습니다. 그렇다면 대안으로 '아이디어 뱅킹 idea banking'을 실시할 수 있습니다. 팀원들이 각자 아이디어를 하나씩 내고 소정의 아이디어 참가비를 내도록 합니다. 예를 들어 다섯 명의 팀원들이 각자 아이디어를 하나씩 내고 일종의 참가비를 만 원씩 내도록 합니다. 아이디어가 다 모아지면 그 중에 제일 좋은 아이디어를 뽑아 삼만 원을, 그리고 그 다음으로 좋은 아이디어 두 개를 뽑아 각각 만 원씩을 상금으로 주는 것이죠. 이 경우 각자 소정의 비용을 들이면서도 충분한 보상을 받을 수 있는 기회가 있으므로 최선을 다하게 되고, 따라서 아이디어의 질이 높아지며, 각자가 기여한 정도에 따라 보상을 받게 되므로 무임승차자를 방지할 수 있습니다. 또 다른 방법으로, 문제에 대한 생각을 바꾸거나, 갈등을 둘러싼 맥락을 바꿔서 갈등의 의미를 바꿀 수도 있습니다. 예를 들어, 퇴근 이후 매일 늦은 시간까지 컴퓨터를 하는 남편을 보고 자기관리에 소홀하다며 아내가 불만을 가질 수 있습니다. 이 때 아내가 관점을 바꿔서, 남편이 스트레스 해소 방법으로 술을 마시거나 담배를 피우는 대신 컴퓨터라는 '자기 관리 방법'을 이용하고 있다고 생각한다면, 이는 입장 차이를 좁히는 한 발걸음이 될 것입니다.

물론 창의적인 생각이 어느 날 갑자기 떠오르기는 쉽지 않습니다. 하지만 창의력 역시 훈련과 경험을 통해 기를 수 있습니다. 처음에는 여러 가지 아이디어들을 생각나는 대로 적어보는 '브레인스토밍 brainstorming'이나, 꼬리에 꼬리를 물고 아이디어들을 떠올리는 '마인드맵 mind map' 등의 방법을 이용해서 최대한 다양한 생각들을 해봅니다. 복잡한 문제는 세분화하거나 단계화하고, 서로 동떨어진 것처럼 보이는 것들을 연결해 볼 수도 있습니다. 익숙한 것을 낯설게 바라볼 수도 있고, 낯선 것을 익숙한 것과 연결시켜 생각해볼 수도 있습니다. 갈등과 관련된 조건들을 다양하게 바꾸거나, 의미를 다시 부여할 수도 있습니다.[9] 많은 경우, 혼자보다는 둘이, 둘보다는 여럿이 머리와 가슴을 맞대어 이야기하는 도중에 새로운 아이디어가 떠오르곤 합니다. 이것이 갈등 해결에서 대화가 중요한 또 다른 이유입니다.

갈등 해결에서 창의력을 발휘하는 것, 다시 말해 관점을 바꿔서 생각하는 것은 갈등의 해결책을 찾을 때만 필요한 게 아닙니다. 갈등 자체에 대해, 상대방에 대해, 그리고 나 자신의 입장에 대해서도 자꾸 새로운 시각에서 바라보는 연습을 해야 합니다. 흔히 자신의 생각은 옳고, 자신의 상황은 변할 수 없다고 고정시켜 놓고 갈등에 접근하는 경우가 많습니다. 이 경우 바뀌어야 하는 것은 상대방일 뿐이므로 해결책을 찾기가 어려워집니다. 하지만 나의 관점이나 상대방에 대한 나의 생각 자체를 열어 놓으면, 훨씬 쉽게 해결책을 찾을 수 있습니다.

갈등 해결의 과정

이번에는 갈등을 해결하는 과정을 구체적으로 살펴봅시다. 갈등의 종류나 규모 등에 따라 갈등을 해결하는 과정은 조금씩 달라질 수 있습니다. 여기에서는 여러분이 일상생활 중에서 다른 사람들과 겪게 되는 갈등들을 해결하는데 도움이 되는 내용들을 중심으로 다뤄 보겠습니다.

1 갈등을 인식하고 해결하고자 하는 의지를 갖는 것에서 해결의 첫걸음이 시작됩니다. 갈등 해결에 상대방과의 협력이 필요하다는 것을 인정하고 해결을 위해 협력하고자 하는 의지를 서로 확인하는 단계입니다.

물론, 많은 경우에는 갈등을 해결하기 위해서 상대방과의 대화와 협력이 필요하다고 막연히 생각하면서도, 상대방에 대한 부정적인 감정 때문에 선뜻 갈등 해결의 과정을 시작하지 못합니다. 하지만 갈등을 묵인하거나 방관한다고 해서 문제가 해결되거나 사라지는 것은 아니며, 오히려 의견 대립과 부정적 감정이 심해지고 문제가 악화될 수 있습니다. 결국 갈등이 고조되어 바람직하지 못한 방식으로 터져 나오게 되면 상대방과의 관계와 주변 사람들과의 관계에도 악영향을 미치며, 무엇보다도 자신에게 가장 부정적인 영향이 미친다는 사실을 기억해야 합니다. 또한, 갈등이 더 심해졌을 때에야 갈등을 해결하려고 하거나 갈등의 결과를 수습하는데 들이는 노력과 에너지보다는, 현재 갈등 해결을 위해 들이는 에너지가 상대적으로는 훨씬 적을 수 있고, 같은 노력을 들여서 얻을 수 있는 결과의 질 역시 더 좋을 수 있다는 사실을 기억하고 용기와 의지의 마음을 내야 합니다.

상대방 역시 나에 대한 부정적인 감정 때문에 갈등 해결을 위해 노력하거나 협력하는 것을 거부할 수 있습니다. 그렇다면, 앞서 설명한 바와 같이, 적절한 타이밍에 갈등을 해결하고자 노력하는 것이 가장 효율적이고 효과적이며, 결국 이게 상대방에게 가장 좋다는 것을 상대방이 이해할 수 있는 말로 적절하게 전달합니다. 문제를 그대로 방치하는 경우, 악화되는 상황으로 인한 피해는 고스란히 당사자인 자신에게 돌아간다는 것 또한 기분 나쁘지 않도록 전달합니다.

갈등에 여러 당사자들과 문제들이 얽혀 있거나 민감한 사안들이 포함되어 있을 때에는, 갈등을 중재하고 조정해줄 수 있는 제3자에 의해 갈등 해결 과정이 시작되는 경우가 많습니다. 예를 들어, 혼자서 여러 명을 상대로 갈등 해결을 시도해보기 어려운 왕따 문제나, 4대강 개발 사업을 둘러싼 대규모의 복잡한 이해관계와 가치관의 갈등의 경우가 그렇습니다. 반대로, 갈등 당사자들이 전문적인 도움을 받기로 합의하고 먼저 도움의 손길을 구할 수도 있습니다. 오랜 기간 갈등을 겪어온 부부가 부부 상담을 받거나, 친구와 갈등이 있는 학생이 다른 친구의 도움을 요청할 수도 있습니다. 요즘에는 층간 소음 해결을 위해, 민원 형식으로 신고를 받고 중재자 역할을 하는 '층간소음 이웃사이센터' 라는 곳도 있습니다. 어떤 경우든지, 중재자는 객관성과 독립성, 중립성과 공정성, 그리고 전문성에 근거해 신뢰를 받을 수 있어야 합니다. 가장 중요한 것은, 갈등 해결의 주체는 갈등 당사자이고, 중재자는 단지 이를 돕는 역할을 하는 보조자라는 원칙을 지키는 것입니다.

❷ 갈등의 핵심 문제를 찾고, 갈등과 관련된 정보들을 모으고 분석하여, 갈등 해결을 위한 공통의 목표를 정합니다.

먼저, 갈등의 핵심 문제를 확인합니다. 단지 겉으로 드러난 사건이나 상황 이면의, 갈등의 진짜 쟁점, 문제의 뿌리를 찾는 것입니다. 예를 들어, 한 물건을 둘러싼 형제 자매간의 갈등 이면에는, 자기 공간과 소유에 대한 욕구나, 부모의 사랑을 더 받고 싶다는 애정과 인정의 욕구가 작용하고 있을 수 있습니다. 층간소음의 문제 이면에는, 보다 쾌적한 공간에서 인간답게 살고자 하는 욕구가 있습니다. 이런 보다 본질적인 문제를 찾는 한 방법으로, 스스로에게, 또 상대방에게 이런 질문들을 던질 수 있습니다. 왜, 어떤 점에서 이 문제가 나에게 중요한가? 이 문제를 해결함으로써 궁극적으로 내가 얻고자 하는 것은 무엇인가? 핵심 문제가 아닌 표면적 상황만을 다루는 경우, 문제의 진짜 원인은 그대로 남아있게 되어, 다른 모습으로 갈등이 다시 나타나기 마련입니다. 따라서 체면이나 명분, 자존심 대신, 진짜 욕구와 필요를 찾아 인정하고, 상대방에게도 말할 수 있는 용기가 필요합니다.

그 다음으로, 갈등을 둘러싼 다양한 관계적·외적·내적 요인들에 대한 정보를 수집하고 분석합니다. 예를 들어, 친구와 갈등이 일어난 경우, 관계적 요인들로, 각자가 생각할 때 갈등 이전의 관계맺음은 어땠는지, 갈등의 계기가 무엇인지, 이에 대해서 각자가 어떤 식으로 반응 또는 대응해 왔으며, 이것이 갈등 상황에 어떤 영향을 미쳐왔는지, 갈등이 어떻게 지속되어 왔는지, 어떤 경우에 갈등이 더 심해지거나 좋아지는지, 갈등에 대한 각자의 이해·입장·걱정은 무엇인지, 갈등으로 어떤 영향을 받고 있는지 등에 대해 소통합니다. 외적 요인으로는, 다른 친구들과의 관계, 같은 학급 친구라면 선생님이나 교실 환경 및 갈등의 배경이 되는 사회 구조나 문화도 분석해서 갈등을 폭넓게 이해하도록 합니다. 내적 요인으로는, 개인의 과거와 비슷한 경험, 친구에 대한 기대와 좌절, 개인의 성격과 민감성 등을 분석해 볼 수 있겠지요. 이들 요인들에 대한 정보를 함께 나누고 분석하는 과정에서, 서로에 대해 잘 모르고 있었기 때문에 생긴 오해나 불신은 어느 정도 해소될 수 있습니다.

그 다음으로, 이러한 관계적·외적·내적 요소들이 갈등 해결에 어떻게 긍정적으로, 혹은 부정적으로 작용할 수 있는지 생각해 봅니다. 관점만 바꾸면, 갈등을 부추기는 방해 요소로 여겨왔던 것이 오히려 갈등 해결을 돕는 자원이 될 수도 있습니다. 예를 들어, 친구와의 다툼의 원인 중 하나가 감정적이고 다소 민감한 성격에 있다면, 오히려 이러한 특징을 자신 뿐 아니라 상대방의 감정 역시 섬세하게 읽어내고 이해하는 도구로 역이용할 수 있습니다. 아울러, 갈등을 해결하는 데 드는 물리적·정신적 비용 역시 생각해봅니다. 불가피한 갈등 비용은 인정하고 갈등 비용을 최소화할 수 있는 방법을 함께 찾는 것이, 이에 대해 서로를 비난하는 것보다 훨씬 도움이 됩니다.

다음으로, 공통의 갈등 해결 목표를 정합니다. 앞서 공유했던 각자의 진짜 욕구들 사이에서 공통점을 찾거나, 서로의 관심사를 연결해서 목표를 정합니다. 예를 들어, 자녀에게 공부하라고 늘 잔소리를 하고 자녀를 억지로 학원에 보내는 부모와, 공부보다는 가수가 꿈인 자녀 사이에 갈등이 일어날 수 있습니다. 이 때 부모가 바라는 것은, 자녀가 어설프게 가수가 되려고 하기 보다는, 나중에 대학 진학 때 좀 더 다양한 선택권을 가질 수 있도록 공부를 하는 것이고, 그 밑에 깔린 욕구는 자녀가 자신의 진로를 위해 능력을 갖춰서 안정적인 삶을 사는 것입니다. 자녀가 바라는 것은 자신이 원하는 대로 가수가 되기 위해 준비하고 시도해보는 것이고, 그 이면에는 자아를 실현할 수 있는 진로를 준비하고 성취하고자 하는 욕구가 있습니다. 그렇다면, 부모와 자녀 모두 자녀의 행복한 미래를 원하고 이를 위해 노력이 필요하다는 것에 대해 동의하고 있는 것을 바탕으로, 진로의 '일반적인 안정성'과 '자아실현' 사이의 간격을 좁히는 것을 공통의 목표로 삼을 수 있습니다. 가수는 안정적이지 못하다거나, 가수 외의 다른 직업은 만족스럽지 않다는 시각을 바꿔서, 둘 다 만족시키거나 어느 정도 타협할 수 있는 구체적인 방법들을 함께 찾아볼 수 있겠죠.

목표는 구체적일수록, 현실 가능한 것일수록 이룰 가능성이 높습니다. 필요에 따라 목표를 세분화하거나, 과정별로 목표를 세울 수도 있습니다. 목표를 세울 때 기억할 것은, 한 사람이 이익을 본다고 꼭 다른 사람이 손해를 보거나 희생을 하는 게 아니라는 사실입니다. 갈등 당사자들은 한 사람이 이기면 나머지는 질 수 밖에 없는 '제로—섬 zero-sum' 관계에 있지 않습니다. 오히려, 갈등 해결을 통해 갈등 당사자들 모두에게 좋은 결과를 얻을 수 있고, 혼자는 이루기 힘든 것들도 함께라면 해낼 수 있습니다.

이 공동의 목표는 갈등해결 과정 내내 구심점 역할을 하게 됩니다. 갈등을 해결하는 과정에서, 특히 긴장이 높아질수록, 본질적인 문제보다는 각자의 입장 차이에만 초점을 맞추기 쉽습니다. 그럴수록 진짜 쟁점과 공통의 목표를 다시 생각하면 문제의 초점을 흐리지 않을 수 있습니다. 또한, 상대가 '적'이 아닌 함께 공동의 목표를 달성해가는 '동지'이고, 해결해야 할 것은 상대방이 아닌 '공통의 문제'임을 기억할 수 있습니다.

❸ 공통의 목표를 이뤄나가기 위한 구체적인 방법들을 협상합니다. 체면을 세우거나 자존심을 내세우는 해결책보다는, 핵심적인 욕구를 만족시킬 수 있는 해결책을 찾습니다. 또한 '이러이러해야만 한다'는 이상적인 해결책이 아닌, 현실적이고 구체적이며, 실제로 변화를 가져올 수 있고, 계속

해서 실행할 수 있는 해결책을 찾도록 합니다. 공동체의 가치나 규범, 상식, 윤리기준이나 법적 기준도 고려합니다. 처음에는 여러 가지 해결책을 생각해 내었다가, 나중에 최종적인 해결책을 몇 가지로 좁혀봅니다. 최종 해결책에 동의를 한 후에는 공동 합의문을 작성하여 구체적인 말로 표현하면 실행력이 높아집니다. 각 단어가 의미하는 것이 무엇인지도 서로 얘기해봅니다. 흔히 쓰이는 단어라도 각자에게 의미하는 바가 다를 수 있기 때문입니다. 갈등 해결 노력을 지속적으로 기울였을 때의 보상과, 충실히 이행하지 않을 때의 조치도 미리 정합니다. 이 보상과 제재 또한 실현가능해야 하고, 갈등을 해결하고자 노력하는 데 실제로 도움이 될만큼 충분히 매력적이어야 합니다.

도저히 각자의 입장과 이해관계를 동시에 만족시킬 수 없을 때에는, 관점을 바꾸는 등 창의력을 발휘해서 새로운 대안을 생각해낼 수 있습니다. 한 가지 좋은 방법은, 한정되어 있다고 생각한 자원을 새롭게 찾아내는 것입니다. 이를테면, 밥 한 공기를 어떻게 나눠먹을 것인가의 고민을, 어떻게 하면 밥을 두 공기로 만들 것인가에 대한 고민으로 바꿔보는 겁니다. 육아로 지친 아내와 회사일로 지친 남편 사이에 가사 분담 문제로 갈등이 쌓인 경우를 예로 들어 봅시다. 아내가 집안일을 하지 않으면 남편이 해야 하고, 남편이 하지 않으면 아내가 해야 하므로, 한정된 에너지와 시간을 가진 두 사람끼리만 해결하려고 하면 누군가의 희생이 필요합니다. 이때는 가사도우미를 부르는 등 외부의 도움을 활용하면 두 사람의 희생 없이도 갈등을 해소할 수 있습니다.

　　해결책을 찾을 때 잘잘못을 따지거나 감정적 불만을 소모적으로 토로하기보다는, 공통의 목표를 이루는 데 집중합니다. 물론 인간은 감정적인 존재이므로 감정의 영향을 전혀 받지 않고 합리적으로만 생각하고 행동하기는 힘듭니다. 감정은 억누른다고 해결되는 것이 아니므로 개인적으로 부정적인 감정을 해소하고자 노력해야 하며, 당사자들끼리 감정을 솔직하게 나누고 대화를 통해 해소한다면 가장 이상적일 것입니다. 하지만 자칫 잘못하면 일단 시작된 비난과 분노는 악순환만 일으킬 뿐, 문제 해결에 전혀 도움이 안 됩니다. 부정적인 감정은 오히려 함께 갈등을 해결하는 과정에서 끊임없는 소통과 직접적인 접촉을 통해 해소될 수도 있습니다. 감정이 격해지는 경우에도 폭력적인 방법으로 폭발하거나, 상대방에게 가장 민감한 가치관이나 정체성과 관련된 부분은 건드리지 않도록 합니다. 상대방의 감정을 자극하지 않기 위해서는 의사소통 '내용' 도 중요하지만 의사소통의 '태도' 와 '방식' 이 중요하다는 것 또한 기억할 필요가 있습니다. 상대방의 부정적인 감정에 대해서는, 상대방의 입장에서는 그렇게 생각하고 느낄 수도 있음을 공감하고, 상대의 말이나 행동을 새로운 맥락에서 바라보고 새로운 의미를 부여하는 것도 도움이 됩니다. 예를 들어, '이런 걸 가지고 저렇게 화를 내다니, 저 사람은 성격이 정말 이상하다' 고 생각하는 대신, '이 문제, 또는 이 관계가 저 사람한테는 저렇게 격렬하게 반응할 만큼 중요한 일이구나' 라고 다르게 받아들일 수 있습니다.

4 합의한 내용을 실천에 옮기고, 이에 대해 평가하고 보완합니다. 합의안

을 만들어낸 이후에 반드시 추후 모임을 통해, 합의안이 얼마나 현실적이고 효율적이고 효과적인지, 각 당사자들은 얼마나 실질적인 노력을 기울이고 있는지에 대한 의견을 나눕니다. 또 미리 합의한 바에 따라 적절한 보상 및 제재를 가하여 공통의 목표가 더욱 잘 이루어지도록 합니다. 만약 필요하다면, 합의안을 수정하거나 보완합니다.

갈등 해결 연습해보기

지금까지 얘기한, 갈등에 대한 오해와 이해, 갈등 해결의 원칙과 기준, 갈등 해결에 필요한 역량, 갈등 해결의 과정 등을 모두 종합하여 다음의 구체적인 사례에 적용해 봅시다.

지희와 다영이는 초등학교 4학년 때부터 중학교 1학년이 된 지금까지 쭉 친한 친구로 지내고 있습니다. 특히 같이 친하게 지내던 여러 명의 친구들 중에서 지희와 다영이만 같은 중학교에 가게 되면서 둘 사이는 더욱 돈독해졌습니다. 비록 서로 다른 반이기는 하지만, 쉬는 시간과 점심시간 등을 이용해 자주 만나고, 등교와 하교도 같이 하고, 학원도 같이 다니고, 다른 친구들에게는 말하기 어려운 비밀도 서로 털어놓는 사이입니다.

하지만 중학교 입학 후 얼마간의 시간이 지나 새로운 중학교 친구들을 사귀게 되면서 조금씩 둘 사이에 갈등이 생기게 되었습니다. 지희는 성격이 털털하고 처음 보는 사람과도 쉽게 친해지는 성격이었기에, 금방 자기 반에 있는 여러 명의 급우들과 친해졌습니다. 반면, 다영이는 다소 내성적이고 소수의 단짝 친구들과 다니는 것을 더 편하게 여겼기 때문에, 지희가 자꾸 다른 친구들과 어울리는 것에 불만을 가지게 되었습니다. 지희는 새로운 같은 반 친구들과도 친하게 지내고 싶지만 오랜 친구인 다영이와도 잘 지내고 싶었습니다. 그래서 새로운 친구들과 다영이가 친해지도록 여러 가지 노력을 했지만, 정작 본인인 다영이는 별다른 노력을 하지 않고 새 친구들에 대한 불만만 터뜨리는 것 같아서 다영이가 점점 더 불편하게 느껴집니다. 다영이는 다른 아이들과 일부러 어울려야 하는 게 불편하고 어색하고, 지희의 새 친구들 중에 마음에 안 드는 친구도 있어 같이 어울리고 싶지 않았지만, 지희와 계속 친하게 지내고 싶어서 여러 번 마음을 고쳐먹어보았습니다. 하지만 이제는 지희를 만날 때면 늘 지희의 새 친구들이 함께 있어서 함께 하는 시간이 별로 즐겁지가 않고, 이런 불편한 상황을 만드는 지희가 점점 더 원망스러워집니다.

이렇게 서로에 대한 불만이 점점 쌓여가던 어느 날, 지희와 다영이는 같이 만나서 숙제를 하기로 했습니다. 지희가 종례 후에 반 청소를 하는 날이라 나중에 다섯 시에 만나기로 약속을 했고, 다영이는 미리 약속 장소에 나와서 지희를 기다리고 있었습니다. 그런데 지희는 약속 시간이 되어도 나타나지 않았습니다. 그러다가 다섯 시 십오 분이 되어서야 핸드폰으로 이런 연락이 왔습니다. "미안, 청소 끝나고 우리 반 애들이랑 잠깐 떡볶이 먹고 간다는 게, 시간이 벌써 이렇게 된 줄도 몰랐네. 어떡하지? 지금 빨리 갈게. 미안해." 지희는 미안하다고 했지만, 다영이는 기다리는 자기는 생각도 안 하고 다른 아이들과 즐겁게 떡볶이를 먹었을 지희를 생각하니 속이 상했고, 그동안 섭섭했던 감정들이 밀려와 화가 많이 났습니다. 그래서 이런 메시지를 보냈습니다. "야, 됐어. 너네 반 애들이 그렇게 좋으면 걔네들하고나 친구해. 난 그냥 간다." 말은 이렇게 했지만, 사실은 지희가 다시 한번 미안하다고 하면 사과를 받아줄 생각이었습니다. 하지만 지희는 다영이의 바람과는 달리 이렇게 답을 보내왔습니다. "내가 미안하다고 했잖아. 완전히 잊어버린 것도 아니고 겨우 십오 분 가지고 이러냐? 너 때문에 다른 애들이랑 친구하기 참 어려운 거 알아?"

이후로 지희와 다영이는 더 이상 서로 말도, 인사도 하지 않는 사이가 되었습니다. 복도를 지나가다 마주쳐도 어색하고, 초등학교 때 친하게 지냈던 친구들과 다같이 만나도 불편합니다. 둘 다 화해를 하고 다시 잘 지내고 싶은 마음은 있지만, 어떻게 해야 할지 잘 모르겠습니다.

여러분이 지희라면, 또는 다영이라면, 어떻게 화해를 하겠습니까? 단지 이번의 싸움을 무마하는 것 뿐 아니라, 지금까지 쌓여온 갈등을 해결하려면 어떻게 하면 좋을까요? 다음의 질문에 대해 답을 찾아보면서 지희와 다영이의 갈등을 해결해 보세요.

단계1   갈등 인식, 직면, 해결의 의지

1-1-1. 둘 사이의 갈등은 서로에게, 또 초등학교 친한 친구들 및 다른 사람들에게 어떤 영향을 미치고 있을까요?

1-1-2. 이 갈등을 해결하지 않으면 앞으로는 어떻게 될까요?

1-2.　　상대방에게 어떤 식으로 화해의 말을 꺼낼 수 있을까요?

1-3-1.　중재자 역할을 해 줄 사람이 필요한가요?

1-3-2.　중재자가 필요하다면, 누가 적합한가요? 왜 그런가요?

단계 2　핵심 문제 파악, 갈등 정보 분석, 갈등 해결을 위한 공통의 목표 정하기

2-1.　　갈등을 규명하여 핵심 문제를 확인하기

2-1-1.　지희와 다영이가 각자 가장 불만을 느끼는 점은 무엇일까요?

2-1-2.　이런 불만을 느끼게 된 보다 깊은 욕구는 무얼까요?

2-1-3.　왜, 어떤 점에서 이 문제가 지희와 다영이에게 중요할까요? 다시 말해, 이 문제를 해결해서 결국 지희와 다영이가 얻고 싶은 것은 무엇일까요?

2-2.　　갈등을 둘러싼 다양한 관계적·외적·내적 요인에 대한 정보 수집 및 분석

2-2-1.　갈등의 관계적 요인은?(갈등 이전의 사이는 어땠는지, 갈등의 계기가 무엇인지, 각자가 어떤 식으로 반응해왔으며, 이것이 갈등 상황에 어떤 영향을 미쳐왔는지, 갈등이 어떻게 지속되어 왔는지, 어떤 경우에 갈등이 더 심해지거나 나아지는지 등)

2-2-2.　갈등의 외적 요인은?(다른 친구들, 선생님, 교실 환경, 사회 구조, 문화 등)

2-2-3. 갈등의 내적 요인은?(과거의 비슷한 경험, 친구에 대한 기대와 좌절, 개인의 성격과 민감성 등)

2-2-4. 갈등 해결을 위한 자원(갈등 해결에 도움이 되는 것들)

→ 갈등 해결에 도움이 되는 것들은 무엇이 있을까요?

2-2-5. 갈등 해결에 방해가 되는 것은 무엇이 있나요?

→ 갈등 해결에 방해가 된다고 생각했던 것들 중에, 오히려 도움이 될 수 있는 것은 없을까요?

2-3. 공통의 갈등 해결 목표 정하기

2-3-1. 지희와 다영이가 가장 바라는 점 중에서 공통점, 혹은 서로 연결할 수 있는 점은 무엇인가요?

2-3-2. 지희와 다영이의 갈등을 해결하기 위한 공통의 목표는 무엇일까요?

2-3-3. 이 공통의 목표에서 가장 중요한 단어는 무엇인가요? 이 단어가 지희와 다영이에게 의미하는 것은 무엇일까요?

2-3-5. 공통의 목표는 충분히 실현 가능한가요? 충분히 구체적인가요?

단계 3 　갈등 해결의 방법들 합의하기

3-1. 다양한 해결 방법들 생각해내기

3-1-2. 일단 떠오르는 대로 해결책을 최대한 많이 생각해 보세요.

3-1-3. 갈등과 관련된 조건들을 변화시키거나, 다른 관점에서 생각해서 새로

운 의미를 부여해 보세요.

- 관계적 조건 중 변화시킬 수 있는 것:
- 외면적 조건 중 변화시킬 수 있는 것:
- 내면적 조건 중 변화시킬 수 있는 것:
- 새롭게 자원을 찾아내어 문제 해결에 이용하기:
- 갈등 방해 요인 제거하기 혹은 자원으로 이용하기:

3-2.　해결 방안 좁히기 및 합의하기

여러분이 위에서 생각해낸 해결 방안들이 다음의 기준을 만족시키는지 확인해 봅시다. 그래서 여러 가지 방법들 중에 가장 적절한 방법을 찾아보도록 해요.

3-2-1.　이 해결 방안은 지희와 다영이가 가장 바라는 것을 만족시키나요?

3-2-2.　이 해결 방안은 현실적인가요?

3-2-3.　이 해결 방안은 지희나 다영이가 바로 행동으로 옮길 수 있을 정도로 충분히 구체적인가요?

3-2-4.　이 해결 방안은 지희와 다영이가 원하는 변화를 가져오고 공통의 목표를 이루기에 충분히 효과적인가요?

3-2-5.　이 해결 방안은 지희와 다영이가 계속 실행할 수 있나요?

3-2-6.　이 해결 방안은 공동체의 가치나 규범, 윤리기준이나 법적 기준에 적합한가요?

3-2-7.　위의 기준에 따라 판단해 봤을 때, 가장 적절한 최종 해결 방안은 무엇

인가요?

3-2-8. 앞으로 이 해결 방안에 따라서 지희와 다영이가 갈등을 해결하려고 노력할 때, 이에 따른 보상 및 제재는 어떤 것이 있을까요?

3-2-9. 지희와 다영이의 갈등 해결을 위한 공동 합의문을 써 보세요.

갈등 해결의 과정을 여러분이 사례에 직접 적용해 보니 어떤가요? 물론 지희와 다영이의 갈등은 수많은 사회 갈등 중에서 상대적으로 매우 단순한 갈등이기 때문에, 갈등 해결의 과정 중 많은 부분을 생략하거나, 합의에 쉽게 다다를 수 있습니다. 그럼에도 불구하고 직접 갈등 해결을 연습해 본 이유는, 현실 속의 훨씬 복잡한 갈등들을 해결하는 능력은 바로 이런 작은 노력에서부터 기를 수 있기 때문이죠.

여러분은 최근 어떤 갈등을 겪고 있나요? 또는, 주변의 가까운 사람들은 어떤 갈등들을 겪고 있나요? 지금까지 읽은 내용을 토대로, 갈등을 해결하는 노력을 바로 지금, 그 문제에서부터 시작해 보세요.

갈등을 통해 평화로

누구나 안정되고 평화로운 일상과 삶을 바랍니다. 하지만 아무런 갈등도 없는 삶은 비현실적일 뿐 아니라, 바람직하기만 하지도 않습니다. 갈등은 기존의 관계, 공동체, 사회 구조 및 문화의 문제점을 드러냅니다. 그럼으로써 현재 상태와 과거에 대해 돌아보게 하고, 당연시 여겼던 것들을 다시 평가하고 발견하는 기회를 줍니다. 또한 다양한 문제 해결 방법들을 찾으면서 자원들을 재발견할 수 있고, 개인과 사회 전체의 문제해결 능력 및 상호존중, 주도성, 의사소통, 창의성 등이 발달하게 됩니다. 더 나아가 갈등을 둘러싼 관계, 사회 구조와 문화를 개선하여 보다 성숙하고 질 높은 삶을 살 수 있게 됩니다. 인간이 지금까지 발전을 거듭해온 것은 갈등이 없었다면 불가능했을지도 모릅니다. 우리는 지금까지 '갈등' 이라는 기차를 탔기에 '평화' 의 종착역을 향해 부단히 달리면서 수많은 발전을 이룰 수 있었습니다.

이렇듯 갈등은 인간이 개인 및 공동체의 삶을 계속해서 성찰하고 발전시키는 중요한 에너지원일 뿐만 아니라, 적극적인 의미의 평화를 향해 도약할 수 있게 하는 받침대입니다. 이런 의미에서 평화란, 고요히 머물러 있는 정적인 상태가 아니라, 끊임없이 변하고 적극적으로 움직임으로써 성취할 수 있는 역동적인 상태입니다. 백조를 물 바깥에서 보면 우아하게 가만히 물 위에 떠있는 것처럼 보이지만, 물 밑에서는 쉴 새 없이 물갈퀴질을 하고 있는 것처럼 말이죠. 따라서 중요한 것은 갈등 자체보다는 갈등을 어떻게 바라보고 어떻게 해결할 것인가 입니다. 갈등에 대해 갈등하기보다, 갈등을 어떻게 해결할지를 고민해야 합니다. 더불어 머리로 아는 것을 넘어서, 바로 지금, 내가 처한 상황에서 즉시 실천하는 것이 가장 중요합니다.

마지막으로, 갈등과 관련된 재미있는 노래 한 곡을 소개하면서 이 글을 마치도록 하겠습니다. 직접 들으면 훨씬 더 재밌는 노래니까, 기회가 있으면 한번 들어보세요.

Let's Call the Whole Thing off

전부 다 관두죠

–Ella Fitzgerald & Louis Armstrong

Things have come to a pretty pass

상황이 참 난처해졌네요.

Our romance is growing flat,

우리의 사랑은 점점 더 단조로워지네요

For you like this and the other

왜냐면 당신은 이러 저러한 걸 좋아하는 반면,

While I go for this and that,

난 이런 것 저런 것들을 좋아하기 때문이죠

(왜냐하면 우리는 서로 다른 걸 좋아하기 때문이죠)

Goodness knows what the end will be

대체 우리 관계는 어떻게 될까요

Oh I don't know where I'm at

내가 어디쯤 있는지 모르겠어요

It looks as if we two will never be one

우리는 결코 하나가 될 수 없을 것 같아요.

Something must be done:

　　뭔가 해결을 해야 해요.

You say either and I say either,

　　당신은 ‘이더’ 라 말하고, 난 ‘아이더’ 라 말해요

You say neither and I say neither

　　당신이 ‘니더’ 라 말할 때 난 ‘나이더’ 라 말해요.

Either, either Neither, neither,

　　‘이더’, ‘아이더’, ‘니더’, ‘나이더’

Let's call the whole thing off.

　　우리 이런 거 다 관둘까요.

You like potato and I like potahto,

　　당신은 ‘포데이토’ 를 좋아하고 난 ‘포타토’ 를 좋아해요.

You like tomato and I like tomahto

　　당신은 ‘토메이토’ 를 좋아하고, 난 ‘토마토’ 를 좋아해요.

Potato, potahto, Tomato, tomahto,

　　‘포테이토’, ‘포타토’, ‘토메이토’, ‘토마토’,

Let's call the whole thing off

　　우리 이런 거 이제 그만할까요.

But oh, if we call the whole thing off Then we must part

하지만 우리가 다 그만둔다면, 우린 반드시 헤어지게 될거에요.

And oh, if we ever part, then that might break my heart

그리고 우리가 헤어지게 된다면, 난 마음이 너무 아플거에요.

So if you like pyjamas and I like pyjahmas,

그러니 만약 당신이 '파자마'를 좋아하고

나는 '파재머'를 좋아한다면,

I'll wear pyjamas and give up pyajahmas

난 '파자마'를 입을꺼에요. '파재머'를 포기하고요.

(중략)

For we know we need each other so we

우리는 서로가 필요하다는 걸 아니까

Better call the calling off off,

다 그만두기로 한 거 그만둬요

Let's call the whole thing off.

이런 거 그만해요

1) http://news1.kr/articles/1225290 '판사도 못 참은' 층간소음, 민사소송 줄이어
http://www.kyeongin.com/news/articleView.html?idxno=735999
부평 층간소음 방화 살인사건 왜 일어났나
2) 국립국어원
3) 조승연 〈오리진 보카〉
http://blog.naver.com/originvoca?Redirect=Log&logNo=100188455874
4) Christopher W. Moore(1986). The Mediation Process.
5) 김어준, 『닥치고 정치』, 푸른숲(2011), p.259.
6) http://blog.daum.net/kwec21/13451489
지역 갈등, 새 패러다임을 찾아서 −빈 공항 환경갈등 조정
7) 안병욱, 입을 열기 전에 귀를 열어라, 1989.
8) 서울대학교 교육연구소, 『교육학용어사전』, 하우동설(1995), 6.29.
9) 문용갑,『갈등 조정의 심리학』, 학지사(2011), p.344-357.

평화,
그리고 인권을 이야기 하다

평화 그리고 인권의 고리

평화란 무엇일까요? 우리가 평화교육을 이야기할 때 평화란 무엇인지에서 출발해야 합니다. 도대체 평화가 무엇 이길래 평화의, 평화에 의한, 평화를 위한 삶을 이야기하는 것일까?

평화를 이야기 할 때 우리는 서구적 의미의 평화만을 떠올립니다. 비폭력 평화를 수호한 간디라든가, 평화로운 나라 스위스, 평화를 상징하는 비둘기, 그리고 평화를 위협하는 이슬람세계 등 모두 서구적인 것이지요.

그래서 우리의 어린이들은 평화란 무엇이라 정의할까요? 우리 반 3학년 어린이들에게 물어보았습니다.

당신이 생각하는 평화란?

- 폭력이 없고 싸우지 않는 것
- 전쟁 없는 나라
- 모든 사람들이 자유를 가진 나라
- 전쟁이 없는 나라에서 모든 사람이 자유롭게 사는 것
- 사람들이 싸우지 않는 것
- 내 마음과 몸이 행복해 지는 것
- 사람들이 살고 싶어 하는 나라
- 자기의 삶을 편하게 지내는 것
- 모든 사람이 공평하게 사는 것
- 자유롭게 살아가는 것

아이들의 정의가 참 재미있지만 이것이 틀린 것이 결코 아니랍니다. 아이들이 생각하는 전쟁이 없는 나라라는 개념에서 출발하여 자기의 삶을 편하게 지내는 것에 이르기까지 평화는 다양한 정의가 존재하거든요.

서구적인 의미의 평화와 다르게 중국에서는 평화를 화평이나 태평의 의미로 사용합니다. 우리나라에서는 안녕을 뜻하는 것이지요. '안녕하세요.'란 의미는 '평안하게 잘 지내셨어요?'라는 의미를 뜻하는 것입니다. 우리 반 어린이들이 말하는 삶이 편안해지고 행복해지는 것이 평화의 의미에 해당된다고 할 수 있습니다. 결국 평화란 전쟁과 갈등 등 일체의 감정 개입 없이 평온하고 안정된 상태를 의미한다고 할 수 있습니다.

역사적으로 지금까지 우리 사회는 인류의 평화를 되찾기 위해 많은 노력을 해왔습니다. 인종차별을 없애기 위해 미국에서는 남북전쟁을, 독립을 위해 간디는 비폭력 불복종 운동을 인류의 평화를 유지하기 위해서 UN은 세계인권선언을 발표했습니다. 하지만 우리는 평화가 소극적 평화와 적극적 평화로 나눠짐에 주목할 필요가 있습니다.

소극적 평화란, 국가 간에 전쟁, 폭력 등이 일어나지 않는 평화를 의미합니다. 1960년대 미국과 소련 간의 냉전시대에 강조된 평화로 미국인들이 자신의 나라의 평화를 위해 연구해왔던 과제였습니다. 물론 외적으로 보았을 때 소극적 평화는 자국을 지키는 최소한의 방법으로 보일 수 있습니다. 그러나 내적으로 보았을 때, 이 평화만으로는 국가 내부에서 일어나는 인종 차별, 빈곤, 빈부격차 등의 문제를 해결하기 어려워서 국제 사회에서도 좋은 평가를 받지 못합니다.

　반면, 적극적평화란 단순히 전쟁이 일어나지 않는 소극적 평화를 뛰어넘어 갈등의 문제와 원인을 인식하여 그것을 해결하고 국가 내에서의 차별을 없애자는 의미에서 강조된 평화입니다. 적극적 평화는 단순히 외적으로 보이는 평화가 아니라 국제사회에서 좋은 이미지를 만들고 국가 내에서의 문제를 원활하게 해결할 수 있는 해결방안이 됩니다. 그러나 적극적 평화를 강조하게 되면 국민들이 국가에게 요구하는 것이 많아지면서 자연스럽게 국내 사정이 불안하고 힘들어 질 수 있다는 단점이 있습니다. 그렇다면 두 평화 중 어떤 것이 중요하다고 할 수 있을까요? 정답은 둘은 적절하게 공유되어야 한다는 것입니다. 한쪽으로 기운 것이 아닌 둘 다 적절하게 지키며 평행을 유지해야 하는 것입니다. 잊지 말아야 할 것은 두 평화 모두 본질적 가치가 매우 중요하다는 것입니다.

　중요한 것은 우리는 적극적 평화 즉 갈등의 문제를 해결하고 차별을 없애자는 의미에서의 평화를 추구하고 있다는 것입니다. 분단이라는 특수성을 가진 우리나라 사람들도 전쟁이 일어나지 않는 단계의 소극적 평화가 아닌 차별 없이 자신의 삶을 평화스럽게 살아가길 원합니다.

　적극적 평화를 차별의 측면에서 보면 우리는 차별을 없애기 위한 개념, 즉 인권을 생각할 수밖에 없습니다. 인권이란 기본적으로 인간이라는 이유로 누려야 할 마땅한 권리를 말합니다. 기본적 인권은 박탈할 수도 없고, 양도할 수도 없는, 인간이 인간답게 생존할 수 있는 조건인 기본적인 권리를 말하는 것이지요. 근대의 자연권사상은 무엇보다 이러한 천부인권사상이라는 형태로 발전되었는데, 즉 모든 인간에게는 태어나면서부터 당연히 부여되는 권리가 있으며, 이러한 권리는 국가권력에 우선하는 것이므로 국가권력이 함부로 할 수 없다고 생각하였던 것입니다. 이와 같이 인권을 모든 인간의 권리로 이해할 때 국적이나 인종에 상관없이 모든 인간에게 적용되는 보편성을 가질 수 있는 것이지요.[1]

평화와 인권의 고리에서 본다면 우리는 적극적 평화와 인권의 개념이 결코 떨어질 수 없음을 알 수 있습니다. 차별 없는 마음의 안정을 찾는 상태에서 어찌 인권이 무시될 수 있으며, 인권이 유린된 사회에서 어찌 평화를 논할 수 있을까요? 평화로운 삶에서는 인권이 존중받고 있을 수밖에 없으며, 인권이 없는 차별이 존재하고, 사람이 사람답게 살지 못하는 상황에서 평화스럽다고 결코 말 할 수 없는 것입니다.

아이들이 생활하는 학교, 인권적·평화적 공간인가?

평화와 인권의 고리에서 서로의 불가분의 관계를 알게 되었다면, 우리는 학교라는 곳에 주목해야 합니다. 스스로 질문해 보세요. '학교는 과연 인권적이고 평화적 공간일까?'

최근의 학교에서는 다양한 일들이 생겼습니다. 친구들과의 다툼, 교사의 폭언, 왕따, 그리고 학교폭력, 그 폭력으로 인한 학생들의 자살까지……. 학교가 인권적이고 평화적인 공간이라고 한다면 모두가 코웃음을 칠 판입니다.

그렇다고 학교가 모든 학생들이 두려움에 떠는, 그래서 학교에 가기 싫고 마음의 평화가 생기지 않는 곳일까요? 그것도 아닐 것 같습니다.

최근 우리는 학교의 평화와 학생들의 인권존중을 위해 다양한 노력을 시도하고 있습니다. 그 중 대표적인 것 하나가 '학생인권조례' 입니다. 학생인권조례는 학생의 인권이 학교교육과정에서 실현될 수 있도록 함으로써, 학생의 존엄과 가치 및 자유와 권리를 보장하기 위해 제정된 대한민국 각 교육청들의 조례입니다. 경기도 교육청의 학생인권조례를 시점으로 서울, 광주 교육청 등이 이를 공포하였고 주요 내용은 아래와 같습니다.

학생인권조례

- 차별받지 않을 권리
- 폭력으로부터 자유로울 권리
- 정규교과 이외의 교육활동의 자유
- 두발, 복장 자유화 등 개성을 실현할 권리
- 소지품 검사 금지, 휴대폰 사용 자유 등 사생활의 자유 보장
- 양심·종교의 자유 보장
- 집회의 자유 및 학생 표현의 자유 보장
- 소수 학생의 권리 보장
- 학생인권옹호관, 학생인권교육센터의 설치 등 학생인권침해 구제

그런데 어떤 사람들은 이런 학생인권조례가 학교의 분위기를 망치고, 너무 자유롭다 보니 학교폭력이 판을 치게 된다고 말합니다. 학생들의 인권을 존중하려는 시도가 학생들의 폭력을 가중시켰다는 것은 학생들의 자율성이나 독립성을 인정하지 않고 단지 훈육시키고 키워나가는 대상으로 볼 때 가능한 말인데 말입니다. 학생들의 인권조례가 시행되고 있는데도 학생들이 평화롭지 않다면 그것은 다각적인 노력으로 접근해야 합니다.

2013년 캐나다의 교육기관 방문을 위해 다녀온 적이 있습니다. 캐나다의 경우 학교폭력은 violence(폭력)라는 용어를 쓰는 것이 아니고 bullying(괴롭힘)이라는 용어를 쓰는데서 우리의 것과는 사뭇 다릅니다. 실제로 괴롭힘의 범주에는 신체적 괴롭힘, 언어적 괴롭힘, 사회적 괴롭힘, 사이버 괴롭힘을 들 수 있습니다. 욕하기는 물론 빈정대기, 놀리기, 거짓소문 퍼트리기, 타인의 문화나 종교, 인종, 외모에 대해 부정적인 말을 하는 것, 상대방이 원하지 않는 농담을 하는 것 등 우리에게는 또래의 장난이라고 허용되거나 꾸지람 정도로 넘어갈 것까지 심각한 폭력으로 다룹니다.

실제로 한 학생이 중국계 학생에게 우리식으로 말하면 '짱개' 정도의 비하하는 말을 했다가 정학을 당하고 다른 학교로 전학 가는 조치가 내려졌다고 합니다. 게다가 '괴롭힘 방지법'이 통과되어, 더욱더 체계적인 폭력 방지를 하는 시스템을 구축하고 이 부분에 있어 부모교육의 가이드라인을 다각적으로 제시하고, 폭력에 대처하는 교사, 학생, 부모들의 공감대 및 방지 분위기를 조성하는 것에 주력하고 있었습니다.

우리의 경우 학교폭력에 대한 처벌 위주의 방안이 모색된 것에 비해 캐나다는 처벌도 당연히 강화하면서, 괴롭힘을 없앨 수 있는 구체적인 가이드라인을 제공하여 괴롭힘 없애는 분위기를 정착하려는 장기적인 계획이 시도되고 있었습니다.

고등학교의 경우 아이들이 멘토로서 도와줄 사람이 없는데 그 역할을 학교 경찰이 하고 있다고 하여 놀랐습니다. 학교폭력의 가해자, 피해자 등 모든 학생은 학교경찰을 늘 만나게 됩니다. 그 경찰을 자주 봄으로서 서로의 친근감을 높이고, 밥도 같이 먹고 하는 멘토의 역할을 함으로 일탈행동을 하지 못하도록 교화하는 정책을 쓰고 있었습니다. 학생들에게 형 같은 존재 big brother program 로 친근하게 다가가는 것이죠. 무엇보다 장기적으로 학생들의 리더십을 키워주는 프로그램을 많이 하고 있어 스스로가 나쁜 행동과 아닌 것을 구분하여 판단하도록 도와주고 있다고 합니다.

우리의 경우는 어떨까요? 아직까지는 학교폭력에 대해 처벌위주의 방법이 강화되어 있는 것이 사실입니다. 앞으로는 더욱 다각적인 노력을 기울일 것이라 희망하여야겠지요?

그럼 다시 학생의 권리로 돌아가 보겠습니다.

A군은 고등학교 2학년 학생입니다. A군은 학생 인권 관련 토론회 전단지를 교실 뒤쪽에 비치하고, 전단지를 학생들에게 배포하였습니다. 그런데 교무부장교사가 이를 적발, 야간 자율학습 시간에 A군을 불러 백지에 진술서를 작성할 것을 요구하였고 이에 A군은 교사의 요구에 맞추어 수차례 진술서를 다시 작성하여 제출해야만 했습니다. 그 후 인성생활지도부 교사 및 교감이 계속 A군을 불러 조사를 하였고 '불법 전단지 배포'를 이유

로 학생 선도위원회 참석 공문을 A군에게 주었습니다. 하지만 A군은 청소년 인권 단체에서 제작한 야간 자율학습을 반대하는 문구가 새겨져 있는 배지를 학생들에게 나누어 주었고 학교에서는 학생회를 통하여 배지를 강제로 압수하고 폐기하게 되었습니다. 결국 A군은 이 사건을 국가인권위원회에 진정하였고, 국가인권위원회는 허가받지 않은 전단지를 교내에 배포하였다는 이유로 진술서를 요구하고 선도 절차를 진행한 학교 측의 행위가 헌법 제21조 상의 표현의 자유를 침해하고 있다는 결정을 내렸습니다. 국가인권위원회는 A군이 배포한 전단지는 학생인권을 위해 외부단체에서 개최하는 토론회의 참석을 홍보하는 내용으로 구성되어 있어서 우리나라의 학교 교육 현실에 대하여 다소 비판적이고 과장된 문구를 사용하고 있다고 해도 그것이 타인의 권리를 침해하거나 공중도덕, 사회 윤리를 침해하는 내용이라고 볼 수 없다고 하였습니다. 전단지의 교내 배포 절차와 위반 시 징계에 대한 명시적 학내 규정도 없는 상황에서 학교 측이 허가받지 않은 전단지를 배포하였다는 이유로 A군에 대해 진술서 작성 요구 등의 조사를 하고 선도 위원회 참석 공문을 교부하는 등의 절차를 진행한 행위는 표현의 자유를 억압하는 것으로 헌법 제21조에 보장된 표현의 자유를 침해한 것이라고 판단한 것이지요.[2]

국가인권위원회의 결정에도 불구하고 아직 우리의 학교들은 이런 반인권적 모습이 많이 남아있습니다.

학교폭력의 심각성이 전 사회적 이슈이며, 학생인권조례가 시행되고 있는데도 학생들은 학교의 주체가 되지 못하고 있습니다. 학생들의 폭력을 막기 위해 여러 기관에서 다양한 신고체계, 보호체계를 만들어 내고 있지만 연일 신문이나 뉴스에서는 안타까운 소식이 전해집니다. 학교인권조례도 소용없다는 이야기가 들립니다. 결국 학교는 평화를 위해 해야 할 일이 많이 남아 있는 것 같습니다.

아이들의 평화찾기 – 인권교육에서 시작하기

이제 평화란 참으로 인권과 많은 관계를 가진 것임을 조금 알게 되었을 겁니다. 사실 인권이 보장되지 않은 평화란 거짓 평화라 할 수 있는 것이죠. 그래서 평화를 찾기 위한 노력으로 인권교육, 즉 인권과 친해지고 나의 인권을 소중히 여기고 남의 인권도 존중하는 교육을 해 보라고 권해드리고 싶습니다.

인권교육의 시작은 인권과 친해지기입니다. 처음에 아이들에게 "인권이 무엇일까?"라고 질문하면 많이 들어본 말이고, 글자 그대로를 해석하여 "인간의 권리예요."라고 쉽게 대답하지만 막상 "그럼 인간의 권리란 무엇일까?"라는 질문에는 머뭇거리기만 합니다. 그래서 인권이라 하면 무엇이 떠오르는지 물어보면 "장애인도 차별받지 않았으면 좋겠어요." " 자신의 권리를 가질 수 있는 것" "자신이 하고 싶은 일을 할 수 있는 것" 등 자유롭게 대답합니다. 그러면서 인권에 대한 이모저모를 O, X 퀴즈도 해 봅니다.

그 후 신문이나 뉴스에서 인권이 나오는 경우를 찾아보고 느낀 점을 쓰게 하면 아이들은 자주 쓰는 말인데 정확하게 무엇을 의미하는지 모르겠다는 반응을 합니다. 이렇게 아이들의 인권감수성이 일깨워지게 됩니다.

두 번째 활동은 '스스로의 인권알기' 입니다. '나의 나무' 라고 해서 나를 나무에 비유해 나의 현재인 씨앗과 미래에 대해 생각해 보고 내가 맺은 열매가 어떻게 사용되는지 생각해 봄으

뉴스나 신문에서 인권 관련 기사거리 찾아보기

- 인터넷으로 인권 뉴스를 찾다보니 북한의 인권 문제에 대한 기사가 많았는데, 잘은 모르겠지만 북한 사람들에게는 인권이 잘 보장되지 못하는 것 같다.
- 인권이라는 말을 쓰는 단체가 많았다. 무슨 일을 하는지는 자세히 모르겠다.
- 인권위원회라는 곳이 있어서 인권에 관한 문제를 해결해 주기도 한다고 한다.

로 사회에서 자신이 어떤 사람이 될 것인지 표현해 보는 시간을 갖습니다.

유엔의 아동권리협약도 알아보아야 합니다. 우리 아이들은 아동권리 협약이 있는 줄도 모르고 있다가, 특히 '제31조 모든 아동은 적절한 휴식과 여가 생활을 즐기며, 문화 예술 활동에 참여할 권리를 가진다.' 라는 항목을 눈여겨보며 놀라워합니다. 사교육이나 입시 등으로 여가를 즐기지 못하는 학생들의 마음이 느껴지는 시간이죠.

다음 활동은 내가 부당한 대우를 받은 때가 있는지 생각해 보게 한 후 그때의 느낌(보통 화가 나고 분노가 생김)을 마음속에 구슬로 만들어 담아

'나의 나무' 그리기

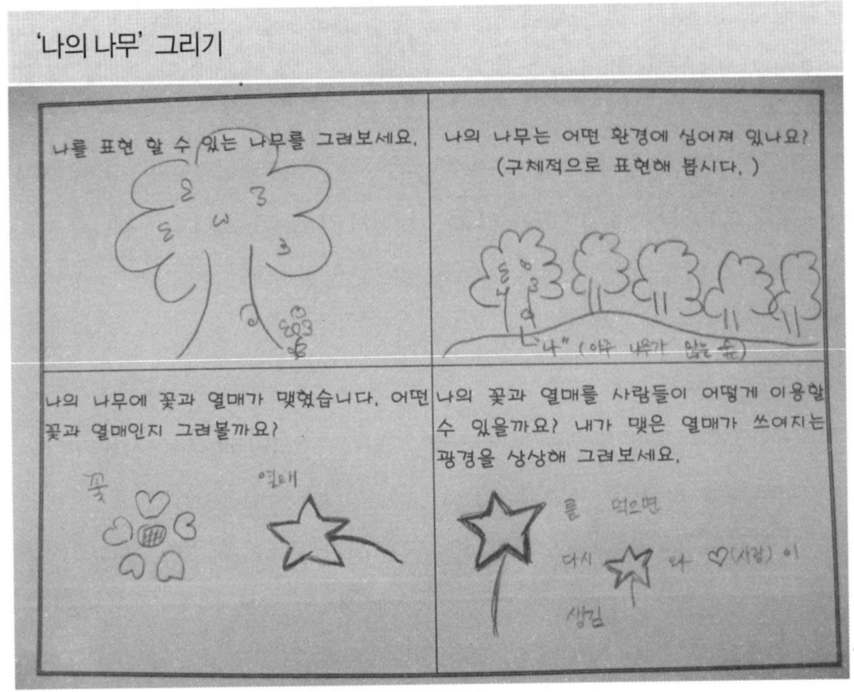

보게 합니다. 그다음 구슬을 꺼내어서 깨뜨리는 마임mime 을 함으로써 분노를 해소시키고 남의 인권을 침해하는 일이 얼마나 나쁜 일인지 생각해 보도록 합니다. 이 때 '슈퍼에서 물건을 잘못 사서 다른 것으로 바꾸려고 했는데 어린이라서 그런지 바꾸어 주지 않았다. 조금 있다가 엄마가 가니 친절하게 바꾸어 주었다. 버스에서 자리에 앉아있으니까 어떤 아주머니께서 자리를 그냥 비키라고 해서 일어나야만 했다' 등의 이야기를 해서 어른들이 쉽게 하는 행동들이 아이들의 인권을 침해하고 있는 것을 다시 한번 느끼게 합니다. 물론 이 활동만으로 충분한 것은 아닙니다. 인권이라고 하면 먼 나라 아이들의 이야기가 아니라 자기 스스로의 권리를 찾는 것이며, 생활을 돌아보면서 자신의 인권이 침해당하고 있지 않은지 스스로 침해하고 있지 않은지 알아보라는 것이죠.

화 또는 분노의 구슬 뱉어내기

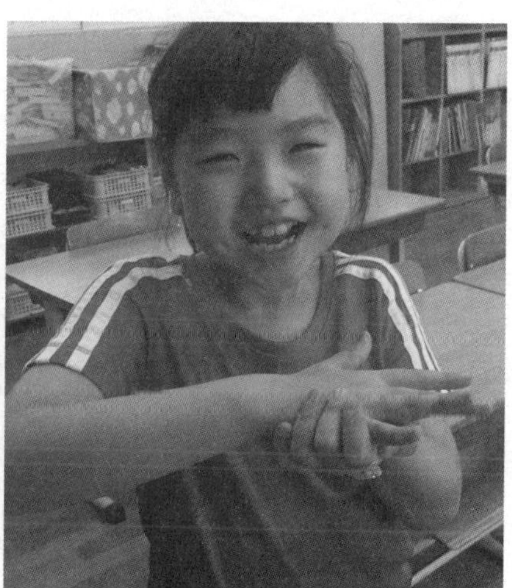

분노의 구슬 깨뜨리기

마지막 활동은 주변 친구들과의 관계 속에서 하는 인권 교육입니다. 처음에는 '인권을 유린당한 친구의 상황을 추측해보고 현실알기' 활동인데요, 아동의 노동(해외사례)의 현실을 만화나 영상으로 보고 무엇이 문제인지 알도록 합니다. 두 번째로는 개별학습실에서 공부하는 친구를 놀린 사례 또는 피부색이 다르다고 놀린 사례를 가지고 어린이법정을 열

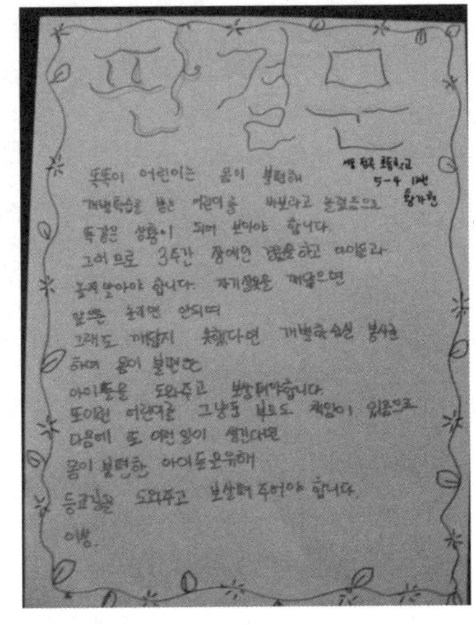

고 판결문 만들어보기를 합니다. 장애친구나 다문화 가정 친구들을 놀리는 일은 무의식중에 아이들이 많이 했던 실수인데, 친구들이 쓴 판결문을 보면 사건을 객관적으로 바라볼 수 있게 되고, 거기에는 내가 놀렸던 친구들의 장점을 찾아보거나 수호천사로 도와주라 등의 요구사항도 있었습니다.

장기적인 프로젝트로 '우리 반 왕따 없애기, 또는 우리 반 폭력 없애기' 프로젝트를 할 수도 있습니다. 그러면 어떻게 이를 없앨 것인가, 캠페인은 어떻게 해볼 것인가 등 구체적인 방법을 서로 고민하고 실천하게 됩니다. 이 과정에서 친구들은 마음속으로 또는 몸으로 느끼는 것이 많아져 친구들의 다양한 상황이나 특성을 존중하게 되는 사람으로 서서히 바뀌게 됩니다. 이 프로젝트는 우선 모둠원과 함께 우리반의 문제를 되짚어 보고

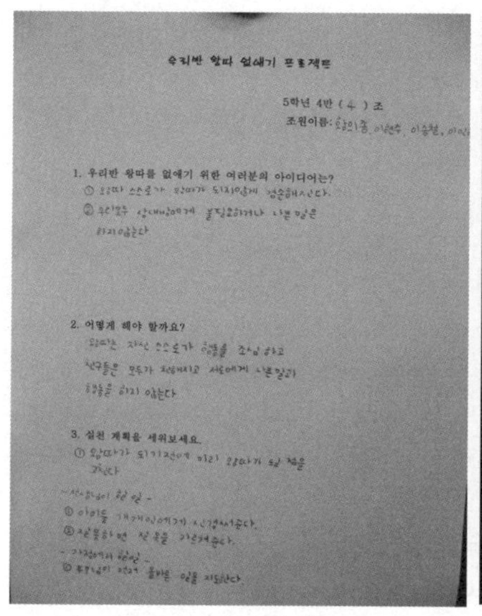

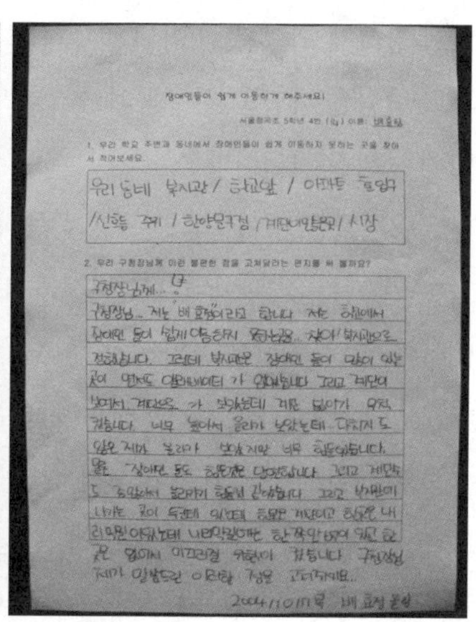

'왕따'나 '학교폭력'을 없애기 위한 방법을 찾아봅니다. 그리고 함께 생각을 정리하는 시간을 갖습니다. 그러면 친구들은 생각을 모으는 활동을 합니다. 그리고는 친구들 앞에서 모둠의 생각과 결심을 발표하죠. 그런데 그 다음 실천은 쉽지 않습니다. 그래서 우선은 캠페인을 열었습니다. 그리고도 말로만이 아니라 내가 친구들에게 어떻게 행동했는지 2줄 반성일기를 한 달 간 써 보았습니다. 자신들의 결심이 행동으로 잘 이어졌는지 확인해 보는 것이있죠. 결과는 당연히 띠돌리기나 험담하거나 하는 모습이 사라졌습니다. 친구들이 스스로 말로서 행동으로서 학교에서의 문제점 그리고 폭력을 없앤 것입니다.

인권이 무엇인지 알게 되면 무슨 일을 할 때마다 '혹시 나 자신의 인권만 주장하게 되는 것이 아닌가? 하고 고민이 될 것입니다. 하지만 점차 나의 소중함을 깨닫고 친구들의 소중함도 함께 존중해 주어야겠다고 자연스럽게 느껴질 것입니다.

어른들은 아이들의 인권을 존중해 주었을 때 버릇이 없어진다거나 훈육이 안 되는 것은 아니냐고 걱정하시는 분들도 있습니다. 하지만 이는 아이들에게 인권을 잘못 가르쳐 준 것입니다. 이런 교육이나 활동이 집에서 부모님과의 대화에서도 쉽게 녹아들 수 있는데, 권리만 가르쳐주고 일회성으로 끝난다면 아이들이 자신의 권리만 찾으려고 하겠죠. 그러나 '나의 권리가 침해되었을 때 무척 힘든데, 다른 이들의 권리를 내가 침해하고 있다면 그들은 얼마나 힘들까?'를 충분히 이해하고 체득한다면 다른 사람의 인권을 존중하는 태도가 자연스럽게 생겨납니다. 개개인의 권리를 존중해 주는 것에 대해서도 굉장히 즐거워하고, 자아존중감도 생겨나게 됩니다.

인권이 꽃피는 수업과 교실을 생각해 보세요. 갑자기 정말 평화로워지지 않았나요? 평화는 멀리 있는 것이 아닙니다. 게다가 전쟁만 일어나지 않는다고 평화스럽다고 말하는 것은 더더욱 아니죠. 우리의 일상, 그리고 교실에서 평화롭기 위해 나와 친구들의 인권을 존중해 주세요. 그리고 차별 없고 폭력 없는 평화로운 교실을 만들어 가야 합니다. 자신의 생활 속에서 평화를 위해 할 수 있는 일은 그리 어려운 것이 아니랍니다.

나는 사라예보에 사는 에디나야.

너희들이 사라예보에 사는 우리들의 고통을 알고 있니?

나는 아직 어리지만, 많은 어른들도 결코 알지 못할 일들을 겪었어.

너의 마음을 상하게 하고 싶은 생각은 없어.

하지만 너희들도 사실을 알았으면 좋겠어.

난 세르비아 사람들이 장악하고 있는 지역에 살고 있었는데,

엄마와 내가 숙청의 대상 명단에 오르게 되었어.

평화로운 생활을 하고 있는 너희들은 이런 일을 이해 못 할 거야.

나도 그런 일을 직접 겪기 전까지는 그랬으니까 말이야.

너희들이 과일과 달콤한 초콜릿과 사탕을 먹고 있는 동안에

여기에서 우리들은 굶어 죽지 않으려고 풀뿌리를 뜯어 먹고 있어.

혹시 다음에 맛있는 음식이 생기면 속으로 이렇게 말해봐.

“이것들은 사라예보의 어린아이들을 위한 것이야.”라고 말이야.

너희들이 극장에 앉아 있거나 멋진 음악을 듣고 있을 때

우린 지하실로 급히 달려가야 하고,

또 대포알들이 날아오는 무서운 소리를 듣는단다.

너희들이 웃으며 재미있게 놀고 있을 때 우리는 울부짖으면서

이 무서운 공포가 빨리 사라지기를 빌고 있어.

너희들이 목욕을 즐기고 있을 때 우리는 하느님께 물 한 모금이나마

마실 수 있도록 비라도 내려 달라고 기도를 한단다.

아무리 영화를 잘 만들어도, 우리가 지금 겪고 있는 고통과

두려움과 공포를 그대로 그려낼 수는 없을 거야.

사라예보는 지금 피바다야. 곳곳에 무덤이 생겨나고 있어.

보스니아 어린이들의 이름으로 내가 너희들에게 간청할게.

제발 이런 일이 세상 누구에게도 일어나게 내버려 두지 말라고.

—에디나/12살, 사라예보 지역(1993년)

국경 없는 교실

김선미

Hà Lê
1月30日

더 이상 Wechat 할 수는 없다..
한국에 와서 우리 반친구들 만나게 되고 같이 즐거운 시간을 보내면서 얘기도 많이 나눌 수 있었으면 좋겠다고 생각했고, 그마음으로 Wechat 사용하기로 했다.. 실은 wechat을 통해 내가 나의 중국 친구들간의 사이가 가까워 져 있고, 재밌는 얘길 나누고 있게 되는데, 좀 아쉽겠지만 더 이상 위채트 못하겠다..
요즘같아선 중국-베트남간의 영토 분쟁 실태는 심각해지고 있고, 베트남의 입장으로 한치라도 양보없이 끝까지 팽팽하게 다투겠다고 노력하고 있다. 이 사건은 분명히 중국의 지나친 욕심이 때문이라고 생각한다. 중국은 남중국해의 전진기지인 하이난다오에 핵 잠수함 기지를 건설하고 있으며, 앞으로 건조할 항공모함도 남중국해에 배치할 계획이다. 중국이 남중국해의 해군력을 대폭 강화하고 있는 것도 분쟁지역을 자국 영토로 만들기 위한 전략이다. 또 중국 국무원은 지난 1월 4일 자국의 하이난성과 인근의 시사군도를 향후 10년 내에 국제적인 관광지로 적극 육성하겠다는 계획을 발표, 베트남을 자극했다. 게다가 중국이 새 여권에 동남아 국가들과 영유권 분쟁을 벌이는 남중국해뿐 아니라 인도와 분쟁이 있는 지역까지 모두 자국 영토로 표시한 지도를 삽입, 주변국이 일제히 반발하고 있다. 여권뿐만 아니라 이제 인터넷게임, 위채트...에도 이런 지도를 삽입해 놓았다. 위채트 등록하려면 모든 사용자는 '위채트는 제공하는 모든 것을 사실로 인정해야 한다'는 조건을 동의해야 한다. 이것을 사실로 인정 못해 위채트도 사용 안한다.
좀 아쉽겠지만 나도 베트남 국민으로서 국가를 배신할 수는 없다...
더 이상 위채트를 사용 안한다!
Từ nay không dùng Wechat nữa!!

翻訳を見る

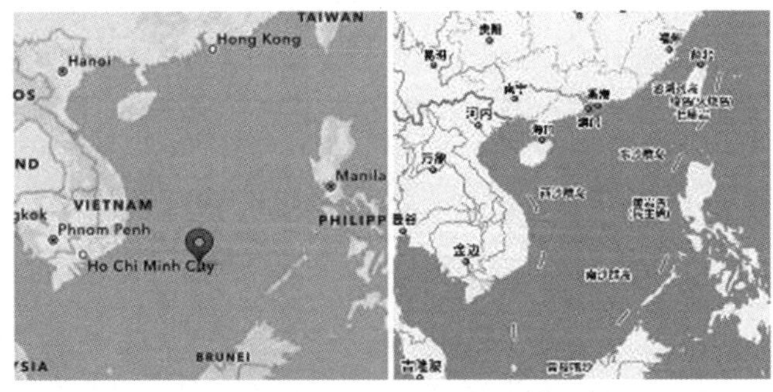

한 교실에서 만난 다양한 나라의 친구들

앞의 글은 한국에 유학 온 베트남 학생이 페이스북에 올린 글입니다. 한국어를 공부하기 위해 한국에 유학 온 이 학생은 학교에서 여러 나라의 친구들을 만나 즐거운 유학생활을 하고 있었습니다. 매일 중국, 몽골, 한국 친구들과 같이 공부도 하고 식사도 하고 여행도 했습니다. 재미있는 이야기도 같이 나누고 어려운 일이 있을 때는 서로 돕고 격려하며 힘이 되어 주었습니다. 여러 나라의 친구들과 소통하기 위해 페이스북도 하고 카톡도 하고 위챗 중국 모바일 메신저 도 했습니다. 그런데 위챗에서 중국과 베트남의 영토 분쟁 지역을 모두 중국 영토로 표시한 것을 보고 화가 난 베트남 학생은 더 이상 위챗을 사용하지 않겠다는 글을 올렸습니다.

오늘날 우리는 주변에서 세계 여러 나라를 여행하거나 다른 나라에 가서 공부하는 경우를 어렵지 않게 볼 수 있습니다. 다른 나라에 가서 살거나 일을 하는 경우도 많습니다. 현재 한국에는 많은 나라로부터 온 외국인 유학생이 약 10만 명에 달합니다. 중국을 비롯하여 몽골 · 베트남 · 일본 등 가까운 아시아에서 온 학생도 많고, 이 외에도 미국 · 러시아 · 유럽 등 지구 반대편에서 온 학생들도 있습니다. 대부분의 유학생들은 한국에서 대학을 다니며 자신들의 꿈을 이루고자 합니다. 이들 유학생들은 대하에 입하하기 전에 국제교육원 혹은 한국어교육원이라는 대학기관에서 한국어를 배웁니다.

국제교육원의 한 교실에는 다양한 나라의 학생들이 같이 공부하며 외국 생활의 체험을 통해 여러 나라 친구들을 만나고, 사귀고, 가까워지면서 서로의 언어와 문화를 이해합니다. 그래서 다국적이고 다문화인 이 교실은 평소에는 매우 평화롭습니다. 하지만 국가 간 영토 분쟁 문제가 뉴스에 나오면 학생들은 국가와 친구 사이에서 갈등을 겪게 됩니다. 국민국가 체계에서 교육을 받아 온 학생들에게 국가가 가지는 의미는 큽니다. 그럼에도 불구하고 새로운 세상에서 만난 다른 국적의 친구들로 인해 이들은 갈등하기도 하고, 개인의 능력으로 국가적인 문제를 해결할 방법을 찾지 못해 좌절하기도 합니다.

세계화·국제화로 인해 전 세계를 지구촌이라고 부르고 있는 지금 이 순간에도 지구 어디에선가 분쟁이 계속되고 있습니다. 그리고 그 분쟁 가운데에는 '여기는 내 땅!' 이라고 주장하는 국가와 국가 간의 영토 분쟁, 영유권 분쟁도 있습니다. 지구의 세계화와 네트워크의 공유로 전 세계 사람들은 같은 노래를 들으며 즐거워 하고, 같은 영상을 보며 감동을 받기도 합니다. 아침은 빵과 커피를, 점심에는 카레를, 저녁에는 비빔밥을 먹으며 음식의 경계를 넘어 삶을 공유하고 있는데 반해, 국가는 자국의 이익을 위해 대립과 분쟁을 계속하고 있습니다.

다국적 학생들이 모여 공부하는 교실에서 국가 간 갈등으로 인해 학생들 사이에서조차 갈등이 생길 때 이러한 문제와 상황을 어떻게 해결할 수 있을까요? 지금부터 '영토 분쟁' 을 주제로 이러한 갈등을 풀어 나가고자 합니다. 여기서 갈등을 풀어가는 방법은 정치적인 접근 방법이나 역사적인 접근 방법이 아닙니다. 분쟁의 다양한 상황, 발생원인, 영토와 국경의 의미 등을 살펴보면서 진정으로 우리가 바라는 삶의 모습이 무엇인지를 생각함으로써 평화적인 접근 방법을 통해 갈등을 풀어나가고자 합니다.

영토 분쟁

'영토'란 토지로 구성된 국가영역으로 육지와 섬으로 구성됩니다. 국가영역은 영토·영해·영공과 그 외 부분으로 나뉘는데, 영토는 국가영역 중 가장 중요하고 기본적인 부분이고, 국가가 영토에 대하여 갖는 모든 권리를 '영토권'이라고 합니다. '영유권'은 일정한 영토에 대한 해당 국가의 관할권으로 여러 나라가 영유권을 주장하고 있어 주권이 확립되지 않은 지역에서 자신의 토지라고 주장하는 것입니다.

한국과 일본 사이의 독도 분쟁, 중국과 일본 사이의 댜오위다오/센카쿠 열도 분쟁, 베트남과 중국의 남중국해 분쟁과 같은 영토 분쟁으로 아시아 여러 나라들은 긴장 상태에 있습니다. 끊임없이 계속되고 있는 영토 분쟁은 때로는 전쟁까지도 할 수 있다는 험악한 분위기를 만들어, 주변 나라들까지 긴장하게 만듭니다.

중국·대만·일본이 열도의 영유권을 놓고 분쟁을 하고 있는 댜오위다오/센카쿠 열도는 오랜 역사를 거치면서 중국과 대만, 일본, 미국의 통치를 번갈아 받았고 이런 배경 때문에 각 나라의 영유권 논쟁이 계속되고 있는 지역입니다. 중국과 일본 사이의 댜오위다오/센카쿠 열도는 1895년

동아시아 영유권 분쟁 지역

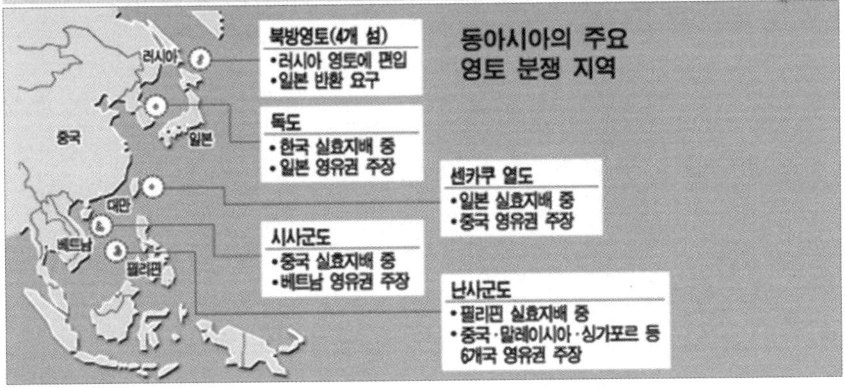

http://blog.naver.com/woorikangsan/20164345138

청일전쟁 이후 일본 영토로 귀속되었다가 1951년 미일 강화조약에 따라 미국으로 이양됩니다. 1972년 미국이 오키나와와 함께 이 지역을 일본에 돌려주면서 이후 일본이 관할하고 있습니다. 일본은 여러 차례에 걸쳐 이 지역 섬에 등대를 설치하고 영유권을 주장하고 있지만 이에 대해 중국, 대만, 홍콩에서 크게 반발하면서 분쟁이 계속되고 있습니다. 2000년 5월 일본 우익민족주의자들이 섬에 상륙해서 영유권을 주장하였고, 2004년 3월에는 중국 민족주의자들이 이 지역의 영유권을 주장하기 위해 섬에 상륙하였습니다. 2010년 일본의 순시선과 중국 어선이 충돌하는 사건으로 중국이 경제적 보복 조치를 한 이후 긴장 상태는 더욱 심해지고 있습니다. 이러한 사건들이 계속되는 가운데 2012년 4월 일본의 지방자치지역인 도쿄도가 이 지역의 섬 3개를 매입하겠다고 선언하였고, 같은 해 7월 일본 정부가

http://m.segye.com/Article.asp?aid=20120814022597&cid=0101040500000

'센카쿠 국유화'를 선언하자 홍콩 시위대가 댜오위다오/센카쿠 열도에 상륙하면서 중국과 일본은 심각한 긴장 상태에 놓였습니다.

남중국해는 중국 남쪽에 위치한 바다로, 중국 · 대만 · 베트남 · 필리핀 · 말레이시아 · 브루나이 등 6개 나라에 둘러싸인 바다입니다. 이 바다는 크게 난사/쯔엉사 베트남어/Spratlys, 시사/호앙사 베트남어/ Paracels, 중사/Maccles field, 동사/Pratas 등 4개의 군도로 이루어져 있습니다. 난사군도는 남중국해를 둘러싸고 있는 6개 나라가, 시사군도는 중국과 베트남이 영유권을 주장하며 대립하고 있습니다. 남중국해 분쟁은 1974년 전쟁 중이던 월남 정권이 관할하던 시사군도의 일부를 중국이 무력으로 점령하면서 시작되었고, 이에 대해 베트남은 1975년 난사군도의 6개 섬을 점령하면서 이 지역을 둘러싼 갈등과 분쟁이 계속되고 있습니다. 1988년 3월 적과초

남중국해를 둘러싼 각국의 영유권 주장 해역

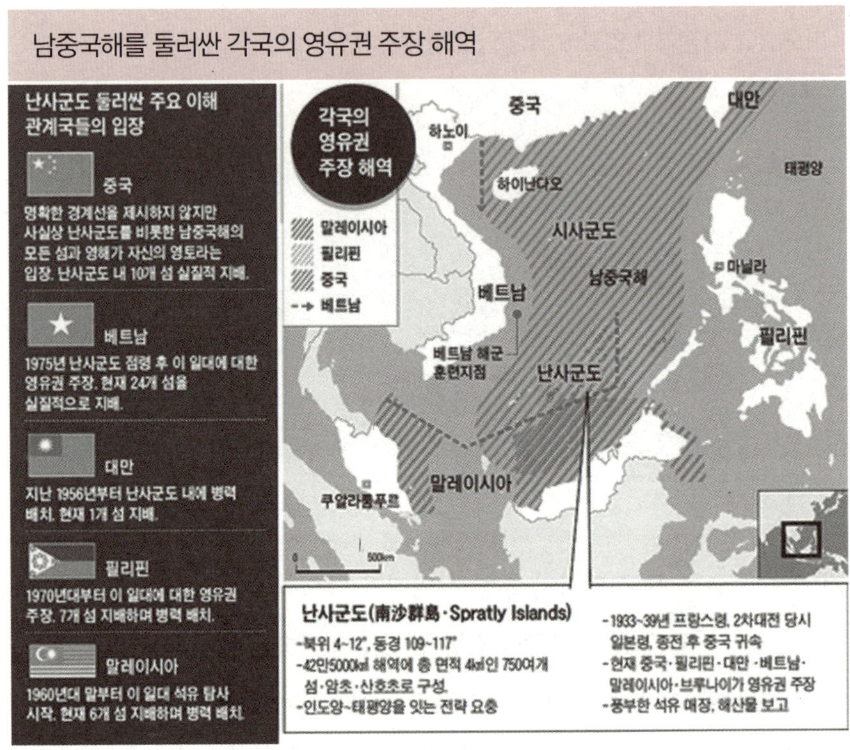

http://www.dspress.org/news/articleView.html?idxno=3840

Johnson Reef 에서 중국과 베트남 사이에 난사군도 해역 최초의 무력 충돌이 발생했습니다. 이후에도 중국과 필리핀, 대만과 베트남 간의 갈등은 계속되고 있고, 이 지역의 진출과 영유권 획득을 위해 중국은 국내법을 정비하고 이에 대해 다른 나라들은 외교적 항의를 반복하고 있습니다.

영토 분쟁은 아시아에서만 일어나고 있는 것이 아닙니다. 유럽 국가인 독일과 폴란드의 영토 분쟁은 1차 세계대전(1914년 7월~1918년 11월)

이 끝나던 때부터 시작되어 2차 세
계대전(1939년 9월~1945년 9월)
이후 1960년대까지 긴장된 관계가
계속되었습니다. 1차 세계대전이
끝나고 유럽 여러 나라의 국경을 결
정하는 과정에서 폴란드는 1772년
의 폴란드 왕국 국경을 폴란드의 국
경으로 주장하였습니다. 하지만 예
전 국경 지역이 어느 나라에 속할
것인가의 결정은 베르사유 평화회

위키페디아

담과 국제연맹의 원칙에 따라 주민투표와 국제연맹의 협의에 의해 정해졌
습니다. 이 과정 가운데 독일과 폴란드의 관계는 악화되었고, 이후 발발한
2차 세계대전은 독일과 폴란드 국경을 새롭게 변경시키는 전환점이 되었
습니다. 1939년 독일의 히틀러는 폴란드를 점령하고 민족차별주의 정책을
펼치지만 1945년 연합국에 의한 독일의 패전으로 오데르-나이세 선이 독
일과 폴란드의 새로운 국경선으로 정해지고, 이 지역에 살던 독일인 주민
들은 강제로 이주 당했습니다. 동독 사회주의 연맹당은 오데르-나이세 선
을 거부하였지만 소련의 압박으로 1950년 즈고젤레츠 Zgorzelec 조약에 따
라 동독과 폴란드 인민공화국의 정부는 오데르-나이세 선을 국경으로 확
정하였습니다. 하지만 이 당시 서독의 콘라드 아데나워 총리는 오데르-나
이세 선을 인정하지 않았습니다. 1970년 서독은 소련과 모스크바 조약, 폴

란드와 바르샤바 조약을 체결하면서 오데르–나이세 선을 인정하기로 하였고, 1990년 11월 독일이 통일된 이후 독일 연방 공화국과 폴란드 공화국은 국경선을 확정하는 조약을 체결하여 오데르–나이세 선을 폴란드–독일 국경으로 확정하였습니다.

중동지역에서 일어난 이스라엘과 팔레스타인 영토 분쟁은 1차 세계대전 때 영국이 유대인들로부터 전쟁자금을 지원받기 위해 유대인의 나라를 만들어 주겠다는 약속을 함과 동시에, 팔레스타인인들에게도 같은 조건으로 약속을 하면서 한 지역에 두 종족이 나라를 세우게 되는 상황이 되었습니다. 1948년 이스라엘이 2천 년 동안 이 지역에 살던 팔레스타인인들을 내몰고 이스라엘 국가를 건설하면서 이스라엘과 팔레스타인 영토 분쟁이 시작되었습니다. 아랍 측과 이스라엘 측이 1948년부터 약 20여 년 간 4차

http://www.kida.re.kr/woww/dispute_detail.asp?idx=44

레에 걸쳐 일으킨 중동전쟁은 끝났지만 1980년 이스라엘은 팔레스타인 거주지인 가자지구를 합병시켰고, 1987년 팔레스타인 주민들은 이러한 이스라엘의 억압 통치에 대해 투쟁함으로써 많은 사람들이 희생되었습니다. 이스라엘과 팔레스타인 사이의 평화협상 실패는 2000년 두 나라의 무력 충돌로 이어져 현재까지도 계속되고 있습니다.

아프리카대륙에서도 많은 지역에서 영토 분쟁이 일어났습니다. 그 가운데 나이지리아와 카메룬, 두 나라는 바카시반도의 영유권을 놓고 갈등이 계속되는 가운데 1981년에는 전쟁 직전까지 가는 위험한 상황을 넘기지만 결국 1993년 사상자까지 발생하는 무력 충돌로 이어집니다. 기니만 동쪽 끝에 자리 잡은 바카시 반도는 영국과 독일이 서아프리카 식민지를 분할할 때 국경을 해안선까지 정하지 않은 것이 분쟁을 일으키는 배경이 되었고,

http://www.kida.re.kr/woww/dispute_detail.asp?idx=50

기니만 동쪽 끝에 자리 잡은 1000㎢ 넓이의 이 지역은 상당한 양의 석유와 가스가 매장돼 있는데다 난류와 한류가 만나는 황금어장이라 나이지리아와 카메룬이 전쟁을 불사하면서 차지하려고 했습니다. 양국의 영유권 분쟁은 2002년 10월 국제사법재판소ICJ가 1913년 영국·독일 간 조약에 근거해 카메룬의 영유로 판결을 내린 이후 2006년 두 나라의 협정에 따라 나이지리아는 바카시반도를 카메룬에 주기로 했습니다. 바카시반도에 살고 있던 대부분의 사람들은 나이지리아 사람들이었기 때문에 이 지역을 카메룬에 주는 것을 반대하였지만 나이지리아는 바카시 반도의 통치권을 카메룬에 넘겨주었고, 이 지역에 살던 나이지리아 사람들이 나이지리아로 돌아가면서 30년 동안 계속되던 영토 분쟁이 끝났습니다.

남아메리카대륙에서는 1982년 4월 2일, 군부독재 정권이 통치하고

http://www.kida.re.kr/woww/

있던 아르헨티나가 자국과 가까운 영국령의 섬인 포클랜드 섬을 무력으로
침공함으로써 영국과 아르헨티나 사이의 영토 분쟁이 일어났습니다. 포클
랜드는 서구 제국주의 국가들이 식민지 쟁탈전을 벌이던 1833년 영국이
군사력을 동원해 이 지역을 점령한 이후 식민지로 만들면서 영국의 많은
사람들을 이 섬으로 이주시켰습니다. 이에 대해 아르헨티나는 이 지역을
말비나스 Islas Malvinas 라고 부르며 영유권을 주장하고 있었습니다. 1982년
아르헨티나군이 포클랜드에 상륙해 영국군을 물리치지만 곧이어 영국은
대함대를 파견하고 세계 여러 나라의 지지를 얻어 이 섬을 되찾습니다. 당
시 정치적 · 경제적으로 불안정한 상태에 있던 아르헨티나는 나라의 내부
문제를 외부로 관심을 돌려 해결하려고 했지만 결국 실패하였고, 두 나라
사이의 포클랜드 섬에 대한 영유권 갈등은 지금도 계속되고 있습니다.

영토 분쟁은 왜 일어나는 걸까요?

세계 여러 지역에서는 지금도 분쟁이 계속되고 있습니다. 이러한 분쟁은
무엇 때문에 일어나는 걸까요? 분쟁이 일어나는 요인은 식민지배의 유산,
종교 문제, 민족 문제, 인종 문제, 영토 문제 등 다양하고 복합적입니다.
영토 분쟁 또한 다양하고 복합적인 요인에 의해 발생합니다. 여기에서는
영토 분쟁의 다양한 요인을 살펴보겠습니다.
　　근대화 과정에서 국민국가가 형성되면서 근대국가들은 영토를 확보

하고 확장하기 위해 다른 나라를 침략하기 시작합니다. 근대화가 일찍 이루어진 유럽 여러 나라는 유럽 안에서의 영토 확보를 위한 분쟁은 물론이고 근대화에 뒤쳐진 중동, 아프리카, 아시아의 여러 나라로 영토 확장을 위해 정복을 시작합니다. 2차 세계대전이 끝나면서 서구 제국주의의 정복도 끝이 나지만 식민지배가 남긴 영토 분할과 영토 정복은 지금까지 영토 분쟁을 일으키는 요인이 되고 있습니다. 앞에서 이야기한 이스라엘과 팔레스타인의 영토 분쟁, 나이지리아와 카메룬의 영토 분쟁, 포클랜드 분쟁 등도 서구 제국주의 국가들의 식민지 쟁탈전의 역사를 배경으로 합니다.

영토 분쟁의 다른 요인은 석유·천연 가스 등의 자원 확보를 위한 영유권 주장입니다. 중국과 일본 사이의 댜오위다오/센카쿠 열도 분쟁이나 중국, 대만, 베트남, 필리핀 사이의 남중국해 영토 분쟁은 이 지역에 매장되어 있는 막대한 해양자원과 석유·천연 가스와 같은 지하자원 때문에 각 나라들이 영유권을 주장하면서 시작되었습니다. 1968~1969년 유엔아시아극동경제위원회ECAFE 가 동중국해 일대 해양조사를 하는 과정에서 석유 매장 가능성을 확인하면서 이 지역의 영유권 논쟁이 활발해졌고, 댜오위다오/센카쿠 열도가 해양자원과 지하자원이 풍부한 것으로 알려지면서 중국과 일본은 이 지역에 대한 영유권 주장을 강력하게 하고 있습니다. 남아메리카의 포클랜드 섬도 식민지지배라는 역사적 배경과 함께 석유와 같은 지하자원이 매장되어 있기 때문에 영국과 아르헨티나 사이에서 이 지역에 대한 영유권 주장이 계속되고 있습니다.

영토 분쟁은 위치에 따른 전략적 가치 때문에 일어나기도 합니다. 군사전략적·경제전략적으로 가치가 있는 지역에 대한 각 나라의 영유권 주장은 영토 분쟁의 요인이 되고 있습니다. 동아시아의 경우 대부분의 나라들이 바다로 연결되어 있어서 해상교통로를 통한 수출입 물품의 운반은 경제적으로 중요한 역할을 합니다. 이러한 요인 때문에 중국, 대만, 베트남, 필리핀 등 남중국해 영유권을 주장하는 나라들은 한 치의 양보도 없이 긴장된 상태를 계속하고 있습니다. 이스라엘과 팔레스타인 둘 사이는 역사적 문제가 걸려 있지만 이러한 분쟁의 이면에는 이들 뒤에 개입되어 있는 서구 국가들이 석유를 비롯한 자원을 장악하기 위해 서구 중심의 국가 질서에서 벗어나는 국가들을 통제하려는 의도가 있습니다. 영국와 아르헨티나 사이의 분쟁지인 포클랜드도 이 지역이 남대서양과 태평양을 연결하는 해상수송로이자 지구 자원 문제를 해결할 수 있는 남극해로 통하는 지리적 요충지라는 점에서 두 나라의 영유권 주장은 더욱 가속화되고 있습니다.

영토 분쟁은 역사적 배경, 자원 확보를 위한 경제적 요인, 지리적·전략적 요인 등이 복합적으로 작용하기 때문에 오랜 긴장 상태가 계속되는 가운데 평화로운 해결 방법을 찾기 어렵지만, 대화와 타협을 통한 평화적 방법 모색의 노력은 계속되어야 할 것입니다.

국경은 언제부터 생긴 걸까요?

영토의 경계인 '국경'은 당사국 간의 합의 또는 자연적 지형에 의해 설정됩니다. 영토 확보를 위한 분쟁이 계속되는 지구촌에 국경이 생긴 것은 언제 부터일까요?

국경 개념은 근대 이후 민족주의와 함께 국민국가가 생기면서 등장하기 시작합니다. 근대 이전에는 국경이라는 말 대신에 지역을 구분하는 일정 지역 zones 혹은 변경 지역 border marches 이 있었습니다. 유럽의 로마시대와 같이 고대사회에서는 군사적인 필요에 따라 계속적인 영토 변경과 이동이 있었기 때문에 이 때에는 '고정된 국경 fixed boundaries' 은 존재하지 않았고 대신 수시로 변동하는 '유동적인 변경 floating frontier' 만이 존재하였다고 합니다.1) 이러한 변경 혹은 경계 개념의 국경은 근대 이후 서구 열강의 식민지제국 건설로 인해 아시아, 아프리카, 중동 지역을 침략하고 점령하는 과정에서 국경선을 설치함에 따라 '국경' 이 만들어집니다. 특히 아프리카는 철저하게 서구 열강들의 편의와 이익에 맞게 인위적으로 분할되어 식민지제국이 되면서 이 선을 경계로 하여 국경선이 만들어져 버립니다. 아시아 대륙의 국경도 대부분 1880년 이후 결정된 것으로 아직 100년 남짓한 짧은 역사를 가지고 있습니다.

현대를 살아가는 우리에게 '국경' 은 당연하게 여겨지지만 '국경' 이 만들어진 것은 17~18세기부터로 2000년 인류 역사 중에 그리 길지 않은 역사를 가지고 있습니다. 하지만 국경이 만들어지면서 우리의 삶에는 많은 변화가 찾아왔습니다. 국경이 가져다 준 삶의 변화는 무엇일까요?

국경의 다양한 모습

마르티네스 Oscar J. Martinez 는 국경의 경험에 따라 국경의 모습을 '고립된 경계지대' '공존의 경계지대' '상호의존적 경계지대' '통합된 경계지대'로 나눴습니다.[2] '고립된 경계지대'는 국경을 넘나드는 일상적 교류가 금지되어 있으며, 해당 국가들 사이 혹은 변경 주민들 사이의 긴장과 반목으로 인해 일상적으로 경계를 넘나들며 접촉하는 일이 거의 없습니다. '공존의 경계지대'는 각 국가 사이 혹은 변경 주민들 사이의 긴장과 반목이 적어 경계를 넘나드는 교류가 어느 정도 가능한 곳입니다. '상호의존적 경계지대'는 인접국의 경계 지역들이 공생관계에 있는 곳으로 국가 간의 중요한 구분은 남아 있지만 경계 지역을 가로질러 그들 국가 간의 이원적 내셔널리즘이 존재하기도 합니다. '통합된 경계지대'는 상품과 사람들의 유동에 아무런 장애가 없으며, 두 경계 지역 사이에 평등, 신뢰, 존중의 관계가 존재하는 것이 특징입니다.[3]

국경은 자연 지리적 경계를 기준으로 산맥·하천·호수 등의 자연적 지형이나 지구의 경도·위도 등의 인위적인 것을 이용하여 설정되기도 하지만 분쟁과 분할의 역사를 통한 국가 간의 조약체결에 따라 설정된 경우가 많습니다. 그렇다면 국경의 모습에는 긴장과 갈등에 관한 이야기만 있을까요? 여러 지역의 국경 모습 속에는 어떤 특징이 있는지 살펴봅시다.

이스라엘과 팔레스타인의 국경인 서안지구는 팔레스타인의 분쟁 지역이자, 팔레스타인 자치 정부가 있는 곳입니다. 이스라엘로 둘러싸여있는 이 지역은 이스라엘의 영토는 아니지만 이스라엘의 군사 통제를 받고 있습니다. 서안지구에는 이스라엘 정부가 유대인 정착촌과 높은 분리 장벽을 설치하여 국제적인 비난을 받고 있습니다. 서안지구의 국경은 '고립된 경계 지대'의 대표적인 모습이라고 할 수 있습니다. 요르단 강 서안과 가자 지구에서는 이스라엘의 팔레스타인인에 대한 살육이 지금도 계속되고 있고, 이에 대항하는 팔레스타인인들의 항쟁도 끊이지 않고 있습니다.

미국과 멕시코의 국경은 태평양에서 멕시코 만까지 3,141㎞로 세계에서 국경을 넘나드는 사람들이 가장 많은 국경 중 하나입니다. 멕시코 국경을 불법으로 횡단하는 사람들도 매년 100만 명 이상에 달한다고 합니다. 때문에 국경에는 콘크리트 담, 적외선 카메라, 센서 등과 함께 미국 국경

이스라엘과 팔레스타인의 국경, 서안지구

FREE PALESTINE

http://www.flickr.com/photos/libertinus/8236191472/

순찰대가 삼엄하게 경비를 보고 있습니다. 2010년 미국 국경수비대 경관이 국경 너머에서 돌을 던지던 청소년들에게 발포해 14세 소년을 숨지게 한 사건이 발생해서 미국 국경수비대는 많은 비난을 받았지만 이후에도 미국과 멕시코 국경의 경비는 더욱 강화되었고, 미국과 멕시코 국경에 밀입국 방지용 장벽이 도로를 따라 길게 건설되고 있습니다. 미국과 멕시코 국경에서는 합법적인 국경 이동은 허용하고 있지만 일상적으로 국경을 넘나들 수 없으며 국경 경비가 삼엄한 모습에서 '고립된 경계 지대'의 국경 모습을 엿볼 수 있습니다.

1차 세계대전부터 2차 세계대전에 걸쳐 영토 분쟁을 해오던 독일과 폴란드는 1990년 11월 독일이 통일된 이후 독일 연방 공화국과 폴란드 공

http://duga.tistory.com/363

화국의 국경선을 확정하는 조약을 체결하였고, 1990년 독일-폴란드 국경 조약은 오데르-나이세 선을 폴란드-독일 국경으로 확정하였습니다. 1990년 이후 폴란드에 할양된 영토에는 약 15만 명의 독일인들이 살고 있으며, 독일에는 150만 명의 폴란드인 및 폴란드계가 살고 있습니다. 우정 조약에서는 국경 양쪽에 살고 있는 독일 및 폴란드계 소수의 문화적 및 정치적 권한 등을 보장하였습니다. 2004년 5월 폴란드가 유럽연합EU 에 합류하자 오데르-나이세 강의 국경 도시인 즈고젤레츠는 독일보다 생필품과 휘발유 가격이 싼 폴란드에서 쇼핑하려는 독일인들의 쇼핑 행렬로 북새통을 이루었고, 독일 내 모든 은행·보험회사가 지점을 두고 있는 금융도시 괴를리츠도 폴란드 주민들로 북적거립니다. 1998년부터 두 도시의 시장은 같이

위키페디아

시정을 논의하여 양 도시를 오가는 인터 택시를 도입하고, 공동 유치원 개설, 공동 문화 · 스포츠 행사 등을 주최하여 실행하고 있습니다.[4] 독일과 폴란드 국경은 경계 지역을 서로 오가며 공생관계를 갖는 '상호의존적 경계지대'의 국경 모습을 보여 주고 있습니다.

벨기에는 네덜란드 · 독일 · 프랑스 · 룩셈부르크와 국경을 접하고 있는 유럽에서 가장 작은 나라입니다. 역사적으로 주변의 지배를 받거나 병합되기도 했지만 1948년 네덜란드, 룩셈부르크와 함께 베네룩스를 결성하였고, 북대서양조약기구NATO와 유럽연합EU에 가입하였습니다. 이 지역 사람들은 주변 나라들의 국경도시를 오가며 쇼핑도 하고 직장에 다니기도 합니다. 벨기에 사람들은 싼 바닷게를 사기 위해 프랑스 마트에 시장을 보

http://blog.daum.net/iamissue/8586730

러 가고, 독일 사람들은 담배와 가솔린을 싸게 사기 위해 벨기에에 갑니다. 레스토랑을 사이에 두고 네덜란드와 벨기에의 국경이 그려져 있고, 횡단보도가 벨기에와 프랑스의 국경이지만 누구도 국경을 의식하고 넘나들지 않습니다. 국경은 이 지역 사람들에게 특별한 의미를 부여하지 않습니다. 사람들의 이동에 아무런 장애도 없고 충돌이나 갈등도 없는 이 경계 지역은 '통합된 경계지대' 라고 할 수 있습니다.

분쟁에서 평화로

세계 여러 지역의 국경 지대 가운데는 지금도 갈등과 고립으로 긴장 상태에 있는 곳도 있고, 국경을 사이에 두고 서로 협력하여 국경 지역을 편리하고 편안한 곳으로 만들어가는 곳도 있습니다. 더 나아가 국경의 의미조차 사라져 사람들의 왕래에 아무런 장애가 없고 필요에 따라 자유롭게 이동하며 생활하는 곳도 있습니다. 여러분은 어떤 국경의 모습이 있는 곳에서 살고 싶습니까?

근대화 이후 만들어진 국민국가를 살아가는 우리는 국가의 영토 안에서 국가의 법률과 규칙을 따르며 살아가고 있습니다. 누구나 어느 한 나라에서 태어나서 그 나라의 영토 안에서 살게 됩니다. 전쟁과 갈등을 원하는 사람은 없습니다. 하지만 국가의 선택과 결정에 따라 다른 나라와 갈등 관계를 만들기도 하고 전쟁을 지지하기도 합니다. 이렇게 쌓여 온 오랜 역사적 과정을 거치면서 생긴 국가 간의 갈등 관계를 해결하고 화해하는 것은 결코 쉬운 일이 아닙니다. 하지만 불가능한 일도 아닙니다. 독일과 폴란드의 교과서 대화는 대립하는 두 나라의 갈등 해소와 화해의 가능성을 보여 주었습니다.

독일과 폴란드는 1차 세계대전 이후부터 계속적인 영토 분쟁으로 갈등 관계에 놓여 있었고, 2차 세계대전 이후 빼앗고 빼앗긴 양국 관계 속에 커다란 영토 변경을 경험한 두 나라 관계는 서로에 대해 부정적이었고 적대감을 갖고 있었습니다. 하지만 1970년 독일의 빌리브란트 총리가 폴란드 바르샤바 게토추모비 앞에서 무릎을 꿇은 이후로 독일과 이웃국가의 화해는 급진전되기 시작했고, 1972년 독일·폴란드 교과서 대화를 시작하여

http://www.pressian.com/article/article.asp?article_num=60091114155645

2008년 공동역사교과서를 만들기로 했습니다. 물론 여기까지 오는 과정이 쉽지 않았고, 때로는 서로의 감정을 자극하여 관계가 좋지 않았던 때도 있었습니다. 하지만 독일이 역사교과서에서 나치의 범죄를 분명하게 비판하면서 꾸준한 과거 극복 노력을 함과 동시에 서로에 대한 부정적 이미지를 개선하려는 노력에 의해 교과서 공동 제작이 진행되었습니다.

교과서 공동 제작에서는 그동안 서부유럽에 집중되었던 역사 내용을 동부유럽으로 이동, 확대함으로써 지금까지 주류를 이루던 서유럽 지향을 넘어 유럽에 대한 관점의 변화를 가져오고, 자기 나라의 역사를 이웃나라의 시각으로부터 고찰하고 이해하고자 하였습니다. 따라서 교과서 서술에서 각 나라의 해석이 다른 경우 무리하게 중립적인 타협을 하기보다 그 차이를 같이 서술하기로 하였습니다. 독일·폴란드의 공동교과서의 발행 목적은 양국 관계의 문제점에 대한 절충 방안을 제시하기 위함이 아니라 논쟁의 대상이 되는 내용을 교과서에 싣고 양국의 서로 다른 해석을 소개함으로써 수업시간에 토론을 하도록 하는 것입니다. 독일·폴란드의 공동교과서 제작은 극복해야 할 어려움도 많지만 갈등 해소와 화해를 꿈꾸는 사람들에게 좋은 모델이 되어 줄 것입니다.

마음의 국경 허물기

영토 분쟁은 국가 이익과 경제 발전을 위해 일어납니다. 댜오위다오/센카쿠 열도에서도, 남중국해에서도, 팔레스타인에서도 그렇습니다. 이러한 영토 분쟁은 인간 사이의 단절을 가져 옵니다. 서로의 이야기에 귀 기울이지 않고 생명의 소중함에도 관심이 없습니다. 그래서 분쟁은 계속되고 있습니다. 우리는 역사적 문제나 사건에 대해 판단하기보다 그 안에 들어있는 감정적 · 정서적 부분을 이해하려고 노력해야 합니다.

지도 위에 선으로 그려져 있는 국경, 산과 바다, 강으로 나누어진 국경과 같이 공간적 차원의 경계 지역이 있습니다. 하지만 국경은 공간적 차원의 경계 지역에만 존재하는 것은 아닙니다. 교육, 사회적 관행, 미디어, 이념, 종교 속에도 국경이 있습니다. 교육 현장에서 너와 나의 다름을 구별하지 못하고 차별함으로 경계를 만듭니다. 사회적 관행 때문에 새로운 변화를 받아들이지 못하고 과거의 잘못을 반복하며 경계를 만듭니다. 미디어의 폭력이 진실과 거짓의 경계를 만듭니다. 어쩌면 공간적 차원의 국경보다 비공간적 차원의 국경에 의한 단절과 분쟁이 더 많은지 모릅니다.

다음은 앞에서 소개한 베트남 학생이 페이스북에 올린 글에 대해 교육원에서 같이 공부했던 중국학생과 나눈 대화입니다.

葛文卿: I wish that the land dispute makes no damage to our friendship. The dispute often be happened between two countries, especial neighbor countries. But it just the difficulty we can overcome, how? Maybe exchange and communication is the best method. As a average person, as you are, i have no idea to master what will be happened, but if everyone make their best, result can be changed. As a chinese I would like to do it for our friendship, how about you? Go for it!

나는 영토 분쟁이 우리 우정에 손상을 주지 않기를 바라. 종종 두 나라 사이, 특히 가까운 나라 사이에서 일어나지. 하지만 우리들이 그걸 어떻게 극복할 수 있을까? 아마 소통과 대화가 가장 좋은 방법일거야. 우리 같이 평범한 사람들은 무슨 일이 일어날지 예측할 수 없어. 하지만 누구나 최선을 다하면 결과를 바꿀 수 있을 거야. 중국인으로서 나는 우리들의 우정을 이어가고 싶어. 파이팅!

Hà Lê : 葛文卿 언제부터 넌 한국말 대신 영어만 하는 거야? @@ 당연히 중국 국민들은 나쁜 사람 아니지만 중국 정부는 너무 하고 있어. 나도 니들을 좋아하고 우리의 사이가 더 가까워지면 좋다고 생각해서 위채트 사용을 시작했어. 그렇지만 중국 정부는 그것을 이용하여 사실이 아닌 지도를 삽입해 놓고 사실이라고 인정하라는 행동을 봐줄 수는 없어. 당연히 이건 우리 간의 우정을 갈라놓은 문제가 되지 않게 할 거야. 문제는 중국 정부이지 중국 국민들이 문제가 아니야:). P/S: 어제 엊그제 우린 널 생각났어, 보고 싶어 우리 갈문경:)

葛文卿: Haha, I am studying in graduate school and speak english in class, so getting used to writting english as also. I also miss you all and wish that i can to meet all my friends. Whatever it takes, do never eating one's heart out for the event between our governments. Have a good time everyday!:)

하, 나는 대학원에서 영어로 말하기 때문에 영어에 익숙해 있어. 나도 네가 그립고 친구들을 만나러 갈 수 있기를 바라고 있어. 무슨 일이 되었든 국가 간의 일로 우리들 마음을 갉아 먹게 하고 싶지 않아.

한 교실에서 같이 공부했던 베트남학생과 중국학생은 각자의 진로에 따라 지금은 다른 장소에서 공부하고, 일하고 있습니다. 국가 간 영토 분쟁 문제로 갈등이 계속되고 있는 상황 속에서도 두 학생이 바라는 것은 서로의 우정이 계속 이어지는 것이었습니다. 국가 간 문제에 대해서는 불가항력의 한계를 느끼지만, 한 교실에서 같이 공부하고 웃고 이야기하던 다국적 친구들은 더 이상 타인이 될 수 없습니다. 국민국가에 익숙한 학생들은 영토 분쟁의 여러 사례를 살펴보고, 원인을 조사하고, 국경의 다양한 모습을 찾아보면서 지금까지 우리에게 익숙했던 분리된 국경, 고립된 국경의 모습뿐만 아니라 더불어 생활하고 함께 나누는 국경의 모습을 접하게 되고, 이 과정 속에서 어떠한 모습의 국경이 우리를 행복하게 해줄 수 있을까 생각하게 됩니다.

주

1) 김홍철, 『국경론』, 민음사(1997), p.124.

2) Oscar J. Martinez, 『경계 교류의 역동성(The Dynamics of border interaction)』,
Clive H.. Schofield, ed., 『세계의 분계(*World Boundaries*)』 volume I:
「지구상의 분계(*Global Boundaries*)」(London, 1994)

3) 크리스 윌리엄스, 『근대의 국경, 역사의 변경: 변경에 서서 바라보다』,
「변경에서 바라보다: 근대 서유럽의 국경과 변경」, 비교역사문화연구소(2004).

4) 2003년 9월 16일 중앙일보
http://article.joinsmsn.com/news/article/article.asp?total_id=228271&ctg=13

음악의 언어로
평화를 부르다!

라비린트(Labyrinth=Maze) 속으로

갈팡질팡한 마음의 공존세계

어느 날, 도심의 지하철에서 길을 잃었다. 지하철 환승역에서 내려 내가 가려는 방향의 지하철로 바꿔 타기 위해 이쪽저쪽 살피며 지하도를 건너 반대편으로 간다는 것이 그만 방향을 잃어버려 전혀 엉뚱한 출구로 나와 버렸다. 온통 교통이 혼잡했다.

'앗, 이곳이 아니구나!' 느끼며 내가 왔던 방향으로 다시 돌아가 내가 타야 하는 지하철 노선 색깔에 무작정 올라탔다. 하지만 지하철은 이상한 곳으로 향하더니 한 없이 낯선 곳으로 쏜살같이 달린다. 놀란 마음에 아무 곳에서 내려서 출구로 나갔다.

내린 곳은 사방이 집들로 둘러싸여 있다. 어지럽게 흩어진 골목을 들어섰다 다시 되돌아 나오려는데 자꾸만 길이 바뀐다. 저편 벽돌집 창문이 열리더니 어머니와 딸아이의 얼굴이 비친다. 정다운 이야기 몇 마디 나누더니 이내 창문을 닫는다. 길을 잃어 불안한 나와는 달리 너무도 행복해 보였다. 막다른 골목을 몇 번씩이나 되돌아 나온다. 온 몸에 땀이 흥건하도록 뛰어다녀도 큰 길이 보이지 않는다. 무릎이 후들거려 주저앉고 싶었지만 그러지 않으려 이를 악문다. 누군가 나타나 나를 도와주었으면 하는 바람이 간절하지만 간혹 스치는 사람들도 외면한다. 지친 몸은 자꾸만 땅과 가까워진다. 곧 쓰러질 것 같다.

그 때, 어렴풋한 소리로 누군가 부른다.

"선생님~" 분명 우리 반 장난꾸러기 학급회장 아이의 목소리다. 점점 가까워지는데 얼굴은 보이지 않는다. 아이의 이름을 부르려고 소리를 내보지만 도무지 소리가 나지 않는다.

"샘~" 또 다시 가까이서 소리가 들린다. 골목을 돌아서면 만날 것 같다. 벅찬 마음으로 골목길을 막 돌아선다. 누군가 덥석 내 팔을 잡는다.

"샘~, 이제 그만 일어나."

다행히 꿈에서 깨어났지만 온 몸은 땀으로 흥건하다. 요즘 온통 우리 반 아이들만 생각해서 그런가 보다. 차츰 사라져 가는 아이들의 전통적인 놀이문화를 생각하다 내 자신이 거기에 말려들어 갇힌 게 분명하다. 우리 인생을 진실하게 형상화한 구불구불한 골목들과 그곳에서 친구들과 깔깔대며 놀았던 골목길. 아, 그들이 사라지고 있다. 갈라지고 다시 만나는 일들을 불규칙하게 저지르며 우리에게 무한한 우정과 추억을 자극했던 어릴 적의 놀이문화가 너무도 성큼 변하고 있다. 그것들을 생각하며 요 며칠 잠을 설친다.

이야기에서 나는 '왜 미궁 Labyrinth 으로 빠졌을까? 라는 생각을 벗어버리고 잠시 머리를 식혀보고 싶습니다.

라비린트 Labyrinth 는 그리스말로 Laburinthos, 라틴말로 Labyrinthus, 영어로 Labyrinth, 독일어로는 Labirinth, 즉 미로 迷路 또는 미궁이라는 뜻입니다.[1] 인간의 편리성을 위해 만든 요즘의 길들은 너무도 넓고 똑바르고 직선과 직선이 만나기에 늘 교차로가 생깁니다. 서로의 마음속의 이기심을 정리하느라 신호등을 세우며 서로 빠르게 질주하려는 조급함을 잡아보겠다고 과속측정 카메라를 답니다. 대략 휘어져 달리고, 달리다 옆에서 나오는 길 슬

쩍 끼워주고, 적당한 장소에서 또 놔주는, 그래서 욕심을 세울 필요도 없고 조급함과 싸울 필요도 없는 우리의 인생 같은 구부정한 길들이 사라져감에 더욱 마음이 아픕니다.

온통 직선의 공간에서 자라난 우리 아이들이 문득 어느 날, 인생의 미로 같은 상황에 맞닥뜨리면 어떻게 처신할지, 나는 비록 꿈속에서 허우적댔지만 그들은 현실 속에서 길을 찾기 위해 갈팡질팡할 것이니 말입니다. 진작부터 골목을 걷게 해야 하는데, 학교까지 가는 길의 무수한 경우의 수를 스스로 선택하도록 두어야 하는데. 새로운 길을 나섰다가 잃어버렸을 때, 스스로 방향을 감지하여 보이지 않는 목표를 제대로 짐작해 낼 수 있어야 하는데, 도시의 직선화도나 공간들은, 일정한 지점만을 지독하게 왕복하는 교통수단들은, 고민 없이 일정한 장소까지 배달해주는 자가용들은 아이들의 존재도구들을 참혹하게 망가뜨리고 있지는 않나 생각해 봅니다. 지금 우리는 진중하게 돌아볼 필요가 있습니다. 사람의 마음을 빼앗으면 몸은 덤이라는 말이 있습니다. 이는 국가 간에도 서로 통하는 말입니다. 경제적, 이념적 갈등을 넘어 이웃나라 국민과 상호 간에 마음의 화평을 얻으면 일촉즉발 一觸卽發 의 국제적 위기의 상황에서라도 평화를 쉬이 덤으로 얻을 수 있다고 봅니다. 그 방법의 하나가 주변국가의 상대방의 언어를 사용함으로써 세계 평화의 일익을 담당하는, 동아시아의 평화와 행복한 미래를 만들 수 있다는 사실입니다. 24년 동안 초등학교에서 아이들을 가르치면서 우리나라 말과 글을 누구보다 사랑하는 교원의 한 명으로 한 나라의 경제 정책이 국민의 육체 건강을 좌우한다면 한 나라의 언어의 정책은 국민의 정신 건강을 좌우할 정도로 한 국가의 언어 정책은 중요하다고 봅니다. 그런데 정보기술Information Technology 과 문화의 세기를 맞이한 이후 국제적 현실은 이제 이념주의, 민족주의, 국가주의, 종교주의 등이 한계성을 보이기 시작했고, 또한 심각한 평화의 위협을 받고 있는 것이 사실입니다. 다시 말하자면 가족의 일원으로서 '나' 가 존재하듯, 세계 속의 각 국의 나라로서 존재할 때만이 공존의 가치가 존중될 수 있습니다. 불행하게도 인류는 정보의 발달로 말미암아, 세상은 그만큼 좁고 투명해졌으며, 그에 따라 남과의 '비교' 와 '경쟁' 은 일상화가 되어 버렸습니다. 이처럼 비교우위론의 잣대로 볼 때는 '내가 상대보다 우위에 있을 때' 만 행복할 수 있습니다. 비교우위론으로 상대방을 보고 이해한다면 그 결과는 갈등의 연속과 마음의 평화가 없습니다. 그러나 '역할분담론' 을 바탕으로 개개인의 소중한 가치관을 서로가 인정해 준다면 인류의 평화가 쉬이 도래하리라 믿습니다. 빈부, 종교, 지위, 학벌, 지역, 남녀, 노소 갈등의 벽을 넘어 모두가 행복에 이를 수 있다고 봅니다. 물론 역할분담론의 소중한 가치를 실현하기 위해서는 깊이 있는 접근 방법과 이를 인식시키기 위한 노력이 필요한 것이 사실입니다.

유럽에서의 다양성 통합

유럽연합EU 에서는 국민이 모국어가 아닌 언어를 두 개 이상 구사할 수 있도록 장려하는 다국어 정책을 폄으로서 국가 간의 평화를 유지하고 있습니다. 유럽연합은 '다양성 속의 통합Unity in Diversity' 이라는 기치 아래 각 회원국의 언어와 문화의 다양성을 그대로 유지하면서도 점차 정치적 · 경제적 통합을 목표로 하고 있으며, 이를 위한 언어문화예술 정책을 공동으로 펼치고 있습니다. 즉 유럽연합 국민은 자신들의 모국어로 말하고 쓸 수 있는 자유와 권리를 보장하고 장려하며, 이를 위해 유럽 사회에서 사용되는 모든 언어를 인정하고 이들을 동등하게 교육기관에서 가르치고자 하며, 초등학교에서부터 언어 교육을 통한 다문화 교육, 평화 교육을 시행하도록 권장하고 있습니다. 우리나라 교육제도의 현실에서 학생들이나 국민으로 하여금 공부의 부담을 주자고 하는 것은 결코 아닙니다. 상호 언어 인정을 통한 아름다운 국가 관계를 맺자는 것입니다. 제도적으로 가르치지 않더라도 관광 한국, 문화 한국, 유학 한국을 위해서도 매우 중요하다고 여깁니다. 물론 외국어 학습이야 경제적, 학문적, 친교적 목적으로 자율적으로도 이미 이루어지고 있습니다만, 모국어의 가치는 물론 절대적입니다. 유럽인들은 적어도 4~5개 국어를 구사하며 상호 존중을 통한 평화를 이루고 있다고 봅니다. 유럽연합의 언어는 유럽연합의 24개 공식 언어를 포함한, 유럽연합 가맹국에서 쓰는 언어를 말합니다. 유럽연합은 시민들이 두 개 이상의 모어가 아닌 언어를 구사할 수 있도록 장려하는 다국어 정책을 펴고 있습니다. 그러나 이러한 정책이 완전히 유럽연합의 사람들에게서 지지되는 것은 아닙니다. 유럽연합의 언어, 즉 그리스어 · 네덜란드어 · 덴마크어 · 도이칠란트어 · 라트비아어 · 루마니아어 · 리투아니아어 · 몰타어 · 불가리아어 · 스웨덴어 · 스페인어 · 슬로바키아어 · 슬로베니아어 · 아일랜드어 · 영어 · 에스토니아어 · 이탈리아어 · 체코어 · 포루투갈어 · 폴란드어·프랑스어·핀란드어·헝가리어·크로아티아어 등 이지만, 국제연합UN 이나 유럽연합, 국제경제협력기구OECD 같은 기구 모두의 공식 언어는 영어와 불어입니다. 유럽연합 사이트에 가보시면 유럽 24개 국가의 언어로 서비스가 되고 있으나http://europa. eu/(영어·불어 외 스페인·이탈리아·독어·포르투갈어·노르웨이·덴마크어 등) 업무 용어는 영어와 불어입니다. 유럽연합은 2013년 현재 서로 다른 문화적·언어적 배경을 가진 28개 회원국과 약 5억 명 시민으로 이루어져 있으며, 24개 언어를 공식 언어로 채택하고 있습니다.[2] 유럽연합은 '다양성 속의 통합' 이라는 모토 아래 회원국의 언어와 문화의 다양성을 그대로 유지하고 정치적·경제적 통합을 목표로 하고 있으며, 이를 위한 언어문화예술 정책을 시행하고 있습니다. 즉 연합 시민들이 자신들의 모국어로 말하고 쓸 수 있는 자유와 권리를 보장하고 장려하며, 이를 위해 유럽 사회에서 사용되는 모든 언어들을 인정하고 이들을 동등하게 교육기관에서 가르치고자 하며, 유·초등학교에서부터 언어 교육을 통한 다문화 교육, 평화 교육을 실시하기를 권장합니다. 유럽연합 창설의 모태가 되는 로마조약1957년 은 유럽 평의회에 유럽문화협력에 관한 책임을 위임하였으며, 이로부터 유럽 평의회가 유럽의 언어문화 정책 실행의 중요한 역할을 수행하고 있습니다. 1993년 11월 1일 마스트리히트 조약에서 처음으로 유럽연합이 언어문화 정책 관련 조항을 명문화 하였으며, 이후 유럽연합도 적극적인 언어문화 정책을 수립하여 실행하고 있습니다. 2003년 7월 18일 유럽 헌법 제정 계획에서는 유럽의 언어 다양성을 유지하기 위한 새로운 보장책으로 '유럽연합의 문화적·언어적 다양성의 풍요로움을 존중하는 것은 연합의 새로운 목표가 된다.' 라고 명문화되었습니다. 유럽 평의회 Council of Europe 는 유럽연합의 언어문화 정책과 같은 맥락에서 2001년에 출간한 『언어 학습·교수·평가를 위한 유럽공통참조기준 Common European Framework of Reference: Learning, Teaching, Assessment, CEFR』에서 언어교육의 큰 방향을 제시하고 있습니다. 초보자(A1, A2), 중급자(B1, B2), 상급자(C1, C2)로 구분하며 A(Basic User, 기초 언어 사용자: A1. Breakthrough or beginner/초심자, A2. Wastage or elementary/초급), B(Independent User, 자립적 언어 사용자: B1. Threshold or intermediate/문턱, B2. Vantage or upper intermediate/자립), C(Proficient User, 숙달된 언어 사용자: C1. Effective Operational Proficiency or advanced/자율, C2. Mastery or proficiency/숙달)의 6단계 구분입니다. 유럽에서는 서로서로의 언어를 배우는 일이 많으니까, 공통적으로 외국어 능력을 평가하는 기준이 마련된 것 같습니다. 매우 합리적인 레벨 구분인 것 같습니다. 「유럽공통참조기준」은 유럽연합 회원 국가들의 언어교육 정책 수립의 근간이 되어 외국어 교과과정 개혁, 평가제도 개편, 교재 집필 등 언어교육 과정 전반에 걸쳐 실질적으로 큰 변화의 틀을 제공하고 있습니다. 유럽 평의회가 지향하는 언어문화 정책의 기본은 다중문화주의 Pluriculturalism 와 다중언어주의 Plurilingualism 입니다. 유럽 평회의의 기본원칙은 '모든 사람을 위한', '일상생활에서 활용하기 위한', '학습자를 위한' 평생 언어교육의 실행 방안으로 『유럽공통참조기준』을 공식적으로 도입하였고, 이에 준거하여 나라마다 '유럽 언어 포트폴리오'를 만들어 언어 교육에 활용하고 있습니다. 특히 외국어로서의 독일어 교육 분야에서는 세부 교육 내용과 교육 방향을 제시해 주는 『프로필 독일어』가 제작되어 외국어로서의 독일어 교육에 사용되고 있습니다. 유럽연합은 '다양성 속의 통합'이라는 언어문화 정책 수행을 위한 일련의 결정과 프로그램을 실행하고 있습니다. 2000년부터 실행되고 있는 리스본 전략은 유럽연합을 경쟁력 있고 역동적인 지식기반의 경제공간으로 만들고자 하는 목표 하에 다중언어주의를 장려하기 위한 프로그램과 '일반교육과 직업교육 2010' 프로그램을 추진하고 있습니다. 같은 맥락에서 1999년의 '볼로냐 선언과 추진과정'을 통해 유럽의 대학교육의 현대화 작업도 이루어지고 있습니다. 2002년에는 유럽연합 회원국 대표들이 바르셀로나에서 모든 유럽연합 시민이 자신의 모국어에 추가하여 두 개의 외국어를 더 구사하고, 무엇보다 모든 아이들에게 유·초등교육에서부터 적어도 두 개의 외국어를 가르치도록 하는 '모국어+2' 정책을 의결했습니다. 이는 다중언어주의를 장려하여 모든 유럽연합 시민이 자신의 모국어 외에 두 개의 외국어를 더 구사할 수 있도록 하고자 하는 것입니다. 2003년에 유럽집행위원회는 '언어학습 및 언어다양성 증진: 2004~2006년 활동계획'을 수립하여 언어학습과 언어다양성을 장려하며, 평생 언어학습 및 보다 나은 언어교수·학습에 중점을 두고 있다. 유럽연합 언어정책의 근간인 '모국어+2' 정책은 가능하면 많은 유럽연합시민들이 모국어 외에 두 개의 외국어를 더 구사할 수 있도록 학교교육, 직업교육, 평생교육에서 장려하고, 이의 실행을 위한 언어교수·학습을 위한 언어친화적인 환

경을 조성하는 데 있습니다. 2005년 11월 유럽집행위원회 보고서는 '더 많은 언어를 사용할수록 더 폭넓은 인간이 된다.'라는 표어를 내걸고 다중언어사용의 목표를 재확인하며, 언어정책의 다양한 면을 조명하고 실천사항을 제안하면서 다중언어사용의 새로운 전략을 제시하고 있습니다. 유럽연합은 유럽의 정체성을 지키기 위해 '모국어+2' 언어정책을 회원국들에게 적극 장려하며, 유럽 시민들의 다중언어사용능력 향상을 위하여 노력하며, 유·초등교육에서부터 시작하는 평생언어학습에 심혈을 기울이고 있습니다. 이런 유럽연합의 언어교육정책의 주안점은 다중언어능력을 지닌 유럽시민의 양성에 있으며, 앞으로는 다중언어능력의 개발이 유럽 시민의 권리인 동시에 의무가 될 것으로 예상됩니다.

독일의 통합적 교육과정 발도로프 Waldorf 학교의 교육과정은 류돌프 슈타이너 Rudolf Steiner 의 인지적 발달론에 근거하여 구조화되어 있기 때문에 전인적인 교육의 특징을 지니고 있습니다. 지적 교과와 함께 예술, 종교, 노작 교과가 중요시되며 인간의 생활 조건에 적합한 다양한 종류의 수업 활동을 전개합니다. 그 중에서 조기 외국어 교육을 실시합니다. 1학년부터 영어, 불어, 러시아어 중에서 2개의 외국어를 배우는데 이렇게 일찍 외국어를 배우는 이유는 다양한 언어 세계를 경험함으로써 어린이의 영혼이 풍부해지기 때문입니다. 3학년까지는 주로 놀이와 노래, 그림, 연극 등의 방법으로 어린이 스스로 무의식적으로 외국어를 배우게 하며 4학년부터 말하기, 문법, 문장 쓰기, 번역 등을 가르치게 됩니다. 이렇듯 유럽연합에서 24개 국어를 서로 인정하듯이, 이웃나라의 언어를 인사말 정도라도 편안한 마음으로 주고받는 분위기가 이루어진다면, 적어도 국가 간의 첨예한 갈등은 분명히 줄어들 것입니다.

인사 한마디가 평화

낯선 인도, 네팔 등지를 여행하면서 '나마스테 Namaste' 라는 인사 한마디로도 미소를 얻을 수 있음을 경험할 수 있습니다. 상대를 이해하고 수용하기 가장 쉬운 방법은 그 나라의 말로 인사 정도라도 건네는 것입니다. 다중문화주의 pluriculturalism 와 다중언어주의 plurilingualism 를 통한 평화교육에 힘써 보면 어떨까 하는 생각을 해 보면서 스위스의 제네바에서 몇몇 학자들에 의해 설립된 국제 민간연구소는 경제 공황과 새로운 전쟁의 위협이 불어닥치는 1929년에 당시 제네바에 본부를 두었던 국제연맹League of Nations 의 도움을 얻어 준 국제 기구적 성격의 정부 간 협력기구 intergovernmental organization 로 개편하게 됩니다. 새로 개편된 국제교육연구소 IBE 의 헌장에 는 그 목적과 취지를 이렇게 밝히고 있습니다.

'교육을 발전시키는 것이 평화를 달성하고 establishment of peace , 인간 을 도덕적으로나 물질적으로 향상시키는데 progress of humanity 본질적 요소 가 됩니다. 이러한 교육의 발전을 위해서는 연구 자료를 수집하여 교육에 활용하며, 정보 자료를 광범하게 교환하게 해서 interchange of information and data , 각 나라들이 다른 나라들의 경험을 통해 자극을 받고 배울 수 있는 혜 택을 주는 것이 중요하다.'

자기 나라나 자기 민족만 알고, 그 이익만을 위해 노력하는 인간을 만 들어서는 평화가 있을 수 없기 때문에, 국경을 넘어서 이웃나라, 남의 나라 를 잘 이해시켜 친선관계를 만들려는, 그래서 적대관계나 갈등관계를 극복 하려는 목적을 가지고 평화를 유지하고 달성하기 위해서는 교육의 역할이 중요하다는 것을 절실히 느낍니다.

따뜻한 마음으로 이해의 열매를 찾아 나서기

이에 세계화를 위한 교육의 방향을 모색하는데 있어서 인성 및 창의성을 함양하는 교육을 통하여 더불어 사는 인간, 슬기로운 인간, 열린 인간, 일하는 인간을 길러 내야 할 것입니다. 오늘날의 사회는 급격한 산업화에 의한 물질 만능 주의, 상업적 대중매체와 유해 환경 등이 복합적으로 작용하여 청소년의 비행과 탈선이 증가하고 있습니다. 또한 입시 위주의 암기 교육과 획일적 평가 체제로 개인의 특성과 다양성이 무시된 채 규격화된 인간만이 양산되고 있습니다. 이러한 사회적·교육적 문제를 해결하기 위하여 인성과 창의성을 함양하는 교육이 강화되어야 합니다.

실천 위주 인성 교육 강화

1 학교 급별에 따른 인성 교육 실시

학교 급별로 학생의 발달 수준에 맞도록 체계화된 인성(도덕성, 사회성, 정서 등) 교육을 실시하고, 또한 정규 교과 전체에 포함하여 실시한다.

- 유치원~초교 3년: 예절, 기초 질서(교통질서), 공동체 의식 교육 등 강화
- 초교 4년~중학교: 민주 시민 교육(인간 존중, 공공 법질서, 합리적 의사 결정 등) 강화
- 고등학교: 세계 시민 교육(타문화의 올바른 이해, 평화 교육, 외국 여행 에티켓 등) 강화

2 인성 교육 방법

지식 중심의 도덕 윤리 교육에서 벗어나 대화·토론·상담·봉사 등의 실천적 활동을 통한 민주 시민 윤리를 내면화하고, 전 교과목에 걸쳐 도덕·윤리 교육이 구현되도록 함으로써 학교를 도덕적 분위기로 전환시킨다.

3 청소년 수련 활동과 봉사 활동

야영장 및 수련원 시설을 확충하여 청소년의 단체 수련 활동을 활성화하고, 집단적 놀이 프로그램을 개발하여 협동적 문제 해결을 통한 다양한 실천 학습 경험을 제공한다.

4 유아 교육에 있어서 인성 교육 강화

유아의 기본 생활 습관을 길러주기 위하여 예절 · 질서 · 청결 등 실천 위주의 교육을 의무화하고, 가정교육과의 연계 속에서 인성 교육이 이루어지도록 올바른 자녀 교육 방법에 대한 학부모 교육을 강화한다.

5 가정교육과의 연계 강화

인성 교육은 학교 교육만으로는 한계가 있으므로, 가정교육과의 연계 속에서 인성 교육이 이루어질 수 있도록 한다.

6 매스컴(Mass Communication)의 교육적 기능 강화

청소년 정서 함양 프로그램 제작을 권장하며, 청소년 유해 환경 개선 및 비행(흡연, 약물 남용 등) 예방용 프로그램 제작을 적극 지원한다. 또한 청소년의 인성 교육에 절대적인 영향을 끼치는 매스컴의 음란성, 폭력성, 범죄성 등의 유해 환경으로부터 청소년을 보호하기 위한 법적 · 제도적 장치를 마련한다.

창의성을 함양하는 교육

1 교육과정의 개선

학생의 적성과 능력에 따라 다양한 학습을 할 수 있도록 교육 과정을 개선

한다.

❷ 교육과정 운영의 다양화

다양한 선택과정을 강화하기 위하여 진로 및 교과 상담교사, 순회 교사, 시간제 교사, 산학 겸임교사, 복수 전공 교사 등의 제도를 활성화하고, 이동식 수업을 도입한다.

❸ 기초 학력 교육 강화

기본문 해석력과 의사소통 능력 향상을 위하여 국어(읽기, 쓰기, 말하기 등)교육을 그리고 문제 해결력 향상을 위하여 탈 교과서적 독서 교육을 강화한다.

❹ 교과서 정책 개선

탐구 · 실천 중심의 교과서를 개발하고 첨단 정보 통신 기술을 통한 교육과 학습자들이 시 · 공간적 제약을 벗어나 국내와 전 세계의 과학자, 전문가, 교육자, 학생등과 직접 접촉할 수 있도록 한다.

❺ 개인의 흥미와 적성을 고려한 교육

학습자가 자신의 흥미와 적성에 따라 학습할 수 있는 교육용 소프트웨어를 충분히 개발하여 개별 학교에 활용할 수 있도록 한다.

❻ 방과 후 교육 활동 활성화

학생의 흥미, 취미 및 학교의 실정 및 지역 특성에 알맞은 각종 교육 활동을 운영한다.

❼ 특수 교육과 영재 교육의 강화

장애 학생들이 장애의 종류와 정도에 적합한 교육을 받을 수 있도록 특수

학교의 설립을 확대한다. 또한 각 분야별 영재를 발견하여 정규학교 내의 영재 교육과 영재 교육 기관을 통해 영재 교육을 활성화한다.

개인의 다양성을 중시하는 교육

1 자기 주도적(Self-directed) 학습 능력 향상

학생이 중심이 되는 토론 학습, 탐구 학습, 실험 및 실습 학습, 창의적 문제 해결 학습, '학습하는 방법의 학습' 등을 정착시킨다.

2 개별화 학습의 강화

학생이 자신의 능력 발전 정도와 학습 진도에 따라, 첨단 기술을 활용한 새로운 형태의 개별화된 교수-학습을 통하여 학생 개인의 잠재능력 개발이 극대화되도록 한다.

이제 우리들은 과감한 교육 개혁을 통하여 인성 및 창의성을 개발하는 신교육을 추진해 나가야 할 것입니다. 도덕성을 회복하기 전에는 세계화도 헛된 꿈이 될 수 있기 때문입니다.

요즈음 공교육이나 사교육에서 다양한 외국어 교육 연구소가 생겨나고 있으며 기본적인 언어 배우기에서부터 다양한 목표를 가집니다. 외국어 교육 연구소는 언어교육을 통한 다언어, 다문화가 공존하는 국제사회 및 지역사회의 평화적 공생적 발전에 공헌하는 인재의 육성을 목표로 하며 다음의 여러 가지 점을 중시합니다. 첫째, 국제사회에서 자립한 일원으로 활약할 수 있도록 커뮤니케이션 Communications 툴 Tool 로써의 외국어 운용능

력을 육성한다. 둘째, 자타의 문화를 이해하고 존중하는 태도를 키우며 지역문화에의 관심을 높인다. 셋째, 생애에 걸쳐 다른 사람과 협동하여 자기계발 자기실현을 달성하기 위한 기반을 돋운다. 이상의 목적을 실현하기 위하여 교원은 언어, 문화 및 언어교육의 연구에 정진하며, 세계의 동향에 적절한 대응을 항상 유의해야 합니다.

순수한 아이들의 마음속으로

음악이 주는 평화교육

잠시나마 평화롭고 자유로운 사회로의 음악교육을 이야기할까 합니다.

어린이들은 어지럽고 혼돈상태의 자연 속에서 자신을 지키기 위하여 자신의 속으로 들어가려고만 할지도 모르며 외부와의 모든 통로를 차단하면서 자연의 소리와는 동떨어진 산업사회의 대도시사회에서 어린이들의 음악은 색을 잃어가고 있습니다. 우리가 기존의 매스컴에 어린이를 그대로 방치하게 될 때 또 직접적인 교육, 우리의 마음과 몸, 숨결이 그대로 전해지는 음악교육이 아닌 간접적인 매체에 의존하게 될 때 어린이들은 자신의 음악을 잃고 방황하게 된다고 박성순 「음의 라비란트」 저자 은 이야기하고 있으며 세계적으로 21세기를 이끌어 나갈 어린이들에게 통합·예능적인 음악교육이 어린이들에게 자연스럽게 스며들어야 한다고 말합니다. 주게스토페디 Suggestopedy , 혹은 서제스토페디아 Suggestopedia 라고도 불리우는 현대적

인 언어교수법은 불가리아 Bulgaria 의 교육학자, 심리학자이며 의사인 죠지 로자노프 Georgi Lozanov 교수에 의하여 성인을 위한 외국어교육방법으로 개발된 것이다. 로자노프는 암시에 의하여 무의식적으로 배우는 것이 많다고 주장하였고 인간의 심리상태를 보다 교육적으로 효율적인 분위기 안에서 배우게 하기 위하여 서구 고전 음악을 최대한으로 사용하였습니다.

어린이를 위한 가장 올바른 음악교육은 무엇일까요?

자신의 노래를 찾도록 도와주며 다른 사람들과의 관계, 자연과의 관계를 스스로 깨닫고 느끼게 하는 것이 아닐까요? 올바른 자세, 호흡이 건강한 모습과 어린이들의 순수한 마음을 유지시켜 주며 진리를 깨닫고 느끼고 표현하고자 하는 자연스런 갈망이 같이 어우러지도록 도와주는 것입니다.

어릴 때 듣고 자란 노래들이 또 소중한 사람들과 같이 부르던 노래들이 어린이 일생 동안 어려운 일이 있거나 슬픈 일이 있을 때 외로울 때 그들의 힘이 되어 줍니다. 그들 자신만의 슬픔이나 외로움이 아니고 다른 이들의 어려움도 같이 위로해 줄 수 있는 커다란 힘으로 받혀 줄 수 있게 됩니다.

우리들은 음악을 언제부터 좋아하게 될까요?

저는 아주 어려서부터였던 것 같습니다. 어릴 때 차를 타고 가며 친구들과 함께 쉴새 없이 부르던 노래들, 친구들과 공기놀이, 달팽이 놀이, 고무줄놀이를 하면서 부르던 노래들을 기억합니다. 그 때 불렀던 노래들은 자연에 관한 흥겹고 발랄한 노래들이었던 것 같습니다. 마음이 울적할 때 혼자 몰래 마음에 간직하던 노래들도 생각나며 쉴새 없이 뜻모를 노래를 흥얼거리며 다니던 기억도 새롭습니다.

그러면 음악이 한창 자라나는 어린이들에게 신체적으로 또 감정적으로 어떠한 영향을 미치는가를 살펴보도록 할까요?

먼저, 긴장을 풀어주고 감정을 고르게 하여줍니다. 음악은 긴장을 풀어주고 또 긴장하게 함으로써 결과적으로는 굳어져 있는 근육과 내부기관의 긴장을 점차적으로 이완시켜주는 역할을 합니다. 천천히 부드럽게 이어시는 선율의 음악은 고르지 않은 어린이의 호흡을 고르게 하여 주고 불안정한 어린이나 쉽게 흥분하는 어린이들을 노래와 연주를 통하여 몸과 마음이 고르게 되도록 도와줍니다.

둘째, 표현하려는 욕구를 샘솟게 합니다. 의기소침한 어린이나 매사에 의욕이 없는 어린이, 소극적인 어린이들을 음악은 행동으로 옮기게 도와주며 음악을 들으며 어린이들은 자기 나름대로 항상 다르게 움직이곤 합니다. 감정표현에 서툴거나 겁이 많은 어린이, 또 수줍음을 지나치게 타는 어린이들도 단순한 리듬으로 반복되는 음악에 맞추어 걷거나 뛰어 보는 등 조금씩 자신의 몸을 행동으로 옮기게 됩니다. 감정이 잘 나타나는 음악에 맞추어 그들의 느낌을 소박하게 표현하는 시도도 두려워하지 않게 됩니다.

셋째, 느낌을 일깨워줍니다. 개인적으로 음악은 어린이들의 기분과 감정을 일깨워줍니다. 어린이들의 내부에 깊이 숨겨져 있는 욕구를 뒤틀려져 있는 자신과의 관계를 바로 잡게 하여줍니다. 음악의 흐름을 선이나 색을 통한 그림으로 표현하거나 동작으로 표현하거나 음악적 상상력을 통하여 자신만의 세계가 아닌 다른 이와의 음악세계를 구축하여 나갈 수 있게 됩니다.

넷째, 감정의 정화를 도와줍니다. 음악은 어린이 스스로 어려움을 극복하고 견뎌나갈 수 있는 힘을 주며 엄마의 따뜻하고 부드러운 요소를 지니고 있는 특정한 리듬이나 음색은 소외감을 극복할 수 있게 도와줍니다.

다섯째, 사회성을 길러줍니다. 함께 부르는 합창이나 연주, 또는 음악 감상을 통하여 음악은 대화를 가능하게 합니다. 나와 너의 관계에서 나와 그룹 Group, 또는 우리라고 하는 울타리 안에서 서로 듣고 이야기하고 함께 나누게 됩니다.

여섯째, 삶과 존재의 의미를 찾게 하여줍니다. 경제협력개발기구 회원국 중 대한민국 청소년의 사망 원인 1위가 자살이라고 하며 우리나라 어린이와 청소년의 행복지수가 최하위에 머무르고 있다고 합니다. 청소년들은 아직 미성숙한 존재로 정말 죽고자 하는 의지가 없더라도 충동적으로 혹은 도움을 요청하려는 목적으로 자살을 시도하는 경우가 많고, 실제 사망으로 이어지기도 합니다. 따라서 삶에서 의욕을 잃게 되었을 때 의미를 상실하였을 때 청소년들이 일시적인 자살 충동이나 위기상황을 극복할 수 있도록 돕기 위한 적극적인 방법이 필요합니다. 음악은 새로운 의미를 찾게 하여줄 수도 있습니다. 창조력은 그들에게 살아가야만 하는 소중한 의미를 일깨워주고 다른 이들과의 연대감도 찾을 수 있게 하여줍니다.

일곱째, 창조자의 무한한 존재를 깨닫게 되고 자연과의 일치, 다른 이들과의 일치를 꿈꾸게 됩니다.

음악이 사회에 주는 역할

음악의 사회적 역할은 음식에 있어서 소금과도 같습니다. 어디에나 숨겨져 있고 적절해야 하고 때와 장소, 상황에 맞는 것이라야 합니다. 음악은 사회 분위기를 조성하고 그 사회분위기는 다시금 음악을 만들어 내며 환경을 돋보이게도 하고 정화시킬 수도 있습니다. 음악을 교육하는 교육자는 어떤 역할을 감당할 수 있을까요?

예를 들어 음악교육자로 우리의 사회현실은 무시한 채 언제까지나 서양음악만을 고집하고 그것도 한 시대의 음악만을 고집하고 입시 위주의 교육만을 어린이들 눈앞에 보여준다면 이 같은 음악 교육자는 '철부지' 음악가라 할 수 있겠습니다. '철부지' 음악가가 아닌 이 사회에 알맞은 또 이끌어 갈 수 있는 '참다운' 음악가는 다양한 가능성을 제시하여주는 예언자의 역할을 하여야만 합니다. 우리 사회의 바른 소리를 치우침 없이 올바르게 전하여 주어야 합니다. 매스컴의 힘을 꾸준히 지켜보면서 통제할 수 있고 비판할 수 있는 인재들을 길러내야 합니다.

매스컴은 음악을 통하여 모든 이를 한편으로는 사회적으로 네트워크 Network 로 연결시켜주어 만족감을 주고 매달리게 하며 또 다른 한편으로는 철저히 눈에 보이지 않게 조종하고 있습니다. 즉 속하여 있다는 소속감이 어느 한 순간에 커다란 상실감, 소외감으로 빠져들게도 만들 수 있다는 이야기입니다. 자신을 밝히지 않아도 쉽게 속할 수 있는 대신 그만큼 다른 이들과의 연대감도 적을 수밖에 없습니다.

도처에 생명의 위험이 도사리고 있듯 민감한 어린이들에게 상처를 주면서 그냥 무심코 지나쳐버리는 어린이들의 권리를 짓밟는 어른들의 횡포는 곳곳에 있습니다. 버스나 지하철, 택시, 심지어는 모범택시를 타도 라디오에서 들려오는 소음에 가까운 음악은 그치지 않고 음악뿐이라, 무선전화의 공해는 더 말할 것 없습니다.

무선전화의 광고 한 장면에서,

혀 짧은 소리로

"할머니, 아퍼?"

"호~" 하면서 우리를 저절로 미소 짓게 만들고 아가가 한없이 귀엽다는 생각을 하는 것보다 사실 우리는 그 광고를 찍느라 몇 시간 동안이나 전자파 위험을 무릅써야 했을 우리 어린이들을 생각해야 하는 것이 옳은 일이 아닐까요?

그럼, 우리 사회의 음악은 어떠할까요?

눈에 보이지 않는 위험은 우리의 감각을 무디게 하고 모든 것을 당연시함으로 서서히 우리 생활 안에서 자리잡아가고 있습니다. 어른들의 거칠고 큰 목소리 속에서 여린 어린이들의 음성은 가려져 들리지 않고 목을 쓰고 악을 써도 누구하나 돌아보지 않을 정도로 어른들 위주의 우리사회는 무심해지고 있습니다. 어린이들의 소리 없는 음성이 우리의 귓가에 들리지 않는 한 우리 사회의 병폐는 쉽사리 고쳐지지 않으리라 봅니다.

집으로 돌아가려던 아이들이 다가와
"선생님, 오늘 제 생일 파티 있어요~"
"와, 그렇구나! 축하해. 어디에서 하는데?"
"먼저 엄마가 해 준 음식 먹고요, 노래방 가서 노래 부르며 신나게 놀 거예요."

아이들은 들떠서 하는 이야기하지만 선생님들은 해마다 여러 번 나누는 대화일 것입니다.

혹여, 우리 사회의 음악감상 교육이 태교음악으로 시작하여 노래방 교육으로 지나친 관심과 방관으로 양극을 달리며 어린이 스스로 발견하고 찾아가야 하는 음악으로의 길을 미로에 빠뜨리고 있지는 않나 우려를 해봅니다. 또 서양음악만을 강요하지는 않나요? 다양한 음악을 들으며 자신의 내면의 소리를 들어 보며 음악과 연결된 역사와 신화와 종교 등 이야기와 그림, 춤을 스스로 듣고 보고 상상하고 느끼고 해석하고 표현하는 통합적 예능지도 방법을 체험할 수 있도록 한다면 맑고 아름다운 영혼의 음악은 어린이에게 무한한 잠재력, 상상력과 표현력을 불러일으킬 것입니다. 어린이들을 위한 음악감상 지도는 부모나 교사, 특히 자신의 내면의 음악을 찾도록 도와주어야 합니다. 어린이를 보살피는 부모나 교사의 목소리, 관심, 분위기, 또 그들이 즐겨듣는 음악이며 음악을 감상하는 방법에 따라 어린이의 음악성이 달라질 수 있고 우리의 사회, 국가를 평화롭고 자유로운 사회로 만들려면 영유아 모두에게 열려있는 음악교육이 필요하고 기능적인 기계적인 음악교육이 아닌 사고하고 스스로 체험하며 음미하여 보다 나은 사회로 만들려는 적극적인 음악교육이 이루어져야 합니다. 평화로운 사회를 위하여 매스컴 산업부터 건축, 음향에 이르기까지 눈에 보이지 않는 구석구석을 찾아내어 변화시키려는 노력이 있어야 합니다.

평화를 부르는 음악들

영혼을 담은 음악으로 자메이카의 평화를 위해 노래를 부른 레게 Reggae 음악의 가장 대표적인 가수이자 작곡가이며 기타연주가인 전설의 '밥 말리 Robert Nesta Bob Marly' 의 음악을 들어 보신 적이 있을 것입니다.

1945년 자메이카, 영국 장교와 그에게서 버림받은 여인 사이에 태어나 악명 높은 빈민가 킹스턴 트렌치 타운 Kingston Trench Town 을 떠돌며 토속 음악과 미국 '리듬 앤 블루스 Rhythm and Blues' 가 결합된 새로운 음악 '레게'에 흠뻑 빠진 밥 말리는 '나는 교육을 받지 않았다. 대신 나는 영감을 받았다.' 라고 하였습니다. 의도하지 않는 것을 노래하면 그 음악은 의미가 없습니다. 음악은 무언가를 의미하며 음악으로 미래에 대해 듣게 할 수 있습니다. 빈민가의 슬픈 이야기를 아름다운 선율로 담아낸 'No woman no cry', 'One love'에서 자메이카의 상처를 전 세계에 전파하여 결국 자메이카의 평화를 가져오는데 영향을 주었습니다.

또한, 올림픽 피겨 스케이팅 메달리스트인 김연아 선수를 잘 아실 것입니다. 2013년 갈라 프로그램에서 '이매진 Imagine' 이라는 에이브릴 라모나 라빈 Avril Ramona Lavigne 노래와 함께 김연아 선수는 연한 푸르스름한 하늘거리는 옷을 입고 V를 하며 평화를 염원하고 기도하는 모습을 보여주는 김연아 선수를 향해 감동의 물결로 가득한 관중석에서 들려오는 목소리까지 어우러져 사랑, 희망, 전쟁 그만 그리고 평화가 오기를 다시 한번 전 세계 시민들의 마음속에 잔잔하게 심금을 울렸습니다. 섬세한 표현력과 부드러운 연기로 '이매진' 곡에 담긴 의미와 메시지를 강조하여 빙판 위에서 전 세계 평화를 기원하는 메시지를 전달하였습니다.

1)	http://ko.jedi.wikia.com/wiki/%EB%9D%BC%EB%B9%84% EB%A6%B0%
ED%8A%B8

2)	http://ko.wikipedia.org/wiki/유럽연합

3)	CEFR, Common European Framework of Reference for languages
『외국어 유럽공통참조기준』

종교와 평화

김갑성

들어가며

위 사진 왼쪽 가운데 보이는 것이 무엇인지 아시겠어요?

'염주' 비슷하다 하신 분은 주변에 절에 다니는 사람이 있나봐요. '묵주' 같은데? 하시는 분은 가까이에 가톨릭 교회에 다니는 사람이 있겠죠. 이것은 무슬림인 제 친구가 기도하면서 기도 횟수를 세던 거예요. 세계 3대 종교가 이렇게 비슷하게 연결되어 있어요.

이 장에서는 종교와 평화에 대해 이야기해 보겠습니다.

우리의 삶과 종교와 평화는 대단히 밀접한 관련이 있습니다. 오늘날 우리의 삶을 둘러싸고 있는 모습은 '평화롭다' 기 보다는 지구 곳곳에서 고통 받고 신음하고 힘들어하는 사람이 많이 있습니다. 지금도 세계 이곳저곳에서 종교가 다른 사람들이 서로 다투고 있는 모습을 뉴스에서 보면 누구나 안타깝게 생각할 것입니다.

종교와 삶에 있어서 더러는 '종교의 도움 없이도 평화롭고 올바르게 살아가는 성숙한 삶을 추구하는' 사람이 있는가 하면, '평화로운 삶을 살기 위해서 종교의 힘을 필요로 하는' 사람도 있고, 오로지 '종교를 위한 삶' 을 사는 사람도 있습니다.

그리고 정치나 사회구조에 대한 배움과 맞물리면서 다른 종교를 알게되어 그 전에 믿던 종교를 스스로 바꾸기도, 혹은 힘에 의해 종교를 바꿀 것을 강요당하기도 합니다.

이리하여 종교는 개인의 삶뿐만 아니라 사회, 민족 그리고 지구인 전체의 삶에 지대한 영향을 끼치고 있습니다.

이 장은 평화롭게 살기를 바라는 모든 이들이 왜 서로 다른 종교, 혹은 같은 종교 안에서도 수없이 많이 생겨난 다른 신앙으로 인해 크고 작은 갈등을 빚으며, 그 갈등을 넘어 서로 증오하다가 때로는 전쟁도 불사하게 되었는지에 대해 두루 살펴보아 폭넓은 지식에 기반한 이해를 돕고자 합니다.

먼저 종교에 대해 이야기할 때 우리는 '진리' 에 대해 말하게 됩니다. '지구는 네모난 것이다' 라고 믿던 불변의 진리가 '지구는 둥근 것이다' 로, '태양이 지구 주위를 돌고 있다.' 라는 불변의 진리가 '지구가 태양의 주위를 돌고 있다.' 로 바뀐 것은 그리 오래 전의 일이 아닙니다. 이 명백한 진리가 바꾸어질 때 많은 사람들의 희생이 따랐음도 우리는 알고 있습니다.

　　그러므로 이러한 일들을 거울삼아 우리는 우물 안 개구리에서 벗어나 '내가 아는 진리'가 만고불변의 '유일한 진리'가 아님을 인정하고, 서로 다른 진리의 공통점을 찾아 그 부분을 존중하여 우리가 원하는 평화를 이루어내고, 가꾸며, 지키려고 하는 간절한 마음을 모으는 것이 소중합니다.

종교란

종교의 정의뜻에 대해서는 너무도 많은 사람이 각자의 의견을 내어 놓았습니다만 이 의견들은 다른 문화나 다른 종교에 대한 충분한 이해나 존중 없이 자신이 살고 있는 시대나 지역, 사회, 문화 등을 토대로 하였기 때문에 누구나가 인정할 수 있는 종교의 정의를 찾기란 참으로 어려운 일입니다. 그래서 어떤 학자는 "종교의 정의를 찾는 것은 필요 없는 일이다."라고도 하였습니다.

　　다만 일반적으로 종교란 짧게 '인간이 절대적인 힘을 구하는 과정'이라고 할 수 있겠습니다.

　　그럼 인간에게 절대적인 힘은 왜 필요했을까요?

　　첫째는 가까이 생명을 이어가기 위해 눈앞에서 생기는 두려움에서 놓여나기 위함이었습니다.

　　둘째는 한 걸음 나아가 아무리 극한 두려움에서 벗어나 배고픔과 병에서 놓여난다고 하여도 인간은 반드시 죽으므로 '죽음'에 대한 두려움에서 놓여나기 위해서 필요했습니다.

즉 옛날 사람들의 두려움은 단순했습니다. 왜냐하면 삶이 단순했던 거니까요.

농사 짓는 방법을 몰랐고 저장하는 방법도 몰랐던 시기에는 그냥 그날 그날의 먹을거리를 구하기 위해 동물을 잡아야 하고 물고기를 잡아야 했으며 비로부터 몸을 가리기 위한 움막 등이 필요하였습니다. 어쩌면 사냥을 하다가 목숨을 잃는 경우도 있었을 것입니다. 그래서 주변에 있는 동물이나 물고기 등의 모습을 바위에 새겨서 그 동물이나 물고기를 많이 잡게 되기를 비는 단순한 신앙이 시작되었을 것입니다.

그러면서도 옛날 사람 역시 동물이나 물고기를 잡아서 배불리 먹고 배고픔에서 잠시 벗어났을 때나, 혹은 먹을 것을 구하지 못해 굶주림 속에서 고통을 받으며 '나는 왜 죽어야 하는가? 죽으면 어떻게 될까?' 이런 생각들을 했을 겁니다.

그리고 부모나 형제처럼 늘 같이 지내던 사람이 동물에게 생명을 잃거나 병으로 죽거나 절벽 같은데서 떨어져 사고로 죽거나 늙어 죽는 모습을 보면 누구도 피할 수 없는 죽음에서 다시 살고자 하는 생각들이 당연히 들었을 겁니다. 그래서 그런 염원을 담아 죽은 사람의 뼈를 가지런히 정돈해 놓으면서 사랑하는 부모가, 형제가 죽은 후 언젠가 다시 살아나기를 바라는 의식을 했을 것이고, 죽은 사람을 동물의 시체와는 달리 정성들여 처리했으며 죽음의 여행길에 필요한 도구나 음식 혹은 동반자까지 함께 묻기도 하였습니다.

　사람이 사는 곳, 즉 기후나 지형에 따라 시체를 땅에 묻기도 하고 새들에게 주기도 하고 강이나 바다에 장사지내기도 했습니다. 어떤 민족은 바위 굴 속에 죽은 사람의 몸을 어머니 뱃속에 있을 때의 모습처럼 만들어 넣어 놓기도 하거든요.

　그래서 종교의 시작을 들여다보면 이것은 바로 인간의 삶과 결부되어 있음을 알게 됩니다.

　사람의 삶은 처음에는 이처럼 단순하였다가 농사를 짓게 되고 바다에 나가서 고기를 잡게 되고, 동물을 사냥했지만, 동물을 가축으로 만들어 키우게 되면서 살아가는 두려움도 점차 커지고 복잡해집니다.

　추수한 곡식을 지키면서 부족끼리 서로 뭉치게 되고, 이웃 부족을 쳐들어가 그 부족 사람들을 죽이고 재산이 될 만한 것을 빼앗아오기도 하였지요.

　사람이 사냥을 할 때 피를 흘리는 동물을 보면서, 죽음의 고통을 넘어가는 모든 동물한테는 영혼이 있을 거라는 '애니미즘^{동물숭배}' 사상이 있었을 것입니다.

　그러다 그 부족이나 씨족이 어느 힘센 동물을 골라 그 동물한테는 매우 특별한 힘이 있을 거라고 생각하는 '토테미즘'이 싹트게 됩니다. 즉 우리 민족의 단군신화에 등장하는 곰과 호랑이 이야기도 그 한 측면이죠.

　그러다가 농사를 짓게 되면서 농사일에 필요한 가족이 많이 생기게 되기를 희망하게 되자 다산^{많이 낳는 것}에 대한 소망이 생기게 되고, 그 소망을 이루기 위해 주변 가까이 있는 것에 어떤 힘이 있다고 생각해서 어떤 대상 즉 돌, 나무, 강, 태양, 달 등에 비는 형태가 생기게 되었고, 비는 대상이 점차 늘어나게 되었습니다. 즉 세상 모든 만물에 신이 있다고 믿게 됩니다. 원시적인 신앙의 대상이 많이 생긴 거죠.

그러다가 이러한 '비인격적인 대상' 보다는 기도에 대한 응답을 받을 수 있고 지시를 받을 수 있는, 그리고 늘 가까이 있어서 언제고 찾아갈 수 있는 그런 인간이 더 낫겠다는 생각이 들었을 것입니다. 그래서 마을 사람 중에 가장 뛰어난 인간을 찾아 그 사람에게는 '특별한 힘' 이 있다고 믿어 병을 고쳐달라고 하거나, 위험한 사냥을 나가는 날을 잡을 때나 이웃마을로 쳐들어가는 날을 잡을 때 그의 신통한 힘을 염원하게 되었습니다. 즉 샤마니즘이 시작된 거죠.

지금도 외부세계와 거의 교통이 되지 않는 곳에서는 이 샤먼 그 자신이 특별한 힘이 있거나 혹은 절대자의 힘을 전해준다고 하는 대상 이 있으며 많은 사람들이 그 힘을 믿고 있습니다.

그러다가 차츰 사람들은 죽음이라는 극복할 수 없는 문제에 대하여 '인간은 무엇인가?' '왜 죽어야 하는가?' '우주는 어디에서 시작되어 언제 끝나는가?' 등 단순하게 먹고 사는 문제가 아닌, 삶에 대한 깊은 생각들을 하게 되면서 지금 살고 있는 세상이 아닌 죽은 다음의 세상을 생각하게 됩니다.

그래서 세상을 창조하고 다스리는 신이 죽음 다음의 세상도 다스릴 것이고 이 고단하고 힘든 현세보다 더 나은 내세가 있으므로 이 땅의 피할 수 없는 두려움을 떨치고 천상의 낙원인 그곳에 가고자하는 사상이 싹트게 됩니다. 이 세상과 저 세상을 다스리는 절대의 힘인 신이 단지 '하나'라고 믿는 유대교, 기독교, 이슬람 같은 유일신 종교가 나오게 되고, 세상 모든 것에 신이 있다고 믿는 힌두교, 신에 대한 믿음보다는 인간의 깨달음에 목적을 두는 불교 혹은 유교나 노자나 장자 같은 사상이 나오게 됩니다.

그리고 고대사회에서는 대부분 정치와 종교가 밀접하게 결부되어 부족이나 국가의 지도자가 종교의 지도자를 겸하는 경우가 많았습니다. 이집트의 왕은 태양신으로 추앙받고, 중국에서는 천자라고 하여 하늘의 위임을 받아 백성을 다스린다는 생각이 바탕이 되었으며, 일본의 천황은 천손이라는 생각으로 지금도 추앙을 받고 있으며, 많은 오리엔트 제국과 남미 안데스 산맥에서 살았던 잉카인들도 왕은 특별히 하늘에서 내려 온 사람이라고 생각했습니다.

원시사회에서의 신앙은 사람들의 생활 반경이 좁았던 만큼 신앙의 대상도 개인이나 그 지역 혹은 그 시대에 한정되었지만, 사람들의 생활이 복잡해지고 문명이 발달됨에 따라 종교도 발달하게 됩니다.

농사짓는 기술이 늘어나고 먹을 것이 많아지자 사람과 사람의 왕래 그리고 문화의 왕래도 잦아지게 됩니다. 사람이 옮겨가면서 종교도 이동을 하게 되는데 힘센 사람이 믿는 종교가 널리 퍼지게 되고, 특정한 개인의 복이 아니라 많은 사람을 위한 신앙이 다른 사람에게도 인정을 받게 되어 널리 퍼지게 됩니다.

즉 민족 특유의 종교로부터 세계 보편적인 종교가 나타나게 됩니다.

인류 역사 안에 나타난 수많은 종교들은 그 교리에 대한 믿음체계나 신도들의 구성에 따라 민족중심의 종교인지 아니면 보편적인 종교인지로 구분해 볼 수 있습니다. 어떤 종교는 한 지방이나 한 민족에게 국한되어 그 종교적 사상이 드높기는 하였지만, 타민족들을 받아들이지 못하고 폐쇄적으로 되어버린 종교들이 있는가 하면, 어떤 종교는 일정한 지방에서 발생하였지만 그 종교적 이상이 인류의 보편적인 구원을 다루고 있어, 민족, 언어, 전통을 넘어 신봉되는 종교들이 있습니다. 종교도 물론 처음엔 어떤 지역이나 문화권을 중심으로 발생하게 됩니다.

세계적인 종교의 특징은 지금 이 세상에서는 인간의 죽음에 대한 문제를 해결할 수 없으므로 신앙의 힘으로 다음 삶을 내세에서 이룰 수 있다고 생각합니다.

그 중에서도 BC 5세기에 힌두교에서 나온 불교, 1세기에 유대교에서 출발한 그리스도교, 7세기에 아라비아의 민족종교에서 발생한 이슬람교가 가장 세력을 떨쳤습니다. 이 종교들은 석가, 예수, 무함마드와 같은 종교 지도자가 있어서 각기 교단을 형성하고 민족의 테두리를 넘어서 포교활동도 활발히 하게 되었습니다. 각 종교의 내부에서는 여러 가지 변천이 있었으나 현재에 이르기까지 그 조직은 존속되어 정치적 집단에 비해 훨씬 오랜 영향력을 지니고 있습니다.

세계의 종교

오늘날 세계의 큰 종교들을 살펴보면, 인도 계통으로는 힌두교 Hinduism 와 불교 Buddhism, 이란 계통으로는 조로아스터교 Zoroastrianism, 아라비아 계통으로는 이슬람교 Islamism, 팔레스타인 계통으로는 유대교 Judaism 와 그리스도교 Christianity, 그리고 중국 계통으로는 유교 Confucianism 와 도교 Taoism 가 있습니다.

그럼 각 종교별로 그 종교를 믿고 있는 사람들의 수를 그림으로 알아봅시다. 이 내용들을 보면 어떤 생각이 듭니까? '여기에 쓰지 않은 종교도 셀 수 없이 많고, 또 생겼다가 사라진 종교도 수도 없으니 세상에는 정말 많은 종교가 있구나.' 라는 생각이 들지요?

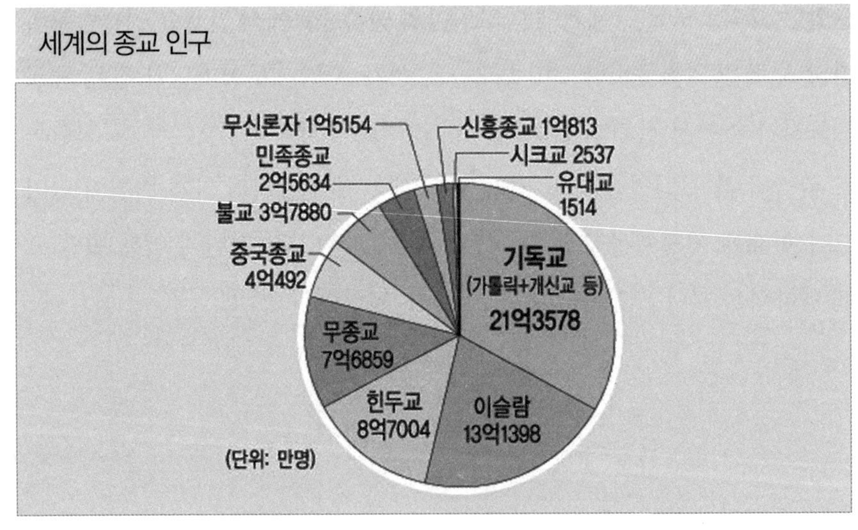

종교의 종류

1. 기독교 (천주교 · 개신교 · 정교회 · 성공회 그 밖의 기독교 분파 약 4만 여 종파)
2. 이슬람교 (수니파 · 시아파)
3. 무교 · 무신론 · 불가지론
4. 힌두교
5. 유교 · 도교 등의 중국 전통
6. 불교 (대승불교 · 소승불교)
7. 원시 토착 신앙 (샤머니즘 등)
8. 아프리카 토속 신앙 (하나의 종교가 아니고 아프리카의 모든 전통 종교를 통틀음. 요루바족의 종교, 산테리아의 종교, 보도운교 등등)
9. 시크교
10. 주체사상 (조선민주주의인민공화국의 정치 사상이지만 어떤 학자는 이를 종교로 분류하기도 함)
11. 정령 숭배 (하나로 조직된 종교가 아니고 수많은 정령을 믿는 모든 것을 포함함, 움반다 등)
12. 유대교
13. 바하이 신앙
14. 자이나교
15. 신도
16. 카오다이교
17. 조로아스터교 (배화교)
18. 텐리쿄 (천리교)
19. 신이교주
20. 유니테리안 유니버셜리즘
21. 라스타파리 운동
22. 사이언톨로지교

adherents.com

blog.naver.com(http://cfs16.tistory.com/image/25/tistory/2010/09/10/21/46/4c8a28a68fb23)

그러니까 나와 우리 가족, 혹은 우리 사회와 국가가 믿는 종교는 수많은 종교 중의 하나일 뿐이에요. 그래서 내가 믿는 종교를 다른 사람들이 인정해 주었으면 하는 바람이 들면 나 역시 다른 사람들이 믿는 종교를 인정해 주어야겠지요. 이것이 종교 간의 평화를 이루는 첫 걸음이에요.

그럼 각 종교의 큰 가르침과 평화에 대한 이야기를 해 볼까요.

먼저 유대교와 기독교 개신교 와 가톨릭 천주교 과 이슬람은 그 뿌리가 같아요.

위의 종교는 다 하나님이 이 세상과 천지 만물을 창조했다고 하는 유일신 종교이지요. 맨 처음 시작은 유대교예요. 성경 중 구약을 경전으로 하고 하나님이 유대민족 이스라엘 민족만을 선택했다고 믿고 있어요. 그리고 예수에 대해서는 훌륭한 사람이지 하나님의 아들이라고 믿지는 않아요.

서기 예수가 탄생한 해를 서기 0년이라고 해요 가 시작될 때 예수는 자기가 하나님의 아들이며, 사람들에게 '네 이웃을 사랑하라' 고 하며 모든 사람은 하나님 앞에서 평등하다고 하는 평화와 사랑을 가르쳤어요. 신약과 구약을 경전으로 하는데 신약은 예수의 가르침을 뜻하는 새로운 약속이란 뜻이고, 구약이란 예수 이전 유대민족의 역사와 하나님의 가르침을 말해요.

이렇게 로마를 비롯한 서양에서는 교황의 지도 아래 예수를 믿는 가톨릭 천주교 을 많이 믿고 있다가, 천주교의 교리가 잘못되었다고 해서 1600년 경에 루터를 비롯한 사람들이 따로 교황의 지도 없이 예수의 가르침을 전하게 된 것이 기독교예요.

한편 아라비아 지방에서는 예수 이후 600년 쯤 지난 다음 무함마드가 예수는 중요한 선지자일 뿐이며, 자기가 하나님의 마지막 예언자라고 하면서 따로 하나님 알라 의 가르침을 만들어 이슬람교를 만들게 되었어요.

이슬람교 역시 아랍 지방을 포함한 모든 사람들이 서로 전쟁을 그만두고 마음을 한 데 모아서 평화롭게 살아야 한다는 것이 가장 중요한 가르침이죠. 그리고 이슬람의 경전은 꾸란이라고 하며, 하나님의 마지막 선지자인 무함마드의 가르침대로 하루에 다섯 번 성지 메카를 향해 알라 하나님 께 기도하며 일 년에 한 달 라마단 은 해 뜰 때부터 해 질 때까지 금식하며 가난한 사람들을 위해 기부하고 평생에 한 번 성지 순례를 하는 등의 계율을 지키고 있어요.

우리는 사람 이름을 보면 대충 그 사람이 어느 종교를 갖고 있는지 알 수도 있는데 '가브리엘'이란 이름은 위의 종교들 중 어느 종교를 갖고 있는 것 같아요? 바로 이슬람교인 무슬림이에요. 놀랐죠? 하나님, 아브라함, 이삭, 야곱 등이 같은 뿌리란 말에 이해가 갑니까?

여러 종교들에 대해서 이렇게 자세하게 설명을 하는 이유는 이 종교들 사이에서 가장 첨예한 대립이 생기기 때문인데 서로를 잘 알아야 서로 이해할 수 있겠지요.

불교는 예수보다 500년 전에 인도 지금의 네팔과 인도 북동부지역 에서 시작되었어요. 불교를 일으킨 석가는 '사람은 누구나 깨칠 수 있는 본질적인 가능성이 있으며, 깨쳐서 지혜가 열리면 너와 나의 분별과 대립은 사라지고 무한한 자비심이 일어나게 된다.'고 했어요. 그래서 사람이 이러한 믿음을 일으키고 탐욕과 성냄과 어리석음에 빠져 있음을 참회하고 수행정진을 통하여 부처에 이르는 길을 알려 주고 있습니다.

다른 여러 종교와 비교하여 불교가 지니는 중요한 특징은 신神을 내세우지 않으며 창조자나 정복자와 같은 자세를 취하지 않습니다. 또한 조용하고 편안하며 흔들리지 않는 각성 覺性: 解脫, 깨달음 을 이상의 경지 境地 로 삼아 이를 '열반 涅槃' 이라 합니다. 그러나 오랜 역사 동안에 이런 내용은 여러 형태로 갈라져 매우 복잡한 다양성을 띠게 되었는데 불佛 도 본래는 석가 자체를 가리켰으나 그의 입적 入寂: 돌아가신 후 불신부처님의 몸 에 대한 논의가 일어나 2신身·3신 등의 논, 또는 과거불·미래불, 또는 타방세계 他方世界 의 불, 보살菩薩 등의 설이 나와 다신교적 多神敎的 으로 되었습니다.

힌두교의 힌두란 본디 인더스강의 산스크리트 명칭인 신두 Sindhu, 大河

의뜻 의 페르시아 발음으로 인도를 가리키는 말이니까 인도인이 믿는 종교란 뜻이죠.

브라만교의 철학을 배경으로 하는 전통적이고 민족적인 제도와 관습을 망라한 인도의 민족종교이며 예수 이전 2300년경부터 1800년경 사이에 형성되었고 가장 근본적이고도 오래된 성전은 《베다》입니다

인간은 죽어서 무로 돌아가지 않고 각자의 업에 따라 내세에서 다시 새로운 육체를 얻는다는 윤회 사상을 바탕으로 하며, 사람을 네 계급으로 나누는 카스트 제도와 한 묶음으로 되어 있는 것이 특징입니다. 힌두교는 자신의 마음에서 창조주인 신을 만나는 것이기에 사람들은 각자의 성향과 관심에 따라 자기가 선택한 신을 섬기는 것은 당연한 일이며, 또한 여러 신들을 동시에 섬기는 것에서도 힌두교도들은 아무런 갈등이나 모순을 느끼지 않습니다.

그러나 힌두교도는 어느 집단의 특정한 신을 믿도록 강요받지는 않으며, 대체로 자신이 태어난 가정의 전통적인 '가정의 신 kula-devata', 그 마을의 촌락의 신 grama-demata' 을 믿고, 다시 자기 자신이 믿는 신 ista-devata' 을 가지는데 이 세 신은 동일하든 다르든 상관없습니다. 또한 힌두교는 화신 化神, avatara 이라는 관념도 중요한 의미가 있는데, 이것은 비슈누 신이 신격, 인격, 동물 등의 다양한 모습으로 이 세계에 현현한다고 합니다. 힌두교의 세 신 즉, 우주를 창조한 브라흐미 신과 우주를 유지하는 빗뉴신 그리고 우주를 파괴하는 시바 신은 삼위일체이며 이 세 신의 화신을 비롯해서 힌두교에는 3억이 넘는 신이 있다고 합니다. 그리고 힌두교에서는 이슬람

교나 유대교에서 전형적으로 볼 수 있는 것처럼 신을 두려워하는 경향은 비교적 적습니다. 또 유대교나 기독교와 같이 신과의 계약이라는 관념도 없어서 파괴의 신으로서 두려움을 주는 시바 신의 경우에도 지상에 자비를 베푸는 면이 있으며, 그 신에게 절대적인 신앙, 즉 박티信愛 를 바치면 어떠한 사람도 쉽게 구제를 받는다고 생각합니다.

미신, 이단, 종교전쟁, 선교

종교에 관해 이야기할 때 빼놓을 수 없는 것이 미신과 종교의 차이, 정통 종교와 이단과의 차이, 그리고 이러한 차이의 극대화로 빚어진 선교에 대해 이야기하지 않을 수 없습니다. 먼저 미신이란 종교적으로 망령되다고 판단되는 신앙 또는 그런 신앙을 가지는 것으로서 점 · 굿 · 금기 등이며 아무런 과학적 · 합리적 근거도 없이 맹목적으로 믿는 것을 말합니다.

이러한 믿음은 바람직하지 않은 일인데, 여기서 조심해야 할 것은 내가 믿는 종교 안에서 일어난 일은 기적이고 신이 하신 일이라고 우기고, 다른 사람의 믿음에 관한 일은 무조건 미신이라고 해서는 안 될 것입니다.

예를 들면 예수가 동정녀 결혼하지 않은 여자 에게서 태어났다고 하는 것은 과학적이거나 합리적인 말은 아니지요. 하지만 그렇게 믿는 거지요. 어떤 종교가 시작될 때나 혹은 그 종교를 지속적으로 유지하기 위해서는 그 종교에 신의 힘을 더하기 위해 기적이라든가, 인간의 합리적이고 과학적인 판단이나 설명이 되지 않는 신비적인 요소가 들어가기 마련입니다. 다만 여러 사람이 믿고 조직이 갖춰지면 종교가 되고 그렇지 않으면 미신이 되는 거지요. 물론 미신이 옳다는 뜻은 아닙니다.

그리고 이단異端은 보편적으로 정통 이론에서 많이 벗어난 교리나 주의 주장 등을 말하는데 다른 종교 또는 종파를 이단으로 규정하는 것은 그 종교가 자신의 종교 또는 종파와 단지 '다른 길different path' 인 것이 아니라 그 종교 또는 종파가 '틀린 길false 또는wrong path' 이라고 규정한다는 것을 뜻합니다.

각 큰 종교의 이단 주장 내용을 보면, 불교의 초기 발생 시에 힌두교는 자신을 정통 아스티카 이라고 하고 불교를 이단 나스티카 이라 규정했습니다. 그 후 불교는 대승불교 · 소승불교 등 지역에 따라, 시대에 따라 나누어졌고 현재 우리나라에도 조계종 · 천태종 · 태고종 등의 많은 종파가 있으며 서로의 교리를 인정하지 않고 있습니다.

기독교는 기원 후 1~4세기 동안 당시의 주류 기독교였던 로마 가톨릭 교회는 믿음으로 구원에 이른다고 여겼는데, 영지주의 믿음이 아니라 앎(그노시스) 이 구원의 수단이라고 함 가 나타나 힘을 얻어 가자 로마 가톨릭 교회가 이를 이단이라고 주장했습니다. 또 11세기경에는 동서 교회의 분열 시기에 콘스탄티노플 · 예루살렘 · 안디오기아 · 알렉산드리아 교구의 동방 정교회는 서방교회인 로마 교구의 로마 가톨릭교회를, 서방교회의 교황은 이와 반대로 동방 정교회를 이단으로 규정하고 상호 파문하는 사태가 벌어졌으며 20세기에 와서야 동방 정교회와 로마 가톨릭 교회가 화해와 일치에 관한 논의를 시작하면서 상호간 이단파문 결정이 철회되었습니다. 그리고 16세기 종교 개혁 시기에 로마 가톨릭 교회와 개신교는 서로를 이단으로 간주하였고 전쟁으로까지 비화되었습니다. 이후 로마 가톨릭교회의 교황 바오로 6세는 기존의 '열교裂教'를 "갈라진 형제"로 고치며 현실적인 개신교와의 관계 개선에 대한 노력을 보여주었습니다. 또한 성서 지상주의를 강조하는 개신교에서는 성경에 대한 해석이 달라 서로 나누어진 다른 종파를 이단으로 지목하는데 우리나라에도 개신교의 수많은 종파가 있습니다.

한국에는 장로교, 감리교, 성결교, 침례교, 오순절교, 구세군, 성공회, 루터교, 복음교회, 여호와의 증인, 제7일 안식일교, 통일교 등등 셀 수 없이 많은 기독교 교파가 있습니다. 이 교회들이 서로 자기들만이 옳다고 합니다.

이슬람교는 수니파와 시아파가 서로 다투고 있지만 서로 이단이라고 하지는 않습니다. 수니파는 처음 4명의 칼리프를 마호메트의 합법적 후계자로 인정하는 반면 시아파 교도는 마호메트의 사위였던 알리와 그 후손에게만 이슬람에 대한 지도권이 속한다고 믿고 있는데 시아 분파라는 뜻 파는 수니파 정통파 의 상대적인 개념으로 사용됩니다. 시아파는 수니파와 함께 이슬람의 한 갈래이며, 이 둘은 똑같이 정통 이슬람으로 여겨지고 있습니다. 시아파는 이슬람의 약 10% 정도이지만 이란과 이라크, 예멘 등의 이슬람교도 중 대다수를 이루고 있고 그밖에 시리아, 레바논, 동아프리카, 인도의 북부지방 특히 러크나우 과 데칸 고원, 봄베이, 그리고 파키스탄에도 시아파가 있습니다.

이렇게 가치관이 달라서 시작한 다툼은 나중에 종교전쟁으로 이어지는데 중요한 것만 살펴보겠습니다.

먼저 십자군 전쟁 CRUSADE 은 서기 11세기부터 14세기에 걸쳐 이슬람권에 빼앗긴 성지 예루살렘을 탈환하기 위하여 서방 기독교회가 주도한 수차례의 원정 전쟁으로 약 361년 동안 계속되었습니다.

30년 전쟁 1618~48 은 기독교 내에서 신교파와 구교파 독일 제후 간의 싸움이 번져 최대 규모의 종교전쟁이 되었습니다.

카펠 전쟁 1529~31 은 스위스 내에서 츠빙글리의 신교파와 그에 반대하는 구교파 사이에 벌어진 전쟁으로 구교파가 승리하여 산악 지역은 지금도 가톨릭이 우세합니다.

신성로마제국의 슈말칼덴전쟁 1546~47 은 신교파의 제후들과 황제파 사이에 벌어진 전쟁입니다. 신성로마 황제 카를 5세가 1529년의 슈파이어 국회에서 신교의 용인을 거부하자 신교파의 슈말칼덴동맹(신교파 제후, 제국도시)이 맞서 싸웠으나 패배합니다.

프랑스의 위그노전쟁 1562~98 은 1559년 당시 국왕인 프랑수아 2세의 외척인 기즈 가문은 열렬한 구교도로 세력을 잡자, 반anti 기즈파 귀족들이 신교도와 손을 잡았습니다. 기즈파에 의해 신교도 학살 등이 일어나자 전쟁이 일어나게 되었고 결과로 앙리 4세가 즉위했습니다.

네덜란드 독립 전쟁 1572~1648 은 신교도가 우세했던 네덜란드 식민지가 에스파냐측의 종교 탄압을 시발점으로 하여 일으킨 전쟁이며 그 결과로 네덜란드가 독립했습니다.

이 외에도 종교의 이름으로 행해진 크고 작은 갈등과 다툼은 인류를 심각하게 괴롭혔습니다. 그러나 그 내면을 들여다보면 종교를 등에 업은 인간들의 탐욕과 불신이 빚어진 갈등이지 그 종교의 대상인 하나님^{알라}, 예수님, 혹은 부처님이 서로 죽고 죽이며 전쟁하라고 하시지는 않으셨을 것입니다. 오히려 원수를 사랑하고 자비를 베풀고 온 인류가 평등하다고 가르치지 않았습니까?

지금은 전쟁보다는 선교가 또 다른 갈등의 핵이 되고 있습니다. 신대륙 점령 시기에 가톨릭 교도인 스페인 사람들은 원주민을 무참하게 죽이고 자기들의 종교를 강요하였고, 그들의 땅과 금을 빼앗았습니다.

개신교도인 일부 미국 사람들은 힘이 있다고 아프리카 대륙에서 평화롭게 살던 흑인을 짐승 사냥하듯이 마음대로 데려가 가혹하게 노동을 시키

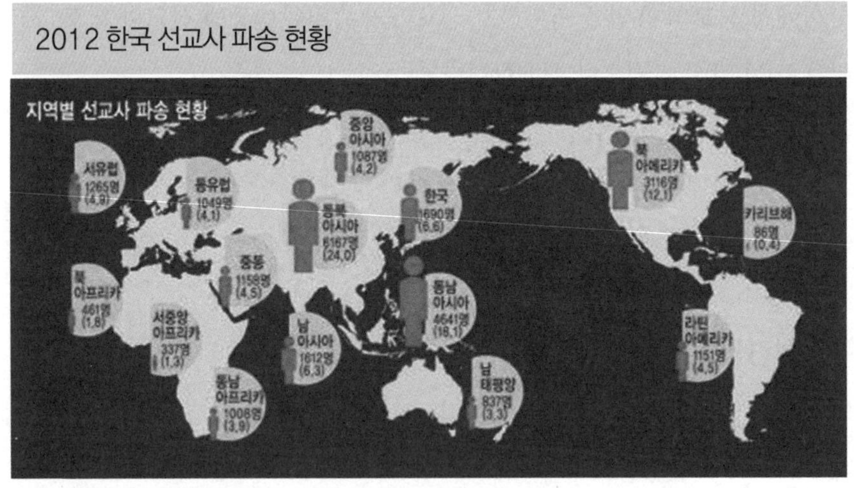

한국세계선교협의회(KWMA)

며 기독교도로 만든 일 등은 우리 인류가 크게 반성하고 있는 바입니다. 하지만 지금도 각 종교는 특히 개신교는 선교에 열을 올리고 있는데 아마도 대한민국이 그 선봉에 서 있지 않나 싶습니다.

선교란 내가 좋아하는 혹은 내가 옳다고 믿는 종교를 다른 사람에게 권유하는 것인데 그 자체로서는 나쁠 것이 없지만 종교의 특성 상 지나치면 강요가 되거나 선교 대상 지역에서 사회적인 갈등과 분란을 조장하게 됩니다. 선교사들끼리의 경쟁으로 인해 생기는 불협화음으로 인한 폐해가 적지 않습니다. 그리고 아무리 좋은 것도 강요하게 되면 폭력이 됩니다. 폭력에 있어서 물리적인 힘을 이용하여 생긴 상처는 시간이 지나면 아물지만 언어 폭력은 사람의 가슴에 오래 남습니다. 특히 다른 종교를 믿으면 지옥^{그 비슷한 뜻의 다른 말} 에 간다거나 해서 그 종교인이 아닌 사람을 선의로 위협하는 일은 삼가야겠습니다.

2013년 1월 17일 국내 기독교 교단과 선교단체 연합기관인 한국세계선교협의회 KWMA 가 최근 발표한 ‘2012년 한국 선교사 파송 현황’에 따르면 지난해 말 현재 169개 국에서 한국 선교사 2만 5665명(이중 소속 포함)이 선교활동을 하고 있다고 합니다.

KWMA는 2030년까지 전 세계 미개척지역에 한국 선교사 10만 명을 파송하는 ‘타깃 2030’을 지난해에 이어 계속 추진하겠다고 하면서도, 스스로 ‘한국 선교사늘이 선교지에서 엄청난 중복 투자와 과다 경쟁에서 벗어날 수 있도록’이라는 표현을 쓰면서 선교의 부작용을 말하고 있습니다.

종교 간 평화

이제 마음 불편한 종교 갈등을 벗어나 종교가 달라도 평화롭게 살고 있는 곳을 살펴보겠습니다.

먼저 다신교인 힌두교는 불교와 처음에 갈등이 있었으나 곧 불교를 힌두교의 한 파로 간주함으로써 붓다는 비슈누 신의 아홉 번째 화신으로서 힌두교의 신화 속에서 융화됩니다. 이는 힌두교의 관용성에서 비롯된 것인데, 힌두교와 대립하는 모든 종교·사상에 대하여 정면으로 대결하기보다는 그들을 자기 안으로 흡수 동화시켰습니다.

불교·자이나교·이슬람교, 중세의 차이타니야 파派 와 이슬람교의 영향을 받은 개혁파의 까비르, 그리고 시크교를 개창한 나나크도 사회적으로 이단 취급을 받은 적이 없었으며 토착적인 모든 요소가 어울려 있으면서도 전체적으로는 힌두교로서의 주체성을 잃지 않고 있습니다.

중동에 있는 레바논공화국은 이슬람교 59%, 기독교 39%의 다종교국지만 대체로 지역을 달리하여 평화를 유지하며 살고 있습니다.

말레이시아Malaysia 의 국교는 말레이인의 종교인 이슬람교이지만 종교의 자유가 보장되어 있어 불교, 힌두교, 기독교 신도도 함께 어우러져 살고 있어요. 즉, 돼지고기를 만지는 것조차 금기시하는 종교, 소를 신성시하는 종교, 돼지고기든 소고기든 자유롭게 먹을 수 있는 종교를 가진 민족이 공존하는 셈이지요.

아프리카의 에티오피아는 정교회와 이슬람교를 믿는 사람들이 함께 살고 있습니다.

　요즘은 종교의 자유가 보장됨에 따라 세계의 많은 나라에서는 서로 다른 종교를 가지고 있어도 누구도 종교로 인해 차별을 받지 않도록 유엔에서 정하고 있습니다. 거듭 말씀드리는 것은 각 종교에 따른 차이는 서로 인정하되 차별하지 않아야 평화롭게 살 수 있습니다.

　종교를 이야기 할 때에는 원시 시대부터 지금까지 세계 곳곳에는 여러 종교가 있음을 알게 하는 종교 다양성 교육이 우선되어야 하겠습니다.

　다른 종교에 대해서는 그 종교가 발생한 지역의 그 당시 사회 현상과 지역적인 특색 그리고 정치적인 이유까지 두루 살피면 그 종교가 발생할 수밖에 없는 이유를 알 수 있게 될 것이고, 또한 그 종교의 계율이 생긴 배경도 이해할 수 있을 것입니다. 예를 들면 이슬람교에서 지금도 일부 허용하고 있는 '일부다처제' 는 무함마드 당시 계속되는 전쟁으로 인해 많은 남성들이 전장에 나가 죽자, 의지할 곳이 없게 된 여자들과 어린아이들의 구제를 위해 생긴 계율이라는 배경을 알면 이상한 종교라는 오해를 풀 수도 있을 것입니다.

　그 다음에 자신이 믿는 종교를 다른 사람들은 어떻게 생각하는지에 대해서도 객관적으로 살펴보면 자신의 종교가 소중한 만큼 남의 종교를 존중하는 태도를 갖출 수 있을 것입니다.

평화를 찾아서

- 오노 카즈오 · 나카무라 유미코, 『평화는 어디에서 올까』, 김규태 옮김, 초록개구리(2009).
- 평화교육프로젝트모모, 상반기 평화교육 진행자 양성 세미나 1차 공부 자료(2013).

평화를 만드는 나라 – 북유럽의 세계시민교육

- 마크 게이어존, 『당신은 세계 시민인가』, 김영규 옮김, 에이지21(2010).
- 한국해외원조단체협의회, 「함께 사는 세상을 위한 국제개발협력입문」, 한국해외원조단체협의회(2010).
- 해외원조단체협의회 브로슈어, 「얘들아, 세계에서 놀자」, 국제협력민간단체협의회(2012).
- 콰메 앤터니 애피아, 『세계 시민주의 – 이방인들의 세계를 위한 윤리학』, 실천철학연구회 옮김, 바이북스(2008).

EBS 지식 채널 e를 이용한 평화이야기

- 엘리너 오스트롬 , 『공유의 비극을 넘어』, 윤홍근 · 안도경 옮김, 랜덤하우스(2010).
- 새뮤얼 헌팅턴, 『문명의 충돌』, 이희재 역, 김영사(1997).
- 전국사회교사모임, 『사회선생님도 궁금한 101가지 사회질문사진』, 「협동조합이익 단체와 무엇이 다른가요」, 북멘토(2011),
- 조서혜, 〈지시채널c〉를 활용한 노덕과 교육 방법, 부산교육대학교 교육대학원: 초등윤리교육전공, 2012.
  A study of normative and informational social influences upon individual judgment./Deutsch, Morton; Gerard, Harold B./The Journal of Abnormal and Social

Psychology, Vol 51(3), Nov 1955, 629-636.

• 인간은 서사의 동물이다

  http://blog.naver.com/rbqo1030?Redirect=Log&logNo=10116297403

• 짠순맘의 세상

  http://hankuk.tistory.com/258

• "에너지 절약 동참으로 전력위기 극복을", 한겨레신문, 2013.07.29

  http://www.hani.co.kr/arti/opinion/because/597560.html

  – 체르노빌 원전사고가 대체 뭐죠???

    http://kin.naver.com/qna/detail.nhn?d1id=13&dirId=1301&docId=35925510&qb=7L
    K066W064W467mMIOybkOyghA==&enc=utf8§ion=kin&rank=4&search_sort
    =0&spq=0&pid=RQQcPU5Y7v4ssaUIhJRsssssssV-512638&sid=UffHE3JvLDwA
    AHo-VNw

  – 체르노빌 연구 박사 "후쿠시마 ,체르노빌보다 심각한 상태", 아시아 경제, 2013.07.28

    http://view.asiae.co.kr/news/view.htm?idxno=2013072814582898478&nvr=Y

  – 우리나라 불확실성 회피 성향

    http://blog.naver.com/freestyle080?Redirect=Log&logNo=12606431

  – "쇼는 그만, 올레 길에서 쌍안경으로 보면 되잖아", 한겨레신문, 2013.07.19

    http://www.hani.co.kr/arti/society/environment/596436.html

  – 사이코패스와 나르시시스트– ① 사이코패스의 개념과 특징, 작성자 풀빵이

    http://blog.naver.com/6467380?Redirect=Log&logNo=90172962536

  – [네이버 지식백과] 종교 [宗敎] (한국민족문화대백과, 한국학중앙연구원)

    http://terms.naver.com/entry.nhn?docId=549548&cid=1621&categoryId=1621

• EBS 지식채널 e

  http://home.ebs.co.kr/jisike/index;jsessionid=1Z1rZbORW00Yj6aTCFs9QGRFoSk9
  GdysqwnEQODOtUKAoyuH2121XCraF4flhiyS.enswasb02_servlet_engine1

  – 보내지 못한 편지

    http://www.ebs.co.kr/replay/show?prodId=352&lectId=1177787

- 환상적인 실험 1, 2

  http://www.ebs.co.kr/replay/show?prodId=352&lectId=3059575

  http://www.ebs.co.kr/replay/show?prodId=352&lectId=3060059

- 네 번째 묘

  http://www.ebs.co.kr/replay/show?prodId=352&lectId=3033258

- 무적의 사나이 '간디'

  http://www.ebs.co.kr/replay/show?prodId=352&lectId=3000136

- 젊은이에게 고함

  http://www.ebs.co.kr/replay/show?prodId=352&lectId=3094731

- 오늘은 내가 죽는 날입니다.

  http://www.ebs.co.kr/replay/show?prodId=352&lectId=1177694

- 또 하나의 선택(교육 시리즈)

  http://www.ebs.co.kr/replay/show?prodId=352&lectId=10112386

- 왕가리 마타이

  http://www.ebs.co.kr/replay/show?prodId=352&lectId=3072490

- 어떤 성직자들

  http://www.ebs.co.kr/replay/show?prodId=352&lectId=3064803

- 레게, 평화를 꿈꾸다

  http://www.ebs.co.kr/replay/show?prodId=352&lectId=3040190

- 완전한 박멸

  http://www.ebs.co.kr/replay/show?prodId=352&lectId=1177777

- 어느 사회 초년생의 사직서

  http://www.ebs.co.kr/replay/show?prodId=352&lectId=1177954

- 물이 되는 꿈

  http://www.ebs.co.kr/replay/show?prodId=352&lectId=3009901

- 돌아온 28인 1, 2, 3, 4, 5부

  http://www.ebs.co.kr/replay/show?prodId=352&lectId=1177835

– Man of Action

  http://www.ebs.co.kr/replay/show?prodId=352&lectId=1177972

– 클럽 이상의 클럽

  http://www.ebs.co.kr/replay/show?prodId=352&lectId=3100049

– 내 머리 속의 거울

  http://www.ebs.co.kr/replay/show?prodId=352&lectId=3084709

– EBS 마더 프라임 1, 2, 3부(2011년 5월 30~31일, 6월 1일)

갈등, 적이 아닌 친구로, 벽이 아닌 디딤돌로

• 강영진, 『갈등해결의 지혜』, 일빛(2009).

• 문용갑, 『갈등조정의 심리학』, 학지사(2011).

• 박태순, 『갈등해결 길라잡이: 갈등은 상생을 위한 에너지다』, 해피스토리(2010).

• 원창희, 『갈등관리의 이해: 우리 사회 갈등 어떻게 해결되나』, 한국문화사(2012).

• 정주진, 『갈등해결과 한국사회: 대화와 협력을 통한 갈등해결은 가능한가』, 아르케(2010).

• 박성용, 「현재 한국에서 평화 교육 진영의 새 흐름과 방향」, 비폭력 e-저널, 제1호(2012).
  (http://www.peacewave.net/bbs/zboard.php?id=E012&page=1&sn1=&divpage=1&sn
  =off&ss=on&sc=on&select_arrange=headnum&desc=asc&no=29)

• 박수선, 「'갈등해결' 의 한국사회 적용을 위한 문화적 접근」,
  민족문제에 대한 갈등구조 파악과 남남대화 활성화 방안 연구 2차 워크숍 자료집(2002).

• 박수선, 「평화적 갈등 해결의 이해」,
  학교 갈등해결을 위한 평화교육 프로그램 개발 워크샵 자료집(2002).

• 이대훈, 「한국 평화교육의 방향」,
  교실혁신 유초중등교(원)감 및 교육전문직 예절인성교육과정 자료집(2012).

• 평화를만드는여성회, 「학교 폭력, 갈등해결과 평화교육으로 예방하자!」,
  평화를만드는여성회 갈등해결센터 토론마당 1 자료집(2006).

• 사회갈등연구소(http://www.socon.re.kr/index.html)

• 평화를만드는여성회 부설 갈등해결센터(http://www.peacecr.org/)

• 평화교육 프로젝트 모모(http://www.cyworld.com/peacemomo)

• 비폭력 평화물결(http://www.peacewave.net/)

평화, 그리고 인권을 이야기 하다

• 국가인권위원회, 교사를 위한 인권교육 기본용어, 2008.

• 국가인권위원회 결정문

• 교육과학기술부, 6학년 2학기 도덕교과서(2012).

국경 없는 교실

• 김동욱, 「남사군도를 둘러싼 관련국의 대응과 그 해결 방안」, 동북아역사재단,
영토해양연구 Vol.3, 2010.

• 김승렬, 『유럽의 영토 분쟁과 역사 분쟁』, 동북아역사재단(2008).

• 김종두, 『동아시아 해양분쟁』, 문영사(1997).

• 김홍철, 『국경론』, 민음사(1997).

• 니시카와 나가오, 『국경을 넘는 방법: 문화 · 문명 · 국민 · 국가』, 한경구 · 위목 옮김,
일조각(2006).

• 배진수 · 윤지훈, 『세계의 영토분쟁 DB와 식민 침탈 사례』, 동북아역사재단(2008).

• 유철종, 『동아시아 국제 관계와 영토분쟁』, 삼우사(2006).

• 이명찬, 「일 · 중 간 센카쿠제도 분쟁과 일본의 대응」, 동북아역사재단,
영토해양연구 Vol.3, 2010.

• 이석우, 『동아시아의 영토분쟁과 국제법』, 집문당(2007).

• 이한방, 「국제 분쟁 지역의 유형 및 형성 요인에 관한 연구」, 한국지역지리학회지,
제8권, 제2호, 통권18호, 2002.

• 크리스 윌리엄스, 「근대의 국경, 역사의 변경: 변경에 서서 바라보다」,
「변경에서 바라보다: 근대 서유럽의 국경과 변경」, 비교역사문화연구소(2004).

• 하도형, 「중 · 일 댜오위다오 분쟁과 중국의 대응」, 동북아역사재단,
영토해양연구 Vol.3, 2010.

• 한스 보이트, 독일의 교과서 발행 허가제, FES Information Series 2011-07, 2011.

• 한해정, 나치시대 폴란드에 관한 독일 역사교과서 서술의 변화분석, 역사교육 제111집,

• 시사상식사전

  http://terms.naver.com/entry.nhn?cid=485&docId=928599&mobile&categoryId=485

• 네이버국어사전

  http://krdic.naver.com/detail.nhn?docid=44409300

음악의 언어로 평화를 부르다!

• 교육과학기술부, 초등학교 교사용 지도서 통합교과 3, 지학사(2013).

• 박성순, 『음의 라비린트』, 실천문학사(1996).

• 유럽평의회 김한란 편, 『언어학습 교수평가를 위한 유럽공통참조기준』(개정판),

  한국문화사(2007).

• EBS 지식채널 e – 레게, 평화를 꿈꾸다

• 유럽엽합(http://europa.eu/)

• 죠지 로자노프(http://en.wikipedia.org/wiki/Georgi_Lozanov)

• 평화교육 프로젝트 모모(http://www.cyworld.com/peacemomo), 이대훈

• 평화전문 인터넷신문(http://www.peacemaking.co.kr/)

종교와 평화

• 세계화시대의 국제이해교육, 아시아태평양국제이해교육원, 2011.

• 강순원, 『평화, 인권, 교육』, 한울(2008).